**权威·前沿·原创**

皮书系列为
"十二五""十三五""十四五"时期国家重点出版物出版专项规划项目

BLUE BOOK

**智 库 成 果 出 版 与 传 播 平 台**

中三角蓝皮书

**BLUE BOOK** OF CHANGJIANG MIDDLE
REACHES MEGALOPOLIS

# 长江中游城市群发展报告（2022）

THE DEVELOPMENT REPORT ON CHANGJIANG MIDDLE REACHES
MEGALOPOLIS (2022)

## 打造全国高质量发展的重要增长极

主　编／张忠家　秦尊文
副主编／张　静　赵　霞

社会科学文献出版社
SOCIAL SCIENCES ACADEMIC PRESS（CHINA）

图书在版编目（CIP）数据

长江中游城市群发展报告 . 2022：打造全国高质量
发展的重要增长极 / 张忠家，秦尊文主编 . --北京：
社会科学文献出版社，2022.12
（中三角蓝皮书）
ISBN 978-7-5228-1127-7

Ⅰ . ①长…　Ⅱ . ①张…　②秦…　Ⅲ . ①长江中下游-
城市群-发展-研究报告-2022　Ⅳ . ①F299. 275

中国版本图书馆 CIP 数据核字（2022）第 215498 号

中三角蓝皮书
**长江中游城市群发展报告（2022）**
——打造全国高质量发展的重要增长极

主　　编／张忠家　秦尊文
副 主 编／张　静　赵　霞

出 版 人／王利民
组稿编辑／邓泳红
责任编辑／张　超
文稿编辑／王　娇　王希文
责任印制／王京美

出　　版／社会科学文献出版社·皮书出版分社（010）59367127
　　　　　地址：北京市北三环中路甲 29 号院华龙大厦　邮编：100029
　　　　　网址：www. ssap. com. cn
发　　行／社会科学文献出版社（010）59367028
印　　装／天津千鹤文化传播有限公司

规　　格／开　本：787mm×1092mm　1/16
　　　　　印　张：20.5　字　数：306 千字
版　　次／2022 年 12 月第 1 版　2022 年 12 月第 1 次印刷
书　　号／ISBN 978-7-5228-1127-7
定　　价／128.00 元

读者服务电话：4008918866

# 主要编撰者简介

张忠家　管理学博士，教授（二级）、博士生导师，享受国务院政府特殊津贴专家，湖北省社会科学院党组书记。长期从事思想政治教育、科技与教育管理、高等教育管理的理论研究。曾荣获国家优秀教学成果奖二等奖、湖北省社科奖及湖北省高等学校教学成果奖一等奖等奖项共7项；主持国家社科基金教育学重点课题和教育部哲学社会科学研究重点项目5项，主持湖北省社科基金项目10余项；主编、参编著作10多部，公开发表学术论文50余篇。

秦尊文　博士，历任湖北省社会科学院长江流域经济研究所副所长、所长，院党组成员、副院长。现任湖北省人民政府咨询委员、湖北省社会科学院研究员、长江经济带智库联盟秘书长。系"中国区域经济50人论坛"成员，中国社会科学院生态文明研究智库研究员，科技部特聘专家，中国城市经济学会副会长，中国区域经济学会副会长，湖北省政协参政议政人才库特聘专家，湖北省区域经济学会会长，中南财经政法大学"文澜学者"讲座教授、博士生导师，武汉大学、中国地质大学（武汉）、湖北经济学院、长江大学、江汉大学、南阳师范学院、黄冈师范学院等高校兼职教授（研究员）或特聘教授，武汉、长沙、南昌等市人民政府联合聘请的长江中游城市群专家委员会成员，《长江中游城市群发展规划》《长江中游区域市场发展规划》《汉江生态经济带发展规划》编制专家组组长。主要从事区域经济、城市经济等领域的研究。科研成果获湖北省委、省政府颁发的一等奖3

项、二等奖 5 项，其中长江中游城市群研究系列论文获湖北省社会科学优秀成果奖一等奖，长江中游城市群研究专著获湖北省社会科学优秀成果奖二等奖。

**张 静** 经济学博士，湖北省社会科学院长江流域经济研究所所长、研究员，硕士生导师，兼任湖北省区域经济学会副会长、长江技术经济学会流域经济发展专委会秘书长。主要研究方向为区域经济、产业经济。近年来，先后主持完成国家社科基金青年项目 1 项、国家社科基金重大项目子课题 1 项，参与完成国家社科基金项目 3 项，承担湖北省社科基金重点项目、省委重大调研课题、省政府智力成果采购重点项目、省软科学重点项目等省部级课题 30 余项。独著 2 部（人民出版社、中国社会科学出版社），合著 10 余部，撰写决策咨询报告 50 余篇，部分报告获湖北省领导肯定性批示。作为主要执笔人参与国家和省级规划编制。相关成果获湖北省社会科学优秀成果奖一等奖及武汉市社会科学优秀成果奖二等奖、三等奖。入选湖北省宣传文化人才培养工程"七个一百"项目，获 2021 年湖北省有突出贡献中青年专家称号。

**赵 霞** 湖北省社会科学院长江流域经济研究所副所长、副研究员，硕士生导师，第十二届全国青联委员，致公党湖北省委委员。主要从事区域经济、产业经济等领域的研究。出版独著 1 部、合著 1 部、参著 2 部，在《光明日报》《江汉论坛》《湖北社会科学》《水利经济》等发表论文 50 篇，多篇应用对策类文章转换成提案，提交湖北省两会，部分提案被列为省领导重点督办提案，被职能部门采用。主持湖北省社科基金一般项目 2 项、省政府智力成果采购重点项目 2 项、省科协招标智库课题 4 项、省领导圈批课题 8 项，参与编制国家和省级规划 4 项。执笔撰写的咨询建议被省领导批示或省委、省政府内刊转载 20 余篇。两次获得湖北省政府发展研究奖。积极为地方党委、政府提供智力服务，主持武汉市青山区、武汉经济技术开发区和荆门市等地委托及招标课题 20 余项。

# 摘　要

2015 年《长江中游城市群发展规划》实施以来，长江中游城市群发展动能持续增强，综合实力显著提升，经济增速位居全国前列，地区生产总值占全国比重稳步提高。2022 年 2 月，国务院批复的《长江中游城市群发展"十四五"实施方案》提出，"十四五"时期，长江中游城市群要立足发展基础、紧抓发展机遇、破解发展难题，在推动全国高质量发展中承担更大使命、发挥更大作用，打造全国高质量发展的重要增长极。

全书由总报告、专题篇、区域篇和附录 4 个部分构成。总报告分析认为，长江中游城市群协同发展加快推进、产业基础牢固、创新资源丰富、改革开放不断深化、绿色生态优势突出、民生服务共享优化，应围绕六大重点发展方向——打造中西部城镇化高质量发展先行示范区、建设重要先进制造业基地、打造具有核心竞争力的科技创新高地、创建绿色发展先行区、构筑内陆地区改革开放新高地、培育高品质生活宜居地，明确重点任务，实施战略举措。专题篇有 4 篇研究报告，围绕长江中游城市群高质量发展的协同推进动力机制、韧性城市建设、资本市场发展、农业碳汇价值实现路径等展开专题研究。区域篇有 11 篇研究报告，分别研究湖北、湖南、江西三省加快推进长江中游城市群发展以及形成强大协同合力的主要做法和成效。三省充分发挥各自优势，加快构建现代产业体系、推进传统制造业绿色低碳转型、推动创新链产业链深度融合发展、建设内陆开放中心城市、发展县域经济、探索都市圈同城化等，共同打造全国高质量发展的重要增长极。

**关键词：** 长江中游城市群　高质量发展　增长极

# 目 录 ⟍

## Ⅰ 总报告

## Ⅱ 专题篇

# Ⅲ　区域篇

# Ⅳ 附录

皮书数据库阅读**使用指南**

# 总 报 告

## General Report

**B**.1

# 推动长江中游城市群协同发展　打造
# 全国高质量发展的重要增长极

张忠家　秦尊文　张　静　赵　霞*

**摘　要：** 国务院批复的《长江中游城市群发展"十四五"实施方案》提
出，要把长江中游城市群打造成长江经济带发展和中部地区崛起
的重要支撑、全国高质量发展的重要增长极、具有国际影响力的
重要城市群。本报告以"打造全国高质量发展的重要增长极"
为主题，从"彰显湖北、湖南、江西三省优势和特色"的视角
出发，深入研究探讨新发展阶段长江中游城市群协同发展的现
状、重点领域与路径策略，全面提升城市群综合承载能力，推进
实现全国高质量发展。

---

\* 张忠家，博士，湖北省社会科学院党组书记、教授，主要研究方向为思想政治教育、科技与
教育管理、高等教育管理；秦尊文，博士，湖北省社会科学院原副院长、研究员，主要研究
方向为区域经济、城市经济；张静，博士，湖北省社会科学院长江流域经济研究所所长、研
究员，主要研究方向为区域经济、产业经济；赵霞，湖北省社会科学院长江流域经济研究所
副所长、副研究员，主要研究方向为区域经济、产业经济。

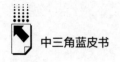
**关键词:** 长江中游城市群 协同发展 高质量发展 增长极

自 2015 年《长江中游城市群发展规划》颁布后，湖北、湖南、江西三省认真实施，长江中游城市群发展势头良好，在协同发展方面取得了显著成绩，整体经济实力得到进一步提升。"十四五"时期，我国加快构建以国内大循环为主体、国内国际双循环相互促进的新发展格局，这为长江中游城市群充分发挥比较优势、实现更高层次的协同发展提供了难得的机遇。长江中游城市群要立足实体经济，把握发展机遇，聚焦发展重难点问题，创新发展思路，汇聚力量攻坚克难，推进地区高质量发展。

《长江中游城市群发展"十四五"实施方案》明确提出，打造全国高质量发展的重要增长极。到 2025 年，长江中游城市群要进一步实现区域协同发展和区域经济一体化，实现长江经济带全面发展，实现中部地区崛起目标，成为国家高质量发展的重要组成部分。湖北、湖南、江西三省要以贯彻新发展理念为抓手，把创新放在核心位置，高度重视区域协同发展，坚持绿色可持续的发展模式，完善和拓展对外开放战略，积极推进共建共享，全面推进长江中游城市群高质量发展。

## 一 打造中西部城镇化高质量发展先行示范区

长江中游城市群常住人口超过 1.3 亿人，要实现 2025 年常住人口城镇化率达到 67% 的目标，长江中游城市群就要贯彻落实《国家新型城镇化规划（2021~2035 年）》，通过城市群的主体形态，实现大中小城市和小城镇协同发展。通过推动城市集约紧凑发展和绿色低碳转型，全面提高城镇化发展质量。《长江中游城市群发展"十四五"实施方案》提出，强化都市圈带动作用。以推动武汉都市圈、长株潭都市圈、南昌都市圈①发展为引领，优

---

① 根据《长江中游城市群发展"十四五"实施方案》，武汉都市圈为武汉城市圈的核心部分，长株潭都市圈为环长株潭城市群的核心部分，南昌都市圈为环鄱阳湖城市群的核心部分。

化多中心网络化城市群结构，增强经济和人口承载能力，形成协同推进长江中游城市群发展的强大合力。到 2025 年，武汉都市圈和长株潭都市圈的同城化发展取得实质性突破，南昌与周边市县协作更为紧密，形成"南昌都市圈"。"三核三圈三带多节点"的一体化发展空间格局基本形成，长江中游城市群经济总量占全国比重进一步提升，长江中游城市群支撑长江经济带发展、中部地区崛起乃至全国高质量发展的能力显著增强。

## （一）长江中游城市群协同发展加快推进

### 1. 湖北省大力发展三大省域城市群

湖北省 2022 年政府工作报告指出，2021 年湖北省"一主""两翼"格局进一步拓展，武汉地区生产总值高达 17716.76 亿元，襄阳达 5309.43 亿元，宜昌达 5022.69 亿元，全省形成 1 个经济总量近 2 万亿元、2 个经济总量超 5000 亿元的龙头引领格局。武汉城市圈①经济总量超 3 万亿元，达 30101.41 亿元，居全国省域城市群前列。展望未来，湖北省提出将武汉城市圈建设成为最具活力和竞争力的省域城市群。湖北省第十二次党代会报告提出，加快建设以武汉、襄阳、宜昌为中心的三大城市群，增强中心城市及城市群等经济发展优势区域的经济和人口承载能力。

（1）大力推进武汉城市圈同城化

2002 年湖北省第八次党代会报告首次提出的"武汉经济圈"（后称"武汉城市圈"），经过 20 年的快速发展，已成长为中部地区城市群的标杆、长江中游城市群的核心增长极。武汉城市圈是以武汉为核心，与周围的黄石、鄂州、黄冈、孝感、咸宁、仙桃、天门、潜江 8 个城市共同组成的湖北省第一大城市群。数据显示，2021 年武汉城市圈的常住人口约为 3287.93 万人，其中武汉市人口增量位居全国第一，2021 年武汉市常住人口相较于 2020 年增加 120.12 万人，达 1364.89 万人。2021 年武汉城市圈共创造地区生产总值 30101.41 亿元，人均 GDP 为 91551.25 元，远超湖北省另外两个城市群，在全国主要省域城市群中位

---

① 城市圈属于城市群范畴。

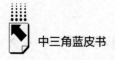

居前列，武汉城市圈正从发育型城市群迈向成熟型城市群。

武汉城市圈枢纽地位突出、能级优势明显、经济腹地广阔、科教资源丰富、产业基础雄厚，具有明显的发展优势和发展潜能。从经济总量来看，2021年，武汉城市圈、成都都市圈、重庆都市圈、环长株潭城市群GDP分别为3.01万亿元、2.50万亿元、2.78万亿元、1.92万亿元，武汉城市圈稳居首位，是中西部地区经济增长的重要引擎。从产业布局来看，湖北是全国拥有全部41个工业大类的8个省份之一，有全国重要的先进制造业基地，具备强大的国际竞争力。从科技研发实力来看，武汉是国家重要的创新策源地，武汉城市圈坐拥100余所普通高等学校，拥有81名院士、28个国家重点实验室、7956家高新技术企业等，多项科技指标居于中西部城市群首位。

武汉城市圈是长江经济带发展战略实施的重点区域，也是国家主体功能区规划的重点发展区。从国家层面到湖北省层面，武汉城市圈的发展都被摆在了重要位置。湖北省着力将武汉城市圈建设成为最具活力、最具竞争力的省域城市群。《武汉城市圈同城化发展实施意见》明确提出，加快推进武汉城市圈规划、交通、科技、产业、民生共同发展，构建"便捷、创新、开放、共享、绿色、活力"的现代化城市圈，打造湖北高质量发展主引擎，为长江中游城市群一体化发展提供有力支撑。

（2）大力发展"襄十随神"城市群

湖北省第十二次党代会报告提出，支持襄阳打造引领汉江流域发展、辐射南襄盆地的省域副中心城市，建设联结中西部新通道的核心枢纽节点，辐射带动"襄十随神"城市群发展，支持十堰建设绿色低碳发展示范区，支持随州建设城乡融合发展示范区，支持神农架林区打造生态文明建设示范区。数据显示，2021年"襄十随神"城市群共有常住人口1052.28万人，实现区域总产值8750.10亿元，人均GDP 83153.72元，超过了"宜荆荆恩"城市群的人均值，成为湖北省第二大城市群。

"襄十随神"城市群2021年汽车产业产值超过4000亿元，大力发展汽车产业是该城市群实现高质量发展的关键。今后，"襄十随神"城市群将以新能源、智能网联汽车为重点，大力发展商用车、乘用车等，努力实现智能化、网联化、电动化、共享化。此外,"襄十随神"城市群还将利用自身的生态优势,深入挖掘养老、旅游、康养等行业资源,开发适合消费需求升级的健康旅游服务,如中医、水疗、生态农业等。

(3)大力发展"宜荆荆恩"城市群

湖北省第十二次党代会报告提出,支持宜昌打造联结长江中上游、辐射江汉平原的省域副中心城市,建设长江综合立体交通枢纽,辐射带动"宜荆荆恩"城市群发展,支持荆州建设江汉平原高质量发展示范区,支持荆门打造产业转型升级示范区,支持恩施建设"两山"实践创新示范区。数据显示,"宜荆荆恩"城市群2021年常住人口为1560.54万人,荆州常住人口为513.73万人,宜昌常住人口为391.01万人,荆门常住人口为254.67万人。2021年,"宜荆荆恩"城市群的区域总产值为11161.43亿元,成功突破万亿元大关,但是人均GDP仅为71522.87元,低于"襄十随神"城市群,与武汉城市圈之间还存在较大的发展差距。

"宜荆荆恩"城市群具有一定的区位优势,城市群主要分布在长江两岸,且许多市县地处江汉平原,物产富饶,特色农产品产业集群是"宜荆荆恩"城市群经济发展的一大优势资源,城市群要加快培育荆州鱼糕、恩施土豆等具有当地特色且已具备一定知名度的农副产品,打造一批区域性特色农业品牌。除此之外,"宜荆荆恩"城市群的生物医药产业在湖北省处于领先地位。城市群要着力推进创新药、高端仿制药和高端特色原料药等医药种类的研发与创新,还要加快打造国家原料药和仿制药绿色生产基地及生物经济实验区,促进"宜荆荆恩"城市群生物医药产业的迅速发展。2021年7月,宜昌、荆州、荆门、恩施成立"宜荆荆恩"城市群文旅产业一体化发展联盟,推行城市群文旅惠民卡,让游客"一卡在手,玩转四地"。

**2.湖南省着力抓好环长株潭城市群建设**

(1)发挥环长株潭城市群引领作用

湖南省1984年正式提出建设长株潭经济区方案,2007年环长株潭城市群获批全国"两型社会"建设综合配套改革试验区。随着长株潭一体化高规格、大力度推进,长沙跻身特大城市行列,环长株潭城市群对湖南省的现代化建设发挥了重要作用。经济发展进入新的历史阶段，环长株潭城市群的发展目标也随之变化，习近平总书记在湖南考察期间，对环长株潭城市群的发展提出了新要求，即全面贯彻"三高四新"战略定位，肩负起新的历史使命，为建设社会主义现代化新湖南做出重要贡献。① 新时代的新目标不仅能够优化区域布局，还能推进要素自由流动和公共资源合理配置，对推进全省高质量发展有着重大的意义。

推动长株潭建设全国城市群一体化发展示范区。湖南省在 2020 年《长株潭区域一体化发展规划纲要》中，强调以新发展理念为核心，突出环长株潭城市群高质量发展、一体化发展两大主题，大力推进环长株潭城市群一体化发展格局的形成，将环长株潭城市群打造为引领中部地区、影响世界的现代化城市群。

（2）推进环长株潭城市群建设

湖南省着力推进环长株潭城市群建设，即发挥长沙、株洲和湘潭三市的经济优势，带动周边衡阳、岳阳、常德、益阳和娄底等地区发展。推进环长株潭城市群建设旨在增强环长株潭城市群产业集聚能力，打造功能互补的高新产业集聚区，强化规模效应，优化区域发展布局，建立新型城市连绵区，打造现代化商业先行区，建设国际化旅游示范区，构建绿色可持续的综合生态区。

一是打造功能互补的高新产业集聚区。8 个城市立足现有基础，打造具有不同功能的高新产业集聚区。首先，要落实强省会战略，完善省会功能，不断提升长沙辐射功能、区域引领功能、国际竞争力和全球影响力，努力把长沙建成国家中心城市，构建集文化、金融、旅游、科教、商贸、信息等现代化产业于一体的国际化功能区。其次，要大力发展城市群内的核心增长极，培育现代综合交通物流中心和先进制造业基地。最后，要加快推进岳阳、衡阳省域副中心城市发展，深入实施区域协同发展战略。

二是建立布局合理的新型城市连绵区。再造城市体系格局，形成"1—

---

① 《大力实施"三高四新"战略　奋力建设现代化新湖南》，中国日报网，2020 年 12 月 18 日，http://cn.chinadaily.com.cn/a/202012/18/WS5fdc1f2ea3101e7ce9735fd9.html? ivk_sa=1023197a。

3—5"城市空间结构和发展布局：打造 1 个龙头——长沙为国际化区域中
心城市；打造 3 个城市的核心组团——长沙、株洲、湘潭一体化核心增长
极；打造 5 个次中心——岳阳、常德、益阳、娄底、衡阳。在此基础上，加
快培育沿交通干线的城市带。

三是打造中部地区一流的现代化商业先行区。打造中部地区一流的现代
化商业先行区，关键在于区分区域内各大城市的发展情况，对其进行个性
化、差别化定位。长沙可以成为华中地区的商贸枢纽。

四是建设具有良好生态环境的国际化旅游示范区。以城市群的生态、旅
游资源为依托，开发特色旅游产业。完善旅游产业的配套基础设施、运输体
系，打破行政区划壁垒，整合不同类型、不同功能的旅游资源，形成多条旅
游精品线路，吸引海内外游客，促进本地消费的有效增长。

五是构建绿色可持续的综合生态区。城市群具有良好的生态及地理优
势，各城市均位于湘江水系和洞庭湖区，亚热带绿地资源和得天独厚的水资
源是培育绿色可持续的综合生态区的根本保障。重点将长株潭生态绿心和湘
江生态风光带打造为国际性的生态区，及时进行环洞庭湖湿地保护带的生态
修复，培育湘江及其支流的生态水网，致力于建设人与自然和谐共处的综合
生态区。

### 3. 江西省加大环鄱阳湖城市群建设力度

#### （1）经济综合实力实现新跨越

江西省于 2006 年提出构建"环鄱阳湖城市群"的发展战略构想。环鄱
阳湖城市群以我国第一大淡水湖鄱阳湖为核心，环绕湖区的有南昌、九江、
上饶、抚州、景德镇、鹰潭 6 个地级市，以及樟树、丰城、高安、贵溪等县
级市，经济发展状况良好，后发优势明显。在实施乡村振兴战略和构建
"双循环"新发展格局的背景下，县城已逐步成为新型城镇化的主要载体和
农村劳动力转移落户的主阵地。

环鄱阳湖城市群是整个江西省的经济中心，同时也是长江中游城市群
的重要组成部分，要着力将其打造成为整个中部地区的重要增长极。环鄱
阳湖城市群人口众多，经济发达，其总人口占了全省人口的 66.3%，而

GDP 则达到全省的 72.2%，这足以看出环鄱阳湖城市群在江西省不可撼动的地位。并且江西省的支柱产业大多分布在环鄱阳湖城市群内，这些支柱产业各具特色，经济的外向度较高，产业分工协作较为合理，经济互补性较强。

2021 年江西省地区生产总值为 2.96 万亿元，在全国排第 15 位，人均 GDP 突破 1 万美元。产业结构不断优化，三次产业为 7.9∶44.5∶47.6 的"三二一"结构。江西省自新中国成立以来从未间断向国家提供商品粮，不断巩固粮食主产区的地位，累计建设高标准农田超过 2300 万亩，连续 9 年粮食总产量保持在 430 亿斤以上。坚持工业强省战略，实施产业链链长制，加快发展"2+6+N"产业体系，航空、装备制造、电子信息、中医药、新能源、新材料等六大优势产业不断壮大，2021 年全省工业增加值迈上 1 万亿元台阶。新动能加快成长，2021 年战略性新兴产业、高新技术产业增加值占规上工业增加值比重分别为 23.2%、38.5%，13 个产业营业收入超过千亿元，百亿企业达 29 家。

（2）区域发展格局不断优化

一是对接融入国家区域重大战略。积极参与共建"一带一路"，累计开行超过 1700 列中欧班列；全面推动长江经济带发展，加快长江经济带绿色发展试点示范，成为全国唯一兼具绿色发展示范区和国家级生态产品价值实现机制试点的省份；出台措施支持国家级赣江新区不断激发活力、增强实力，2021 年赣江新区在国家级新区中排第 12 位。

二是优化完善"一圈引领、两轴驱动、三区协同"区域发展格局。深入实施强省会战略，加快培育"十"字形高铁经济带；赣南等原中央苏区振兴发展取得光辉成就，脱贫攻坚取得全面胜利、综合实力实现跨越赶超、城乡面貌发生巨大变化；赣东北地区开放合作迈出坚实步伐，交通网络不断健全；赣西地区转型升级深入推进，改革成效显著。

三是持续推进省际毗邻地区合作。与浙江省联合规划建设浙赣边际合作（衢饶）示范区，联合湖南省推动湘赣边区域合作示范区建设上升到国家层面，省际毗邻地区的产业协作发展、基础设施互联互通、公共服务共建共享、生态环境共保共治水平不断提升。

4."三群"协同

（1）提升"三群"建设质量

在提升武汉城市圈、环长株潭城市群、环鄱阳湖城市群"三群"内部同城化建设质量的基础上，推进"三群"融合，形成"三群"合一，全面提高长江中游城市群一体化水平和协同发展能力。

一是推进武汉城市圈的内部协同。以光谷科技创新大走廊、航空港经济综合实验区、武汉新港建设为抓手，建立完善"1+8"同城化联动推进机制，推动形成城市功能互补、要素优化配置、产业分工协作、交通便捷顺畅、公共服务均衡、环境和谐宜居的现代化城市圈。二是推进环长株潭城市群的内部协同。推动形成长岳、长益常、长韶娄等经济走廊，将益阳、娄底建设成为长株潭都市圈的拓展区和辐射区，形成经济上紧密联系、功能上分工合作的城市聚合体。三是推进环鄱阳湖城市群的内部协同。加强南昌与赣江新区、九江、抚州等的联动对接，完善城市群3个"1小时出行交通圈"，推进产业分工协作、公共服务普惠均衡、生态环境共保共治。四是在"三群"内部协同的基础上，增强沿江、沪昆、京九、京广、二湛、福银、厦蓉等重点轴线联动功能，加快"三群"融合步伐，畅通对外联系通道。

（2）加强三条创新走廊协同互动

一是加强光谷科技创新大走廊与昌九工业走廊协同对接。依托光谷科技创新大走廊与昌九工业走廊发展基础，按照武九客专与昌九城际铁路走向，链接湖北武汉、鄂州、黄石和江西九江、南昌等城市。加强武汉和南昌的科技创新合作，推动沿线城市在高新技术制造、产业转型升级、旅游休闲服务等领域的协同发展。

二是强化武汉—长沙产业创新走廊协同互动。按照武深高速、京港澳高速走向，链接湖北武汉、咸宁和湖南岳阳、长沙等城市。提升武汉在智能装备产业中的创新引领能力，加快两省的港口合作，推动沿线城市在智能制造、现代物流和新型文旅等产业领域的发展合作。

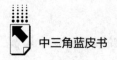

三是培育长沙—南昌产业创新走廊。按照沪昆高速走向，链接湖南长沙、湘潭、株洲和江西萍乡、宜春、新余、南昌等城市。推动萍乡、宜春、新余承接长株潭都市圈产业转移，加强沿线株洲、湘潭、萍乡等城市在老工业基地转型升级方面的协同合作。

## （二）打造中西部城镇化高质量发展先行示范区的重点任务

### 1. 提升中心城市发展能级

深入推进武汉国家中心城市建设，加快打造全国经济中心、国家科技创新中心、国家商贸物流中心、国际交往中心和区域金融中心。深入推进长沙长江中游地区重要中心城市建设，加快打造国家重要先进制造业中心、国际文化创意中心、区域性国际消费中心、国家综合交通物流枢纽，积极创建国家科技创新中心。深入推进南昌长江中游地区重要中心城市建设，打造全国内陆双向开放试验区建设先导区、国际先进制造业基地建设核心区，建设产城融合发展示范区。巩固省会城市合作成效，深入拓展合作空间，完善城市合作机制，打造城市群合作先行示范区。

### 2. 推动都市圈同城化发展

大力发展以"武鄂黄黄"为核心的武汉都市圈，支持武汉建设国家中心城市和国内国际双循环的枢纽，支持孝感打造武汉都市圈重要节点城市，支持咸宁打造武汉都市圈自然生态公园城市，支持仙桃、天门、潜江建设四化同步发展示范区，将武汉都市圈打造成为引领湖北、支撑中部、辐射全国、融入世界的重要增长极，到2035年将武汉都市圈建设成为世界级都市圈。基于此，湖北要尽快出台武汉都市圈发展规划，建立健全省级统筹、中心城市牵头、周边城市协同的都市圈同城化推进机制。发挥武汉的辐射带动作用，加快武汉与鄂州、孝感、咸宁、黄冈、黄石等的同城化进程，推动形成通勤便捷高效、产业梯次配套、生活便利共享的都市圈。

长株潭都市圈作为环长株潭城市群的核心部分，范围包括长沙市全域、株洲市中心城区及醴陵市、湘潭市中心城区及韶山市和湘潭县，总占地面积

1.89 万平方公里，2021 年地区生产总值 1.79 万亿元，常住人口 1484 万人，城镇化率达 80.9%，高出全省平均水平 21.2 个百分点。由以上数据可看出，长株潭都市圈是湖南省经济中心，对湖南省经济发展起着重要的推动和引领作用。2022 年发布的《长株潭都市圈发展规划》是全国第 4 个获批的都市圈发展规划，明确了长株潭都市圈通过加快实施规划同图、设施同网、三市同城、市场同治、产业同兴、生态同建、创新同为、开放同步、平台同体、服务同享的"十同"行动，综合实力、辐射带动能力、基础设施建设水平、社会保障功能和公共服务水平等明显提高，明确要建设湘江西岸科技创新走廊和湘江东岸先进制造业走廊，将长株潭都市圈打造成为湖南省高质量发展、高水平治理、高品质生活的标杆。

培育发展南昌都市圈。近年来，江西省除大力发展环鄱阳湖城市群外，还提出了"大南昌都市圈"（后称"南昌都市圈"）这一概念。南昌都市圈涵盖南昌，九江，宜春的丰城市、樟树市、高安市、靖安县、奉新县，上饶的鄱阳县、余干县、万年县，以及抚州的临川区和东乡区，赣江新区。江西省政府已发布《大南昌都市圈发展规划（2019~2025 年）》。南昌都市圈位于长江横轴与京九发展轴交会处，在全国区域发展格局中具有承东启西、沟通南北的重要战略地位。2021 年，南昌都市圈"强核"行动启动，国家对口支援赣南等原中央苏区政策延续至 2030 年，11 个设区市地区生产总值全部突破千亿元。江西省实施强省会战略，强化南昌的辐射带动功能，加快推进昌九一体化、昌抚一体化进程，深入推进交通互联互通、产业协作配套、市场一体化建设，打造经济、金融、科创、品质消费、高端服务业"五大中心"。重点打造以世界先进制造业、数字经济、绿色低碳发展为主的国家示范基地。

### 3. 推动毗邻地区开展合作探索

深入推进洞庭湖生态经济区建设，巩固提升其在保障国家粮食安全中的重要地位，支持围绕水生态保护修复和绿色农业开展合作探索。支持小三角（咸宁、岳阳、九江）联合开展幕阜山生态保护和实现生态产品价值。鼓励"通（城）平（江）修（水）"开展次区域合作示范，在通城、平江、修

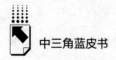

水三县全域共建"通平修"绿色发展先行区，重点实施生态环保、基础设施、产业发展、城乡协调、公共服务五个一体化工程。加快湘赣边区域合作示范区建设，将湘赣边区域打造成为全国革命老区振兴发展的先行区、省际交界地区协同发展的样板区、绿色发展和生态文明建设的引领区。推动九江、黄石、鄂州、黄冈开展合作，以基础设施互联互通为突破口，滚动实施打通省际待贯通路段专项行动，打通所有省际断头路。协同推进过江通道建设，实施监利至华容公铁两用大桥，九江至小池、九江至黄梅等一批过江通道建设项目，开展G240过江通道的前期研究，畅通长江两岸联系。促进跨区域融合和公共服务共建共享，探索跨江、跨省合作新模式。

**4. 提升城镇化发展质量**

加快推进以人为核心的城镇化。分类推进大中小城市发展，加快推进超大、特大城市由外延式扩张向内涵式提升转变，推动大中城市主动承接超大、特大城市产业转移和功能疏解，提升要素集聚功能和宜居宜业水平，加快开展城市现代化试点示范。

县城是城乡融合发展的关键支撑。实施强县工程，加快推进以县城为重要载体的就地城镇化和以县域为单元的城乡统筹发展。一是加强县城建设。提高县城公共服务设施建设标准，特别是提升县城教育、医疗、文化等公共服务能力和水平，使其尽快达到当地城市的平均水准。二是构建第一、二、三产业融合的发展体系。以农业为基础和资源，做好"接二连三"文章，因地制宜发展县域经济，增强县域发展内生动力。三是构建统筹县城、乡镇、村庄的三级服务体系。健全服务"三农"的政务服务体系，加强农村电子政务建设，推动市县行政审批、公共服务和社会管理等平台向镇村延伸。四是构建政府、社会、村民共建共治共享的治理体系。建设完整乡村社区，大力发展集体经济，提升基层服务群众的能力和水平。

## 二　建设重要先进制造业基地

坚持"一盘棋"思想，树立系统观念，充分发挥三省各自比较优势，强化政策统筹与一体推进，加强城市间合作，形成分工合理、功能互补、协调联动的发展格局，有效提升区域整体竞争力。

## （一）长江中游城市群产业基础牢固

湖北省聚焦实体经济发展，加快制造强省建设，推进先进制造业与现代服务业深度融合，重点发展"51020"现代产业体系，即着力打造5个万亿级支柱产业、巩固强化10个五千亿级优势产业、培育壮大20个千亿级特色产业集群、前瞻布局一批未来产业，打造制造强国高地。截至2021年，湖北省拥有4个国家战略性产业集群，在全国排名前三。"武汉造"的卫星正式投产，小鹏汽车、东风岚图等项目稳步推进，武汉成为全国重要的航天、新能源汽车和智能网联汽车基地。

为打造现代产业集群，环长株潭城市群着力推进城市分工体系的完善与升级，取得显著成效。环长株潭城市群已逐步由原来的第二产业主导发展向第二、三产业并重的产业发展模式转变。长沙、株洲和湘潭都在努力探索建立更为紧密的城市分工体系。长沙作为环长株潭城市群的核心区域，以电子信息、装备制造、文化旅游等产业为支柱，具备良好的商业条件，更有利于招商引资、发展经济。株洲具有良好的区位优势，已经形成新能源汽车、轨道交通装备、新材料等产业链，这为城市经济的发展提供了支撑。湘潭相较于长沙和株洲，经济基础较弱，但近年来在产业转型上下功夫，把握发展战略性新兴产业的时机。环长株潭城市群的发展，应充分发挥各地特色，推动各地共同打造湘江西岸科技创新走廊，促进区域一体化发展，共同建立更具核心竞争力的城市分工体系。

江西深入实施工业强省战略，着力打造南昌都市圈产业核心增长极，京九（江西）、沪昆（江西）产业驱动轴，以及有色金属、电子信息等七大先进制造业基地，已拥有13个千亿级产业。推动"2+6+N"的主导产业、支柱产业、优势产业布局，工业增加值、规模以上工业企业营业收入和利润总额排名分别进至全国第14位、第13位和第10位，增速居全国第一方阵。规模以上工业企业数量居全国第11位，其中百亿企业28家。工业对就业、税收、地区生产总值、投资贡献率分别在 30%、30%、40%、50% 左右，研发投入占全社会比重超过 80%。世界 VR（虚拟现实）产业大会、国际麻纺博览会、工业设计大赛等工业发展平台品牌，具有一定区域性、全国性乃至世界性影响力。

## （二）建设重要先进制造业基地的重点任务

### 1. 联手打造具有国际竞争力的产业集群

统筹规划引导产业集群发展，在长江沿线建设武汉"光芯屏端网"和宜昌精细化工、黄石特钢等产业集群，武钢资源集团投资 100 亿元在黄冈武穴建设冶金辅料产业园，武汉锐科激光公司投资 50 亿元在黄石建立智慧光电产业园；在京广沿线建设长沙工程机械、岳阳石油化工、衡阳交通装备等产业集群，在京九沿线建设南昌电子信息、九江石化和机械电子、黄冈生物医药等产业集群，在二广沿线建设襄阳新能源和智能网联汽车、荆门新材料、荆州海洋工程装备、常德机电等产业集群，在沪昆沿线建设株洲轨道交通装备、湘潭汽车和专用设备制造、萍乡冶金建材、新余新材料、鹰潭有色金属、上饶机械电子等产业集群。充分发挥湘江新区、赣江新区和一批国家级高新区、经开区的载体作用，协同提升新兴产业发展能力，加快补齐关键短板，促进形成特色鲜明、安全可靠的区域产业链供应链体系，积极创建国家级战略性新兴产业集群，联手打造具有国际竞争力的产业集群。

### 2. 积极承接产业转移

继续推进湖北荆州、赣南、湘南湘西承接产业转移示范区建设，积极承接新兴产业转移，重点承接产业链关键环节。鼓励武汉、长沙、南昌大力发展高新技术产业和现代服务业，引导资源加工型、劳动密集型产业向周边地区转移。支持周边地区企业到武汉、长沙、南昌设立行政总部、研发中心、营销中心、物流中心。支持发展"飞地经济"。积极承接北京非首都功能疏解，吸引央企迁入，服务三峡集团迁回湖北，推动轨道交通装备、飞机制造等央企总部或第二总部迁入湖南、江西。在坚持节约集约用地的前提下，适当增加长江中游地区承接制造业转移项目新增建设用地计划指标。创新跨区域制造业转移利益分享机制，建立跨区域经济统计分成制度。

3. 推动先进制造业和现代服务业深度融合

推动创建国家"两业融合"试点。依托产业集群建设一批工业设计中心和工业互联网平台，推动大数据、物联网、人工智能等新一代信息技术在制造业领域的应用创新，大力发展研发设计、金融服务、检验检测等现代服务业，积极发展服务型制造业，打造数字经济新优势。加强新型基础设施建设，发展新一代信息网络，拓展 5G 应用。积极发展电商网购、在线服务等新业态，支持电商、快递进农村。推进武汉城市圈科技金融改革创新试验、赣江新区绿色金融改革创新试验。

## 三　打造具有核心竞争力的科技创新高地

2022 年 6 月 28 日习近平总书记在湖北省武汉市考察时强调："科技自立自强是国家强盛之基、安全之要。我们必须完整、准确、全面贯彻新发展理念，深入实施创新驱动发展战略，把科技的命脉牢牢掌握在自己手中，在科技自立自强上取得更大进展，不断提升我国发展独立性、自主性、安全性，催生更多新技术新产业，开辟经济发展的新领域新赛道，形成国际竞争新优势。"[①]

长江中游城市群创新资源丰富，但与东部发达地区相比，在科技创新能力方面还有不小差距。长江中游城市群坚持创新驱动发展战略，要牢记习近平总书记教导，增强科技创新能力，推进产业基础高级化和产业链现代化，促进产业转型升级。着力推进高水平创新平台的建设与完善，其中重点优势产业的创新平台建设尤为重要。人才是科技成果创新研发和转化的关键，只有吸引和培育足够多的高质量人才，才能够从根本上提升创新能力。

---

① 《习近平在湖北武汉考察时强调　把科技的命脉牢牢掌握在自己手中　不断提升我国发展独立性自主性安全性》，人民网，2022 年 6 月 29 日，http://politics.people.com.cn/n1/2022/0629/c1024-32460500.html。

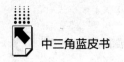

## （一）建设高水平创新平台

### 1. 湖北不断打造国家级创新平台

面向国家重大战略需求和湖北产业经济发展需要，2021年，湖北在光电科学、空天科技、生物安全、生物育种、集成电路等领域启动建设首批光谷、珞珈、江夏、洪山、江城、东湖、九峰山等7个实验室。2020年以来，湖北围绕区块链、氢能、双碳、人工智能、量子技术、北斗科技等未来产业领域集中布局建设了湖北省区块链技术创新研究院等六大前瞻性科技创新平台。到2021年底，湖北建有光电国家研究中心、武汉生物安全（P4）实验室、3个重大科技基础设施、30个国家重点实验室（居全国第4位）、19个国家工程技术研究中心、36个国家级对外科技合作平台、4个产业创新联合体、30个产业技术研究院、331个企校联合创新中心、10个专业型研究所（公司）、27个科技成果转化中试研究基地。2022年6月，加快推进武汉具有全国影响力的科技创新中心建设暨湖北省科技创新大会在武汉举行。国家将支持武汉和湖北开展5个方面的工作，包括强化原始创新策源地功能、建设制造业创新高地、打造创新型城市群第一方阵、打造绿色发展中国样板和深化科技体制改革。

### 2. 共建长株潭研发创新高地

科技研发投入是激发科技创新活力的重要源泉，也是共建研发创新高地的必要投入。湖南省为鼓励科技创新，不断加大对科技研发的投入力度。2021年12月30日，湖南省科学技术信息研究所发布的《湖南省区域科技创新能力评价报告2021》显示，长沙、株洲和湘潭科技创新能力综合得分继续稳居全省前3位；衡阳排名保持全省第4位，跻身全省科技创新"第一梯队"；常德科技创新发展潜力逐步显现，科技创新能力排名连续两年提升，与岳阳一并成为区域科技创新的重要增长极。

近年来，湖南省大力发展高层次创新平台、大型科研设施和前沿科研中心，大力推动国家超级计算长沙中心、国家技术标准创新基地（长株潭）等重要创新平台的建设。对国家重点领域和具有重大战略需求的航空航天、工程机械、新材料、生物医药、绿色低碳等新兴产业，统筹布局一批重点实验室。同时，着力构建具备不同功能的创新平台，实现从科技成果创新研发到转化再到实施落地全过程的覆盖，致力于打造市场化的创新型研发机构，形成全方位、多层次、宽领域的创新平台网络。

长株潭国家自主创新示范区以"创新驱动"为目标，与长沙、株洲和湘潭三市的高新技术开发区，协同发力、共同创新，营造出更加适应现代化产业发展的创新环境，聚力开展高精尖科技的科研攻关，加速科研成果的转化运用和高科技产业的发展。"产学研结合"模式是长株潭国家自主创新示范区做出的有益探索，即围绕相关产业链，推动产业创新联盟发展；依托知名大学和科研机构，与各大企业建立科研平台，促进科技与产业的良性互动，不断探索更具创新性、"三位一体"的发展方式。

### 3. 全面推进鄱阳湖国家自主创新示范区建设

江西省重视建设高水平创新平台，扎实推进创新型省份建设，2019年，鄱阳湖国家自主创新示范区获批建设，中国科学院赣江创新研究院等重大创新平台落户，综合科技创新水平指数实现"七连进"。积极探索实施创新平台科研成果转化落地，加强科技投融资体系建设，促进区域协同创新，推进"放管服"科技创新。

自鄱阳湖国家自主创新示范区获批建设以来，南昌、新余、景德镇、鹰潭、抚州、吉安、赣州7个国家高新区主动对接国家—流科研院校，着力推进各类科研平台建设，共推动建设省级以上创新平台18个、引进共建高端研发机构5家。各高新区充分发挥各自资源和产业、技术优势，各展所长、扬优成势，重点打造以航空、电子信息、装备制造、中医药、新能源、新材料等为主要支撑，各具特色、优势突出的产业体系和产业集群。

### 4. 共同建设协同创新平台

成立了长江中游城市群科技成果转化促进联盟。三省农科院组建湘鄂赣农业科技创新联盟。在教育合作领域，南昌大学与武汉大学、武汉理工大学先后签订合作协议，开展学生交流与交换、科学研究和学院建设等方面的对口合作。赣鄂高校构建区域联合服务平台，实现图书资源共享；开展高校毕

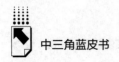
业生就业管理与服务合作，实现了高校毕业生档案转递、就业手续的异地办理。江西理工大学与武汉大学等知名高校签订多项科技项目合作协议。湖南株洲与湖北武汉地区近 10 家高校和科研院所签订合作协议，推动校企实施了一批产学研项目。

## （二）加大培养引进人才投入

2022 年 6 月 28 日，习近平总书记在武汉考察时指出：科技创新，一靠投入，二靠人才。① 各级党委和政府要尽可能创造有利于科技创新的体制机制和工作生活环境，让科技工作者为祖国和人民做贡献。

### 1. 优化人才培养体系

培育壮大创新主体的关键是培育高层次人才。湖南省抓住历史机遇，大力实施芙蓉人才计划，做到能吸引人才、聚拢人才、留住人才，做好人才培育、人才扶持等工作，取得了显著成效。2021 年湖南省人才总量超 730 万人，两院院士 79 人。长沙作为湖南的经济中心、人才中心，人才总量达到150 万人，远超其他地市。目前，一批富有创造力、具有巨大影响力的创新型人才队伍正在逐步成形。

除吸引人才来湘之外，湖南省还注重人才的培育体系建设，优化人才发展环境。湖南省充分发挥环长株潭城市群的科教优势，与国内外知名高校、科研院所展开合作，建设一批基础学科研究院所，着力打造人才培育和科研创新高地。鼓励并推进校企合作，实践"企业主导、院校协作、多元投资、成果共享"的新型科研模式，促进科学技术成果的研发与落地。

湖北省在优化人才培养体系方面积极探索。武汉东湖自主创新示范区是继中关村之后全国第二家国家级自主创新示范区。2021 年，东湖高新区在人才梯队"后备军团"培育方面，蓄养人才活水，牵引成长之路。实施"学子留汉"工程，举办 17 场"才聚光谷"校企对接招聘会，筹集发布

---

① 《科技创新，一靠投入，二靠人才（习近平讲故事）》，人民网，2022 年 9 月 1 日，http：//politics. people. com. cn/n1/2022/0901/c1001-32516592. html。

25.4 万个优质岗位。这一系列政策的出台，使武汉市新增参保的大学生数量达到了 7.48 万人，全市新增落户大学生 2.59 万人，为武汉留住人才做出了突出贡献。同年，为进一步筑优人才创新生态，东湖高新区出台"光谷人才 11 条"，对 3551 光谷人才计划进行优化，增加优秀青年人才、光谷产业教授、海鸥人才类别，支持各类人才发展。设立 10 亿元光谷合伙人引导基金，优化人才创投环境，引导资本投资人才。

2. 加大人才引进力度

培育壮大创新主体，最主要的是吸引人才。要充分发挥当地科教优势，对大学生给予一定的优惠政策，促进大学生在当地就业定居，还要提高海外归国人才或高层次人才的待遇水平，从"留得住"和"引进来"两方面着手，加大人才引进力度。

湖北省多措并举引进人才初显成效。加强科技体制机制创新，大力提升科研人员待遇水平。推动 1~2 家应用型科研院所转企改制，加快机制创新、试点突破、示范推广。鼓励具备条件的科研机构进行技术创新的产权改革。深化"三评"工作，破除"四唯"导向，加快建立突出质量、贡献、绩效导向的科技评价机制。不断深化科研领域的"放管服"改革，针对激励科研工作者创新，深化简政放权，改革科研管理方式，探索重大平台"一事一议"、高端人才"绿色通道"、高新园区"更大自主权"等改革，促进科研管理部门向创新服务部门转型。据不完全统计，光谷已成为中国三大智力密集区之一，聚集中外院士 68 人、武汉市"城市合伙人"86 人、海内外人才团队 4000 多个。

江西省将引进人才放在重要战略位置。《2021 年战略性新兴产业推进工作要点》中提到，要加大对人才的引进和培养力度，实施各类人才引进项目，培育以高层次人才为核心的创新创业团队。要以"才聚江西，智荟赣都"为主题，通过"线上+线下"的形式，以更高的待遇，吸引国内外优秀人才到赣创新创业。有效的政策引领激发了江西省人才创造活力。"产业+人才"系列政策顺利实施，人才分类评价机制改革逐步深化，"1+10"人才评价体系初步形成；累计引进博士以上高层次人才 5179 人，遴选享受国务院政府和省政府特殊津贴人选 406 名，评选"百千万人才工程"人选 653 名，新增全国技术能手 33 名，全省技工院校在校生 17.6 万人，在第 45 届世界技能大赛取得 2 金 1 银佳绩；完成县级以下事业单位行政人员职务晋升制度的试点工作，建立动态的工作岗位管理机制和科技评价激励机制，进一步规范评比达标表彰活动。

### （三）打造具有核心竞争力的科技创新高地的重点任务

#### 1. 打造科技创新共同体

优化协同创新布局。依托三省国家自主创新示范区，联合创建综合性科学中心，协同布局建设若干重大科教基础设施，共建国家中部科技城。推动湖南、湖北共同组建的杂交水稻国家重点实验室和湖南、江西共同组建的南方粮油作物协同创新中心的发展，推动中国科学院在长江中游城市群布局更多科研平台。三省共建更多创新大平台和协同创新中心，共建一批国家重点实验室，争取共创 1~2 个国家实验室。鼓励区域内高校发挥各自优势，建立区域间校地、校企、校校合作体系。深化产学研合作，相互开放国家级和省级重点实验室、中试基地等试验平台。组建产业技术创新战略联盟和中部地区技术交易市场联盟，联合开展产业重大共性关键技术科研攻关，推动区域间科技成果转化和产业化，推进大型科研仪器设备和重大科研基础设施向广大创新创业者开放，打造国家科技成果转移转化示范区。以标准化服务长江中游城市群综合科技服务平台研发与应用示范。布局建设一批双创示范基地支撑服务平台，联合举办创新创业项目大赛，推动湖北组建中部双创示范基地联盟。

#### 2. 构建公平竞争的人才发展环境

建立三省人才"共认共享共用"协作机制，推动人才在区域内创业就业实行人员身份共认、支持政策共享、信息资源共用，实现区域内人才资源优化配置、畅通流动。开展干部人才互派挂职，加强城市群干部人才交流合作。加强高校人才、医学人才、媒体人才、教师校长之间的技术协作、合作交流，重点做好合作建设国家心血管病区域医疗中心，共建共享各级各类师资培训资源，联合培育医疗人才，联合开展义务教育阶段学生研学实践教育和教师培训等工作。

# 四　创建绿色发展先行区

深入践行"绿水青山就是金山银山"理念，推动绿色低碳转型，共筑生态安全屏障。三省聚焦武陵山、幕阜山等重点区域，加快推进生态联防共治，统一跨省主体功能区政策和生态保护红线管控要求，有效落实跨省横向生态补偿制度。

## （一）发展绿色创新技术

### 1.培育壮大绿色创新技术研发主体

湖北省加强绿色创新技术研发主体的培育和引进，促进绿色创新技术的研究和应用，使绿色创新技术成果更具普惠性。为培育壮大绿色创新技术研发主体，湖北省将东湖国家自主创新示范区作为重点基地，充分利用 7 个湖北实验室，发挥湖北高校科研优势，推进产学研深度融合。推出面向企业节能降碳需求的低碳技术服务，推动绿色低碳技术在各领域应用转化，创新个性化定制、服务化延伸等绿色低碳技术新业态、新模式。加强绿色创新技术的交流与合作，推动绿色创新技术"引进来""走出去"，加快绿色创新技术融入共建"一带一路"步伐，完善绿色创新技术成果应用政策体系，加速创新成果转化应用，打造中部绿色创新技术研发引领区。

### 2.鼓励绿色低碳技术研发和转化

在全面推动长江大保护的战略背景下，湖北划定示范区，引进绿色创新技术，培育壮大绿色创新技术研发主体，开发绿色低碳技术。通过生态环境修复、化工废水高效处理及利用、清洁能源生产与运用、碳中和等技术的研发与应用，从根本上提升绿色低碳技术研发能力。充分发挥湖北科教大省的优势，鼓励建设绿色低碳技术研发平台。

为促进科技成果由研发向应用转化，湖北省推出以下举措。一是将绿色低碳技术成果纳入基金计划，发挥天使投资基金、创业投资基金支持绿色低碳技术成果转化的作用，推动绿色低碳技术取得突破。二是举办绿色低碳技

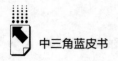

术成果展示活动，加大绿色低碳技术推广力度，促进绿色低碳技术成果产业化发展。三是推动建立绿色低碳技术交易综合服务平台，加快培育一批立足于绿色低碳技术的专业性中介机构，打造国家级绿色低碳技术交易市场，促进绿色低碳技术的市场化发展。

### （二）扩大绿色生态优势

#### 1. 全面创建长江经济带绿色发展示范区

武汉加强长江生态保护治理，打造长江大保护典范城市。全面实施长江、汉江"十年禁渔"，拆除全部江河湖库"三网"养殖设施，中心城区湖泊全部退出水产养殖。全面推进长江经济带绿色发展示范区建设。在全国同类城市中率先建立长江跨区断面水质考核奖惩和生态补偿制度。

岳阳加强生态保护与环境治理，构建和谐江湖关系。破解"化工围江"难题，加快产业转型升级；实施乡村振兴战略，建设乡愁永驻美丽乡村，全面创建湖南长江经济带绿色发展示范区。坚持重点突破思路，全力打造岳阳长江经济带绿色发展示范区"十大标志性工程"。

九江推出长江经济带绿色发展示范区建设相关实施细则。积极开展以"企业环保化、产业循环化、生产安全化、管理智能化、环境景观化"为核心的工业园区生态化建设，建立新型化工绿色循环产业体系，有污染的企业一律不得入驻园区。

#### 2. 保护长株潭生态绿心

环长株潭城市群立足于构建生态安全屏障，规划长株潭生态绿心。长株潭生态绿心不仅可以缓解城市发展进程中的交通拥堵问题，还可以防止土地空间的过度开发，为生态环境的发展留有空间，为全国城市群的生态保护做出表率。

长株潭生态绿心未来要进一步加强生态空间的管控，合理优化生态空间布局，利用湘江水系、山脉及其沿线道路打通与周边地市的生态廊道，树立独一无二的全国城市群生态屏障标杆。探索生态优势转换为经济优势的途径，加大相关科技研发投入力度，对原有的生态发展模式进行创新升级。将长株潭生态绿心打造为城市中央公园、彰显湖南特色的中央客厅和提升人民生活幸福感的共享空间，扩大其在全国乃至世界的影响力。

### 3.打造"江西绿色生态"品牌

江西省提出从四个方面打造"江西绿色生态"品牌，构建更加健全的生态补偿机制、更为完善的法律法规体系，实现生态产品价值。

一是培育"江西绿色生态"的品牌文化。加强"江西绿色生态"品牌的理论建设；组建"江西绿色生态"品牌高级别专家智库，定期举办"江西绿色生态"品牌论坛。通过《江西日报》和江西广播电视台等主流新闻媒体进行宣传，在全国范围内引起了广泛的关注。成立"江西绿色生态"品牌建设促进会和"江西绿色生态"品牌研究中心，研究"江西绿色生态"的标准制定、产品认证和监督、品牌培育和保护、宣传推广等。重视人才培养，为高校开设"江西绿色生态"品牌课程提供资助。

二是建立"江西绿色生态"环境评价体系。按照"生态协同、环境保护、资源节约、质量引领"的原则，引导企业、社会团体、科研机构积极参与，制定比国家和行业标准更加严格的"江西绿色生态"标准。对于具有鲜明地域特色和文化特点的产品，参照已发布的地方标准提供技术支持。

三是对"江西绿色生态"商标进行认证。根据"企业申报、第三方评估、政府监督、社会认可"的原则，在农产品、工业产品、消费、金融等方面，通过"江西绿色生态"产品和服务认证，达到"资源—产品—品牌—效益"的良性循环。把"江西绿色生态"认证证书作为江西的"通行证"，向广大消费者传达"绿水青山就是金山银山"的理念，以品质赢得市场信任。

四是提升"江西绿色生态"的品牌效应。在部分县区、行业开展"江西绿色生态"品牌的试点，制定"江西绿色生态"的重点产品和服务目录，推出标准认定、宣传推广等相关政策。深入挖掘江西九大农业产业重点资源，遴选出"江西绿色生态"品牌企业。强化"江西绿色生态"品牌建设，开通、运行"江西绿色生态"官方网站及微信、微博、抖音等新媒体账号，努力培育和宣传"江西绿色生态"，在国内外树立"江西绿色生态"的良好形象。

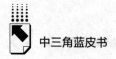

#### 4. 推动生态产品价值实现

要将绿色生态产业真正发展起来，推动生态产品价值实现是行之有效的途径。湖北省在实施自然资源产权登记、生态产品信息调查的基础上制定清单，逐步形成了"生态产品名录"。对重点生态功能区生态产品价值进行核算，积极探索生态产品定价、认证。大力推进具有鲜明地方特色的生态产品公用品牌建设，提升生态产品的附加值。

大力推动各地创新生态产品的价值实现模式，探寻有效的生态产品价值实现途径，促进原有的生态优势向经济优势转变。将鄂州市的生态保护与补偿模式向整个湖北地区推广。推动重点生态功能区取消经济发展类指标考核，其他主体功能区实行经济发展和生态产品价值实现"双考核"。创新金融产品，加大金融扶持力度，推动生态产品交易中心建设。

江西省实施自然资源普查、评估、监督、确权登记工作，完善生态资源的市场交易制度，推进排污权、用能权、用水权、碳排放权的市场化交易。进一步完善生态补偿机制，有效利用市场的资源配置功能，促进生态产品的市场交易，引导企业参与绿色发展和生态保护。对重点生态功能区、自然保护区和水源区等，加大财政支持力度，建立严格的保护制度，落实保护责任，探索设立"湿地银行"。

### （三）创建绿色发展先行区的重点任务

#### 1. 共建多元共生的生态系统

统筹山水林田湖草系统治理和空间协同保护，建立长江经济带生态文明标准化合作机制，推动生态系统功能整体性提升。强化生态保护红线协同管理，加强重点生态功能区的建设与保护，加快形成符合国家重点生态功能区定位的开发格局。夯实城市群"绿心"建设基础，以幕阜山和罗霄山为主体，以沿江、沿湖和主要交通轴线绿色廊道为纽带，大力实施森林质量精准提升工程，筑牢长江中游城市群生态屏障。共同打造长江中游千里绿色廊道，抓好汉江、湘江、赣江等河流生态廊道建设。建立国土空间规划编制与实施定期会商机制和国土空间生态修复省际协调机制，实现区域项目互补、编制成果共享，共同促进区域生态修复项目落地。此外，实施生物多样性保护重大工程。

### 2. 加强生态环境污染联防联控

共抓流域综合治理和系统治理，联合推动长江岸线治岸治污治渔，共同落实长江流域重点水域"十年禁渔"政策，加强沿江城市船舶污染联防联控，持续推动区域内江河湖库生态环境治理。打好污染防治攻坚战，加强对细颗粒物和臭氧等大气污染物的协同控制，强化大气污染联防联控，基本消除重污染天气。建立危险废物联防联控工作机制，重视新污染物治理。

### 3. 推动城市群绿色发展

共同优化城市绿色空间，推进城市生态园林建设，完善城镇生态景观廊道、绿道网络系统和公园体系。统筹推进城市水环境治理，大力实施雨污分流、截污纳管，实现城市建成区生活污水全收集、全处理，基本消除黑臭水体。大力改善交通路网结构，优化出行方式，打造便捷高效、安全可靠、低碳环保的绿色立体综合交通体系。大力发展循环经济，深化园区循环化改造。全面建立资源高效利用制度，健全自然资源资产产权制度，实行能源和水资源消耗、建设用地总量与强度双控，健全资源节约集约循环利用政策体系，完善资源价格形成机制。推行垃圾分类和垃圾减量化、资源化。进行能源革命，构建清洁低碳、安全高效的能源体系。扎实做好碳达峰、碳中和各项工作，推动开展低碳城市试点和武汉全国碳排放权注册登记系统建设，积极推进实施近零碳排放区示范工程。发展绿色产业、绿色建筑，倡导简约适度、绿色低碳的生活方式。

### 4. 健全生态环境保护协作机制

建立跨区域大环境监测预警体系和污染防控协调联动机制，完善突发环境事件的应急响应机制，完善并推广环境污染治理需求信息发布平台，推动生态环境协同监管。进一步完善市场化、多元化生态补偿机制，加大区域内重点生态功能区、重要水系源头地区、自然保护区转移支付力度，鼓励受益地区与生态保护地区、流域下游与上游通过对口协作、资金补偿、产业转移、共建园区、人才培训等方式建立横向补偿关系，完善森林和湿地生态效益补偿机制，加快建立生态产品价值实现机制。推广江西"湿地银行""两山银行"等建设模式，推进自然资源资产统一确权登记和产权制度改革，建立生态产品价值核算体系，健全生态资产与生态产品市场交易机制，开展排污权、用能权、用水权、碳排放权市场化交易。

# 五　构筑内陆地区改革开放新高地

习近平总书记考察湖北时指出，要正确处理全面深化改革"五大关系"，坚定不移全面深化改革开放。① 踏上崭新征程，只要湘鄂赣三省坚定不移深化改革、扩大开放，不断增强改革的整体性、系统性、协同性，以改革促开放、促创新，就一定能为长江中游城市群高质量发展注入不竭动力。

## （一）坚定不移深化改革、扩大开放

积极发挥长江中游地区作为全国大市场的重要组成部分和空间枢纽的优势，充分利用湖北、湖南自贸区和江西内陆开放型经济试验区等平台，不断扩大对外开放，持续深化区域合作，对外开放格局稳步优化，与东盟等共建"一带一路"国家和地区经贸合作日益密切，为全国"双循环"新发展格局的构建提供重要支撑。

湖北全面深化改革、扩大开放。湖北按照党中央统一部署，推进基础性关键领域改革取得重要进展，推动高水平开放迈出新的步伐。供给侧结构性改革不断深化，营商环境持续优化，金融服务实体经济体制机制不断完善，民营经济健康发展，省属国资国企改革重组，港口、机场资源深度整合，多式联运集疏运体系加快完善，打造国内大循环重要节点和国内国际双循环重

---

① 《立足新发展阶段　贯彻新发展理念　努力建设全国构建新发展格局先行区　奋进全面建设社会主义现代化新征程——在中国共产党湖北省第十二次代表大会上的报告（2022 年 6 月 18 日）》，人民网，2022 年 6 月 27 日，http://hb.people.com.cn/n2/2022/0627/c194063 - 40012582.html。

要枢纽迈稳第一步。

湖南改革开放实现新突破。整体铺开内陆地区改革开放新高地建设。全面深化改革取得重大突破，主要领域的基础性制度体系逐渐形成，供给侧结构性改革成效显著，重点改革任务深入推进，"三去一降一补"取得重大成果，深化机构改革全面完成，"一件事一次办"改革经验全面推广，营商环境明显改善，一大批国家改革试点任务顺利推进。进出口总额年均增速居全国前列，对外开放全方位拓展，中非经贸博览会落户湖南，中国（湖南）自由贸易试验区建设不断推进，海关机构实现市州全覆盖，在湘投资的世界500强企业达180家，国际经贸往来拓展至200多个国家和地区。

江西改革开放取得重大突破。重点领域改革攻坚全面深化，以"赣政通""赣服通"为主要标志的"放管服"改革取得明显成效，绿色金融、国资国企、余江宅基地等改革成效全国领先。加快建设"五型"政府，持续开展"降成本、优环境"专项行动，努力打造"四最"营商环境。省市县机构改革全面完成，深化事业单位改革试点基本完成。稳步推进景德镇国家陶瓷文化传承创新试验区、江西内陆开放型经济试验区建设，开放发展水平快速提升。

## （二）构筑内陆地区改革开放新高地的重点任务

### 1.畅通水陆空国际运输战略通道

依托长江黄金水道和沿江铁路，优化畅通东西向开放通道，开通铁水联运班列和"水上穿梭巴士"，统一运营品牌。打造湖北经湖南至广西北部湾中部陆海大通道，全面融入"一带一路"。统筹中欧班列资源，推动武汉建设中欧班列集结中心示范工程实施，打造一批具有多式联运功能的大型综合物流基地。完善口岸综合服务体系和口岸联络协调机制，推动口岸管理相关部门信息互换、监管互认、执法互助。加快有条件地区具有国际先进水平的国际贸易"单一窗口"建设。

### 2.大力推进流通体制改革

加快武汉国际消费中心城市、长沙区域性消费中心城市和南昌中部地区消费中心城市建设，推动一批区域性消费中心城市建设，打造一批以文化、旅游和养生消费为特色的消费示范试点城市，建设一批人文气息浓厚的特色商业名镇，做强"首店经济""首发经济"。整合发展生态旅游、文化旅游、红色旅游等资源，成立旅游产业发展联盟，建立三省"客源互送"联席奖励机制，联合打造旅游精品线路、长江国际文旅品牌、文旅项目招商和旅游主题推广活动。推动消费供给升级，联合开展假日经济互动行动、数字新消费行动、夜经济点亮行动，构建多元融合消费业态。完善消费促进政策，共同开展消费维权业务，重点就网络消费侵权行为治理、职业举报人应对、维权信息共享等开展合作，营造安全友好的消费环境。

3. 促进资源要素顺畅流动

加快推进武汉（鄂州）国际综合交通枢纽和长沙、南昌、宜昌、襄阳、岳阳、衡阳、九江等国家综合交通枢纽建设，打造长江中游国家物流枢纽联盟。积极发展江海联运、水铁联运等现代物流，构建"通道+枢纽+网络"的现代物流体系。加强各类资本市场分工协作，推动建立统一的抵押质押制度，完善区域性股权市场，推进区域信用担保、异地存储等业务开展，联合共建金融风险监测防控机制。建立市场主体协同联动机制，加强国资运营平台跨区域合作，搭建楚商、湘商、赣商综合服务平台，引导商（协）会、行业组织和重点民营企业开展项目合作、推介和银企对接。

4. 共同建设高标准市场体系

共建统一的市场规则、互联互通的市场基础设施，加快废除妨碍市场统一和公平竞争的各种规定和做法。实行统一的市场准入制度，促进市场主体登记注册一体化。探索建立"市场准入异地同标"机制，推动城市群内同一事项无差别受理、同标准办理。加快资本市场诚信数据库建设，探索形成统一的政策法规制度和标准体系。建设长江中游产权交易共同市场，推动公共资源交易平台互联共享，建立统一的信息发布和披露制度。建立城市群市场监管执法协调机制。

### 5. 建设长江中游协同开放示范区

推动湖北、湖南自贸区和江西内陆开放型经济试验区协同开放，推进首创性、差异化改革，鼓励开展制度创新成果合作交流。以湖南湘江新区、江西赣江新区为核心，统筹规划布局综合保税区和保税物流中心（B 型），加快武汉、长沙、南昌临空经济区建设，打造内陆高水平开放平台。推进武汉、长沙、南昌、黄石、宜昌、湘潭、岳阳、九江等跨境电子商务综合试验区建设，联合加强数字化贸易平台建设，打造全国电子商务枢纽和数字贸易高地。推动组建长江中游城市群对外投资合作发展联盟，携手打造面向全球的综合服务平台和境外安全保障平台。共同推进建设长江中游城市群产业安全维护和贸易摩擦应对合作联动机制。做大做强"中部投资贸易博览会""中非经贸博览会"等会展品牌，推动"中国中部国际产能合作论坛"举办的机制化、常态化。抱团"走出去"，共同建设国家级境外经贸合作区。

## 六　培育高品质生活宜居地

以满足人民群众美好生活需要为目标，不断提升公共服务质量，共同增进民生福祉。完善道路交通网络，特别是武汉城市圈、环长株潭城市群和环鄱阳湖城市群内及其周边地区的道路交通网络，重点提升互联互通效率，健全基础设施网络，共同提高内联外达能力；湘鄂赣三省均高度重视并出台相关政策助推公共服务均等化，努力增强人民的幸福感、获得感、安全感。

### （一）民生服务共享

#### 1. 提供更加便捷的交通服务

完善的互联互通网络能够带动经济增长极辐射周边地区。为了提升道路交通网络通达度，武汉城市圈打造"轨道上的城市圈"，积极推动干线铁路、城际铁路、市域铁路、城市轨道交通的"四网"融合，致力于将武汉轨道交通线延伸到周边鄂州、孝感等地区，实现武汉和周边地区建立多层次

轨道交通网络，促进物流、交通运输等产业的迅速发展。

环长株潭城市群着力完善交通互联网络。2020年10月，长株潭"三干"工程的通车，标志着长株潭真正融入"半小时交通圈"。至此，环长株潭城市群通过三市城际轨道"一卡通"完全形成了更为立体化的交通互联网络格局。环长株潭城市群对高速公路的容量和密度提出更高要求，推动加强高速公路的内外衔接和内部转换。

环长株潭城市群加强融城干道与城市快速路系统的衔接，使之与相关道路形成合围中心城区的干道环，对融城干道的运输能力进行提升。实施五项工程提升国省干线公路保障能力和服务水平：一是提高重点路段的品质和效益；二是对长株潭地区进行扩容；三是对重点城市的转口路段进行调整；四是打通"断头路"；五是对繁忙路段进行扩容或改建。提高国省干线公路进出城拥挤路段通行能力，减少过境交通与城际、城市交通的相互干扰。构建区域智慧交通体系，共同打造智慧道路示范通道。

加速推进长江中游城市群基础设施建设，正式开通运营安九铁路，开工建设荆门—长沙特高压线路工程，加快实施一批互联互通的基础设施项目。加快启动福银高铁武汉—九江段建设，提升武汉都市圈的辐射带动能力。

**2. 推进基本公共服务均等化**

通过增加普惠性基本公共服务供给，丰富多元化生活性公共服务供给，不断提高公共服务保障水平，让人民群众共享改革和发展的成果。

基本公共服务的供给一体化是武汉城市圈的一体化发展中的重要内容。建立包括教育、医疗、养老等基本公共服务在内的标准化体系，有利于早日实现武汉城市圈公共服务一体化。此外，加快推进"一卡通"在城市公共交通、医疗保险等公共服务领域的通用也是重要举措。政务服务的互联互通互认、社会协同治理的创新，都为武汉城市圈"建成支点、走在前列、谱写新篇"提供了重要支撑。

环长株潭城市群努力推进公共服务均等化。实现环长株潭城市群的高质量发展，破除原有体制机制障碍是重中之重。就目前已形成的体制机制而言，防范化解重大风险、协调城市群内各地市相关政策、培育城市群内资源要素自由流动的市场体系，都是当前需要大力推进的，只有这样才能统筹推进环长株潭城市群公共服务体系的高质量发展。

江西省聚焦公共服务均等化中的城乡差距方面。为了缩小基本公共服务供给的城乡差距，就要推动公共服务事项法定化和健全公共服务清单。城市通过简政放权，取消或下放一批原来需要审批的服务事项，将权力下放至有能力承接相关服务事项的乡镇（街道）和村（社区）。合理规划与共享公共服务基础设施，完善基层平台服务基础设施建设，围绕基层公共服务的薄弱环节，努力缩小基本公共服务水平的城乡差距，全力打造"城市十分钟、农村半小时"服务圈。

3. 优化收入分配

湖北省从缩小城乡差距方面完善收入分配体系，持续增加居民收入，加快发展社会事业，兜牢兜实民生底线。调查发现，2020 年湖北省城乡居民人均可支配收入比为 2.25∶1，比全国平均水平小，这表明湖北省在推进城乡融合发展方面取得显著进展，经济增长与收入分配体系较为协调均衡。《湖北省新型城镇化规划（2021～2035 年）》中提到，到 2025 年，湖北省初步建立工农互促、城乡互补、协调发展、共同繁荣的新型工农城乡关系，基本形成资源要素双向流动、城乡互促共进的新格局。初步形成城乡统一规划建设运营的基础设施体系，产业协同发展程度进一步提升。城乡居民收入增长和经济增长基本同步，城乡差距进一步缩小，城乡居民人均可支配收入比缩小至 2.20∶1。

江西省从完善企业薪酬标准方面优化收入分配体系，提出要健全最低工资标准评估机制，提高低收入者工资水平，致力于使所有低收入者也能共享改革发展成果。健全工资指导线制度，定期发布企业工资市场定价指导线，推动企业工资增长和社会经济发展保持同步。实施企业薪酬指引计划，进一步探索建立企业工资收入分配数据共享平台。完善企业工资调查制度和信息公开制度，围绕 14 条省级重点产业链定期开展企业工资调查。

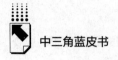

**4.民生共享进展较大**

2021年以来，长江中游城市群已有20个城市参与公积金异地互认互贷和转移接续，三省实现机动车违法处理等19项交管业务和户口迁移等6类户籍业务通办，省会城市跨市实现124项政务服务事项通办。三省共同举办"中三角"区域协同发展网络招聘会，推动其毕业生就业创业信息网络共享。扎实落实跨区域知识产权行政保护协作协议，探索建立应急联动合作机制，共同签署了外事合作备忘录，共享国际友城、友好组织等对外资源。

## （二）培育高品质生活宜居地的重点任务

**1.基本公共服务全面共享互认**

建立部分基本公共服务项目财政支出跨区域结转机制。建立区域内公共服务便捷共享制度，实行基本公共服务保障区域协作联动。实现区域内住房公积金异地互认互贷和转移接续，构建"政策互动、服务互鉴、系统互通、信息互享、信用互认"的格局。推动建立职工及灵活就业人员社会保障统一登记制度，推进社会保险异地办理、养老保险信息互通，实现工伤认定、劳动能力鉴定工作办理流程标准统一、结果互认。实行残疾人两项补贴跨省通办，互相做好流浪乞讨人员接送工作，完善低保跨省核对机制。

**2.共同打造现代化教育新高地**

推动成立长江中游城市群高校联盟，鼓励高等院校开展学术交流、教师互聘、学生访学、科研成果转化等多方面交流与合作；加强高校毕业生就业工作的交流合作，建立健全高校毕业生就业信息共享机制；鼓励职业院校、职教集团、职教园区开展对口交流和多边合作，支持职业院校与企业共建共享产教融合实训基地，跨地区开展校企合作、产教融合。建立教育联席会商机制，三省教育部门定期轮流组织召开省际教育联席会议，集体研究协商解决教育合作中的重大问题，统一部署、落实相关工作、政策。

### 3. 共建共享高品质大健康资源

统筹布局优质医疗卫生资源。采用合作办院、设立分院、组建医联体等形式，建设一批区域医疗中心。共建以居民健康档案为重点的全民健康信息平台和以数字化医院为依托的医疗协作系统，实现双向转诊、转检、会诊、联网挂号等远程医疗服务。全面落实全国异地就医直接结算制度。建设公共卫生应急管理信息平台，联合开展突发事件紧急医学救援和突发公共卫生事件应急处置。加强中医药传承创新，大力扶持优质中药材、道地药材生产，促进中药质量提升，推进中医药产业发展。推进老年健康服务体系建设。实现市民卡及老人卡互认互用。建立跨区域养老服务补贴制度。构建更高水平的全民健身公共服务体系，推广"体医结合""运动处方"等疾病管理与健康服务新模式。

### 4. 共同保护传承弘扬长江文化

统筹红色资源，保护利用革命文物，共同打造湘鄂赣红色文化等区域特色文化品牌。开展"万里茶道"联合申报世界文化遗产行动计划。加强博物馆馆际交流合作，包括宣传教育、社会服务、文物收藏、陈列展览、文博研究、文物保护、考古发掘、文创研发等方面的交流合作。加强湖北随州市炎帝故里与湖南炎陵县炎帝陵交流合作。推动建立长江文化研究基地，鼓励"长江学"等特色学科建设；建立长江文化数据库，为社会各界参与长江文化保护传承弘扬提供学术支持。建立文艺作品定期交流机制，在文艺演出、美术创作、书画展览等方面开展常态化合作。

**参考文献**

《国家发展改革委关于印发长江中游城市群发展"十四五"实施方案的通知》（发改规划〔2022〕266号），中国政府网，2022年2月15日，http：//www.gov.cn/zhengce/zhengceku/2022-03/16/content_ 5679303. htm。

《全文！湖北省第十二次党代会报告正式发布》，湖北省生态环境厅网站，2022年6月24日，https：//sthjt. hubei. gov. cn/dtyw/szyw/202206/t20220624_ 4190856. shtml。

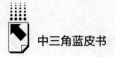

《湖南省人民政府关于印发〈长株潭都市圈发展规划〉的通知》(湘政发〔2022〕6号),湖南省人民政府网站,2022 年 3 月 22 日,http://www.hunan.gov.cn/hnszf/xxgk/wjk/szfwj/202203/t20220329_ 22725038. html。

《江西省人民政府关于印发大南昌都市圈发展规划(2019~2025 年)的通知》(赣府发〔2019〕10 号),江西省人民政府网站,2019 年 7 月 11 日,http://www.jiangxi.gov.cn/art/2019/7/30/art_ 4968_ 707538. html。

《重磅!湖南省第十二次党代会报告全文来了》,湖南省人民政府网站,2021 年 12月 5 日,http://www.hunan.gov.cn/hnszf/hnyw/sy/hnyw1/202112/t20211205_ 21247683.html。

《江西省第十五次党代会报告》,《江西日报》2021 年 11 月 29 日。

《中共中央 国务院关于新时代推动中部地区高质量发展的意见》,《人民日报》2021 年 7 月 23 日。

《把科技的命脉牢牢掌握在自己手中 不断提升我国发展独立性自主性安全性》,《人民日报》2022 年 6 月 30 日。

《中共中央 国务院印发〈成渝地区双城经济圈建设规划纲要〉》,中国政府网,2021 年 10 月 21 日,http://www.gov.cn/zhengce/2021-10/21/content_ 5643875. htm。

《中共中央 国务院印发〈长江三角洲区域一体化发展规划纲要〉》,中国政府网,2019 年 12 月 1 日,http://www.gov.cn/zhengce/2019-12/01/content_ 5457442. htm。

《湖北省国民经济和社会发展第十四个五年规划和二〇三五年远景目标纲要》,《湖北日报》2021 年 4 月 12 日。

《中共湖南省委关于制定湖南省国民经济和社会发展第十四个五年规划和二〇三五年远景目标的建议》,《湖南日报》2020 年 12 月 12 日。

《江西省人民政府关于印发江西省国民经济和社会发展第十四个五年规划和二〇三五年远景目标纲要的通知》,《江西省人民政府公报》2021 年第 Z1 期。

《湖北省人民政府关于印发湖北省新型城镇化规划(2021~2035 年)和湖北省"十四五"推进新型城镇化建设实施方案的通知》,《湖北省人民政府公报》2021 年第24 期。

# 专 题 篇

Special Reports

# B.2

# 长江中游城市群高质量发展的
# 协同推进动力机制及策略探讨

熊 曦 罗旭婷 王译萱 刘欣婷 潘彦廷 彭 谦*

**摘 要：** 长江中游城市群作为中部地区崛起的重要支撑，在全国区域发展
格局中占有举足轻重的战略地位。本报告立足新发展理念，从创
新、协调、绿色、开放、共享等五个方面，对长江中游城市群高
质量发展的动力机制和基础条件进行分析，试图为推进其高质量
发展提供理论和现实依据。进而从新发展理念的角度出发，提出
营造科技创新氛围以激发创新活力、完善区域协调机制以推进区
域发展、健全绿色发展机制以挖掘发展潜力、提高开放发展水平
以释放开放拉力、推进共享经济发展以促进共同富裕等一系列推
动长江中游城市群高质量发展的新策略。

* 熊曦，工商管理博士，中南林业科技大学商学院国际商务系主任、副教授、硕士生导师，主
要研究方向为工业化与城镇化、国际商务；罗旭婷、王译萱、刘欣婷、潘彦廷、彭谦，中南
林业科技大学商学院硕士研究生。

**关键词：** 长江中游城市群　高质量发展　协同发展　新发展理念

# 一　引言

　　长江中游城市群地跨湖北、湖南、江西三省，东承长三角城市群，西启成渝城市群，担负着推动中部地区高质量发展和长江经济带发展的重任，在我国区域经济社会发展格局中具有重要地位。为落实"十四五"规划关于推动长江中游城市群协同发展的部署要求，国家发展改革委于 2022 年 2 月 15 日正式印发了《长江中游城市群发展"十四五"实施方案》，明确了未来一段时期长江中游城市群协同发展的方向路径和任务举措，旨在推动长江中游城市群协同发展，从而更好地支撑全国高质量发展。

　　在国家实施长江经济带战略、实施中部地区崛起战略、培育地区增长极、构建"双循环"新发展格局、实现双碳目标等战略背景下，城市群高质量发展是其重要支撑所在，探讨长江中游城市群高质量发展的协同推进动力机制，对于优化其城市群生产力布局，推动长江中游城市群更好更快地发展具有十分重要的意义。站在新发展理念高度，从全局和长远的角度来看待长江中游城市群高质量发展，给予其理论指导和实践指导，具有现实意义。从当前来看，长江中游城市群的发展取得了一定的成效，但从经济、社会、文化等角度来看，各地区协同推进力度和深度还不够，地区间的联系强度还不够大。因此，本报告基于新发展理念，对长江中游城市群高质量发展的协同推进动力机制进行研究，试图为推进其高质量发展提供理论支撑。

## 二　长江中游城市群高质量发展的协同推进动力机制

　　动力机制是指一个复杂的系统内外部组成部分的结构、功能及其各部分之间的相互联系、相互作用、相互影响的关系。因此，分析城市群城镇化的动力机制也应该找出其各组成要素并进行深度剖析，从理论上看，长江中游城市群高质量发展动力也是彼此之间相互作用和相互影响的。本报告基于新发展理念，提出推动长江中游城市群高质量发展的动力机制包含创新、协调、绿色、开放、共享五个因子。

## （一）创新发展是协同推进的根本动力

在城市群高质量发展的大背景下，通过协同创新可以共同开展科学技术研发和攻关，提高科研成果产出水平，推动产学研合作，形成高科技产业，产出更多市场需要的创新产品。一些高端技术应用于制造业，让城市群创造现代化的发展环境。创新对于城市群高质量发展的作用机制又可以分为资源基础、能力支撑和产出绩效三个方面，每一个方面发挥的作用各不相同，如图 1 所示。

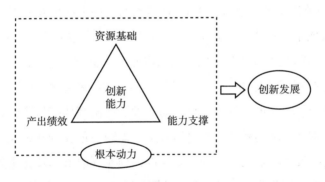

**图 1  城市群创新发展的根本动力**

一是资源基础为创新发展提供条件。资源基础是创新发展的前提条件。资源一般分为知识性资源、财产性资源和混合性资源。创新的本质属性是知识创新，知识创新是持续创新的基础，财产性资源是创新的物质条件，而属于混合性资源的科技研发机构是知识创新的发源地，同时也是新时代城市群创新发展的标配。只有以科技创新为支撑，才能促进长江中游城市群高质量的健康可持续发展。一个城市的创新资源基础的强弱可以从该地区的科学技术支出、工业总产值、普通高等学校数量和地方的科技研发平台等指标看出，并且这些指标与创新资源基础是正相关关系。地区生产总值越多，就越

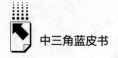
能够促进该地区创新资源基础集聚；普通高等学校数量越多，就越能够促进该地区创新资源基础水平提高。

二是能力支撑为创新发展提供保障。创新的能力支撑主要包括创新的体制机制和人员支撑等方面。地区创新氛围活跃对于创新发展有强有力的保障作用。体制机制则体现了社会发展过程中制度对创新的支持力和变革力。体制机制的创新，使政府在城镇化发展过程中的作用发生了变化，进一步深化了市场在资源配置中的决定性作用，推动城市群向开放、共享的方向发展，从而推动城市群的协同发展。新时代城市群创新发展之路的重点在于制度创新，应该以涉及居民生活的方面为出发点，以人才、资本等方面为源头，促进长江中游城市群的制度创新，从而促进城市群的协同发展。人员支撑则是创新发展中最坚实的支撑力。一个地区对于创新的能力支撑体现在其拥有R&D 活动的单位个数、政府对于 R&D 活动的支持力度以及从事基础和应用研究的人员数量。一个地区拥有 R&D 活动的单位个数越多、政府对 R&D 活动的支持力度越大以及从事基础和应用研究的人员数量越多，该地区对于创新发展的重视程度就越高，对创新发展的能力支撑就越大。

三是产出绩效为创新发展提供方向引领。产出绩效衡量了创新能否为经济社会发展带来实际的效益。产出绩效主要体现在创新的知识成果数量和知识成果转为的实际收益两个方面，知识成果到实际收益的转化主要是指原始技术创新—技术产品化—产品产业化的转化过程。地区的专利申请个数、科技论文数和高新技术产值占 GDP 的比重等指标直接反映出该地区创新的产出绩效，同时，最新的专利或者是科技论文也为创新发展提供了方向引领，指导该地区可以侧重从哪方面实施创新，进而为整体的城市群高质量发展提供根本动力。

（二）协调发展是协同推进的质量要求

协调发展是多元化的发展，是大中小城市各项要素的优化配置与均衡发展，是城市群协同推进的质量要求，城市群的经济、社会、文化和资源的协调发展是相辅相成的，如图 2 所示。因此，长江中游城市群高质量的协同发展离不开各要素的协调发展，同时，要致力于促进城市群大中小城市协调发展。

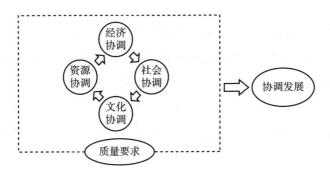

**图 2　城市群协调发展的质量要求**

一是经济协调体现了城市群的产业结构配合度。城市群经济协调发展是城市群集聚经济效应与城市群集聚的分工经济效应共同作用的结果。一方面，在城市群演进的过程中，各区域产业协同发展，对地方政府协同治理、交通基础设施建设、区域间民间企业合作、文化交流、人才和资源要素流动等的需求促进了城市群的全面协调发展。另一方面，城市群在发展过程中容易出现产业同质化现象。而要提升城市群作为整体的竞争优势和经济效率，就要避免重复建设、相互封锁和产业结构趋同化。

二是社会协调体现了城市群的城乡融合度。统筹城乡经济社会发展，是相对于城乡分割的"二元经济社会结构"而言的。传统的城乡发展，城市和乡村之间本身就存在差异，因此在城市群高质量发展过程中，要注重健全城乡协同发展体制机制，促进城乡分割的传统"二元经济社会结构"向城乡一体化发展的现代社会结构转变。只有实现城乡之间、大中小城市之间的社会协调发展，才能够解决目前仍然面临的一些问题，促进共享目标的实现，从而推动城市群高质量城镇化的协同发展。

三是文化协调体现了城市群的思想包容度。城市之间往往因为地理位置优势想要加强联系，进而提出城市群的一体化建设。天然的毗邻关系，使得相邻的城市具有大致相同的文化背景，在城市群的一体化建设过程中，城市之间文化的融合程度，以及文化与物质文明的匹配度，是需要重点关注的。推进城市群的文化协调，为一体化发展提供普适的文化理念，会创造更加包

容的发展前景。

四是资源环境协调体现了城市群的规划合理度。资源环境协调更多是指城市群的发展能力和发展条件之间的关系。提升资源环境的利用效率，可以为城市群经济结构调整和绿色产业的发展提供思路，从而促进产业结构转型，推进城市群高质量城镇化的协同发展。任何城市群的发展都需要建立在自身资源可承载的基础之上，不可估高。城市群的一体化高质量发展要注重与资源环境的协调，合理规划，让资源环境为经济发展做出最大的贡献。

### （三）绿色发展是协同推进的基础条件

绿色发展是建设高质量城市群的基石。长江中游城市群是长江经济带的重要组成部分，绿色低碳协同发展能够促进其发展提升到更高水平，促进其经济社会长远可持续发展；同时，对国家生态区域发展以及我国其他城市群绿色低碳协同发展有一定的借鉴意义。绿色发展包括绿色生产、绿色生活和绿色生态三个方面，如图3所示。

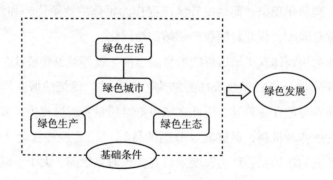

**图3　城市群绿色发展的基础条件**

一是绿色发展的直接动力是绿色生产。绿色生产也是工业化水平提高的重要标志。绿色生产主要反映城市的污染物排放以及工业节能等方面的水平。城市群高质量发展的关键是要处理好生态与生产的关系。要重视绿色生产，使绿色生产成为城市群的主要生产方式，从而推进城市群高质量发展。同时也要大力发展其他生态经济，如绿色经济、低碳经济等。一般工业固体废物综合利用率、污水处理厂集中处理率和第三产业增加值占 GDP 的比重等指标能够反映出城市群绿色生产的水平。

二是绿色发展的有力支撑是绿色生活。绿色生活是一种没有污染、节约资源和能源、对环境友好、健康的生活方式。生活方式涉及衣食住行用各方面，绿色生活体现在人们对绿色食品和服装、绿色住宅与交通以及环保用品的使用等众多方面。实现绿色生活，城市中最普通的人的作用不可忽视。居住在城市中的人的生活方式对绿色发展会产生极大影响。培养居民的绿色消费意识，使其更多地选择绿色生活方式，可以减少对资源的消耗，更好地保护环境、降低污染，进而推动城市群绿色发展。绿色观念只有深入人心，才会引导人们在生活中的方方面面为绿色发展做出努力。整个城市群只有实现了绿色发展，才能实现高质量发展。

三是绿色发展的天然基础是绿色生态。绿色生态观是践行社会主义文明观的核心部分，是实现经济发展，提高幸福感的基础。城市群绿色生态主要反映在对生态环境建设方面的投入与生态环境的现状上面。城市群在高质量协同发展的过程中，通过构建高效的资源回收利用体系，实现废弃物的有效利用，在缓解资源不足的同时，促进城镇经济的增长；通过加强水、大气、土壤的污染防治，推动废水、废气的资源化、能源化进程，预防土壤污染，对污染源排放进行控制，对受污染的土壤进行有效修复，可以在提高环境利益的同时，获取经济利益，与此同时，也就促进了城市群高质量的协同发展，因此，要注重对城市群绿色环境的保护，因势而造，合理规划绿色面积和道路面积。

## （四）开放发展是协同推进的多重活力

在纵深推进经济全球化发展的今天，开放发展是高质量城镇化进程的必经之路。开放意味着抓住区域发展中的对外发展机遇，从而推动城市群开放发展，使城市群充分释放发展活力，也将城市群高质量发展提升到一个更高的层次。城市群开放发展的多重活力主要体现在外贸水平、外资水平和外经水平方面，如图 4 所示。

一是外贸是城市群开放发展的主要内容。城市群的发展要积极"走出

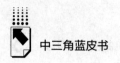
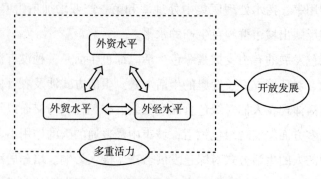

**图4 城市群开放发展的多重活力**

去"，充分利用外部市场与资源条件，鼓励有实力的企业在区域外发展，通过提升企业自身的竞争力，来提升区域的竞争力，从而提高城市群的高质量发展水平。在"双循环"新发展格局背景下，对外贸易对开拓市场、刺激需求有一定的现实意义，尤其是一个城市的进出口总值、外贸依存度等会在一定程度上对城市开放程度产生强有力影响，进出口总值越大，外贸依存度越高，则城市开放程度越高。城市开放发展的主要内容就是对外贸易，对外贸易能够让市场机制更好地发挥作用，为城市发展创造更多活力。

二是外资是城市群开放发展的主攻方向。外资水平体现了城市对外部的吸引程度。坚持"引进来"，加大招商引资力度，注重外资的质量，借助外力加快城市群的发展，促进城市群高质量城镇化的协同发展。吸引外资对于提升城市发展水平可以起到一定的作用。吸引外资不仅是为了引进技术，也是为了解决城市发展过程中资金不足的问题。外资水平主要反映在外商直接投资项目个数、外商投资金额和实际利用外资等方面，实际利用外资可以反映出一个地区引进外来资本的程度，进而反映出城市群在外资引进方面的水平，也可以体现出城市群吸引外资的水平。

三是外经是城市群开放发展的必然要求。外经水平是评价城市对外开放程度的直接指标。国际友好城市是开放型经济发展的重要目的地。以与国际友好城市交流为基础，推进对外经济合作，有力地支撑着开放型经济发展水平提升。规模以上工业企业是开放型经济发展的重要主体。因此，努力构建国际友好城市，发展规模化的工业企业，有利于提高城市外经水平。外经水平主要反映在企业新签合同额、完成营业额、外派劳务人数和月末在外人数等方面，这些指标可以反映出城市群"走出去"的情况，反映出城市群走开放发展道路的决心与勇气。

## （五）共享发展是协同推进的重要目标

共享发展有助于实现城市群的资源在更大范围内的合理配置，包括基础设施的共建共享、公共服务的共建共享，还包括发展机会和成果的共享，因此，共享发展是城市群实现高质量发展的重要目标，是保证各地区能够享有平等发展机会、获得均等化服务、享用公共环境和服务、享受发展机会的重要支撑。共享发展主要体现在基础设施共享、公共服务共享、发展机会共享和发展成果共享四个方面（见图5），且这四个方面是层层递进的关系。共享发展首先要实现基本的基础设施共享，其次是公共服务共享，接着是发展机会共享，最终实现发展成果共享。

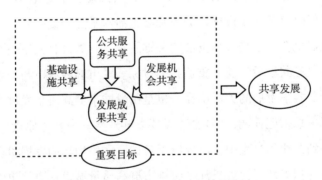

图5　城市群共享发展的重要目标

一是基础设施共享是共享发展的逻辑起点。长江中游城市群高质量发展协同推进的最终目的是人民实现美好生活，因此要坚持基础先行、综合配套的原则。基础设施的建设能够为城市群内居民提供相对绿色与健康的生活与居住环境，使各区域能够相对平等地享受到发展带来的利益；此外，在大中

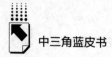
小城市基础设施共享进一步升级的同时，能够增强中小城市的经济振兴能力、促进中小城市经济的发展，进而推动城市群高质量的协同发展。城市群的基础设施建设程度，可以通过交通基础设施的互联互通、公共图书馆资源的共享共建和医疗、教育等基础性资源的配置等来具体体现。只有实现了基本的基础设施共享，才会有更多资源来实现更高水平的共享。

二是公共服务共享是共享发展的重要体现。公共服务共享是指城市群内各地区有均等的机会享受到同等的公共服务，各地区享受到的公共服务不因地区差异而不同。均等的公共服务共享权利体现了城市群协同发展过程中实质性的共享程度。实现公共服务共享才会更好地实现城市群协同发展，才会让整个城市群内的居民真切体会到共享发展带来的好处。如建立社保协同互认机制，推进养老保险关系无障碍转移接续等公共服务共享机制建设，对城市群公共服务的共享程度将产生强有力的影响。公共服务共享主要反映在公共图书馆图书藏量、医院卫生院病床数、公共汽车运营车辆数、城镇职工基本养老保险参保人数、失业保险参保人数和城镇职工基本医疗保险参保人数上面。公共服务直接与居民的生活相联系，居民能否平等地享受医疗服务、基本的养老保险以及文化设施，关系到其生活水平能否提高。

三是发展机会共享是共享发展的关键所在。发展机会共享是在实现基本设施和公共服务共享后，要着重达到的目标。城市群内城市与城市之间平等的发展机会是共享发展的关键所在，也是衡量城市群高质量发展水平的重要尺度。习近平总书记强调，"社会建设要以共建共享为基本原则"。① 要让人民一起参与到共建的过程中，就要给予各地区居民均等的发展机会，这样才能调动人民的积极性，促进长江中游城市群高质量城镇化更好更快发展。发展机会共享主要反映城市群在公共财政、教育、科学技术和固定资产投资等方面的投入与潜力。平等的发展机会有利于实现人才资源的平等分配。城市群内城市与城市之间平等的人均公共财政支出、人均教育支出、人均科学技

---

① 《践行"八八战略"　打造"重要窗口"（沿着总书记的足迹·浙江篇）》，"人民网"百家号，2022年6月3日，https：//baijiahao.baidu.com/s？id=1734560324368514125&wfr=spider&for=pc。

术支出、人均城市维护建设资金支出和人均公共财政收入等，有助于吸引人才、留住人才，从而为城市群高质量发展提供智力支撑。

四是发展成果共享是共享发展的必然结果。发展是为了共享。发展成果共享主要反映的是城市群惠及人民群众方面的水平。发展成果共享能够直接反映出人民能否享受到城镇化高质量发展带来的好处，做到发展成果共享不仅可以使人民平等的享受发展带来的生活水平的提高，而且能够带动社会与人民发挥在城市群高质量发展中的推动作用，实现两者之间的良性循环。如城市群高质量发展惠及人民，提高了人均地区生产总值，互联网通信、电视以及新型基础设施的建设和完善，让人民感到生活更便利、更幸福，则发展成果共享的程度就越高，对城市群高质量发展也将产生深远的影响。发展成果共享主要反映在居民人均人民币储蓄存款余额、在岗职工平均工资、人均地区生产总值、互联网宽带接入用户数和电视节目综合人口覆盖率等上面。

# 三　长江中游城市群高质量发展的协同推进动力因子的基础条件分析

随着城镇化的加速发展，如今的发展形式逐渐由各主体城市单独发展转变成以城市群为主导发展，各方面联系紧密的多层次组织形成，从而在区域范围内聚集各类要素形成规模效应，同时城市群的建设还可以有效推动城镇化的进程。为更好地认识长江中游城市群高质量协同发展的基础条件，本报告从创新、协调、绿色、开放、共享等多个方面对当前长江中游城市群发展现状与城市协同推进能力进行分析，从而进行后续有关建议提出，以实现长江中游城市群高质量发展的目标。

## （一）创新发展的基础条件分析

自《长江中游城市群发展规划》实施以来，长江中游城市群发展动能持续增强，综合实力显著提升。在资源基础、产出绩效和能力支撑三方面的

创新发展都优势显著，但同时存在核心竞争力不够突出，综合实力仍有待提高等问题。

　　首先，从创新的资源基础和产出绩效两方面来看，长江中游城市群在区位和经济发展上优势明显。一是长江中游城市群地理位置优越，涵盖长江部分、鄱阳湖、洞庭湖，生态环境优越、水资源充沛，气候宜居、人口聚居、科教文化资源优势显著，这为该地区的经济发展提供了根本动力。二是湖北、湖南、江西三省拥有众多高新科技产业、先进制造业、传统与新兴产业，以降低成本、刺激创新、提高效率以及形成良性竞争为目的打造产业集群，提高了整个区域的综合竞争能力，装备制造、汽车制造、电子信息、航空航天等产业实力明显增强，打造了一大批高质量的产业园区（见表1）。各省具有各自独特的资源，因此在实现区域联动与协同的过程中，能够有效密切各地区的互动，加速创新要素、成果的流动和有效配置，从而促进整体协同效应发挥达到区域效益最大化的目标。

### 表1　长江中游三省国家高新区统计情况

单位：个

| 省份 | 高新区名称 | 总数 | 主导行业 |
|---|---|---|---|
| 湖北省 | 武汉东湖高新区 | 11 | 光电子信息、生物、装备制造 |
| | 襄阳高新区 | | 汽车、装备制造、新能源、新材料 |
| | 宜昌高新区 | | 新材料、先进制造、纸制品、盐化工 |
| | 孝感高新区 | | 光机电、先进制造、纸制品、盐化工 |
| | 荆门高新区 | | 再生资源利用、环保、装备制造、生物 |
| | 仙桃高新区 | | 新材料、生物医药、电子信息 |
| | 黄冈高新区 | | 装备制造、食品饮料、生物医药 |
| | 咸宁高新区 | | 食品饮料、先进制造、新材料 |
| | 荆州高新区 | | 生物医药 |
| | 黄石大冶湖高新区 | | 生命健康、高端装备制造、新型材料、节能环保、光电子信息、现代服务业 |
| | 潜江高新区 | | 光电子信息、装备制造 |

| 省份 | 高新区名称 | 总数 | 主导行业 |
|------|-----------|------|---------|
| 湖南省 | 长沙高新区 | 6 | 装备制造、电子信息、新材料 |
| | 株洲高新区 | | 轨道交通装备、汽车、生物医药 |
| | 湘潭高新区 | | 新能源装备、钢材加工、智能装备 |
| | 益阳高新区 | | 电子信息、装备制造、新材料 |
| | 衡阳高新区 | | 电子信息、电气机械器材、通用设备 |
| | 常德高新区 | | 设备制造、非金属矿制品 |
| 江西省 | 南昌高新区 | 7 | 生物医药、电子信息、新材料 |
| | 新余高新区 | | 新能源、钢铁装备、新材料 |
| | 景德镇高新区 | | 航空、家电、化工 |
| | 鹰潭高新区 | | 铜基新材料、绿色水工、智能终端 |
| | 抚州高新区 | | 汽车及零部件、生物制造、电子信息 |
| | 九江共青城高新区 | | 生物医药、电子信息 |
| | 宜春丰城高新区 | | 高端装备制造、生命健康、新材料 |

资料来源：科学技术部火炬高技术产业开发中心网站。

其次，从科技创新能力支撑来看，其主要体现在创新资源和科学技术支出方面。在支撑创新资源的人力资源和专利方面（见表2），长江中游城市群科技人才资源丰富，拥有众多高等院校和科研院所，"双一流"高校、高水平研发平台、重点实验室及各类创新载体创新能力持续增强；在科学技术支出方面（见表3），武汉城市圈在长江中游城市群中科学技术支出相对较多，同时又具备科教优势、科研设备、科研机构、科研人员等各方面的资源基础，创新潜力巨大。

表2　2020年长江中游城市群创新资源情况

单位：个，件

| 所辖城市群 | 普通高等学校数 | 专利授权数 |
|-----------|--------------|-----------|
| 武汉城市圈 | 98 | 78668 |
| 环长株潭城市群 | 97 | 60011 |
| 环鄱阳湖城市群 | 78 | 44515 |

资料来源：《中国城市统计年鉴2021》。

表3 2021年长江中游城市群科学技术支出情况

单位：万元，%

| 所辖城市群 | 地方一般公共预算支出 | 科学技术支出 | 科学技术支出占比 |
|---|---|---|---|
| 武汉城市圈 | 43448598 | 1907746 | 4.39 |
| 环长株潭城市群 | 47142885 | 1566696 | 3.32 |
| 环鄱阳湖城市群 | 31609532 | 947513 | 3.00 |

资料来源：《中国城市统计年鉴2022》。

与此同时，长江中游城市群在创新能力和一体化发展水平层面与沿海发达地区相比仍存在不小差距，在综合实力层面与长三角、珠三角及环渤海城市群相比还存在一定的差距。人均GDP分别仅为长三角和粤港澳大湾区的57%、53%，每万人发明专利拥有量分别仅为长三角和粤港澳大湾区的60%、40%。在创新发展上，在部分领域以及一些关键核心技术、核心基础零部件等方面，企业自主创新能力总体上不强，还存在一些短板。

（二）协调发展的基础条件分析

一方面，长江中游城市群中不同规模的城市呈现集群化、协同化发展态势，除了三个省会城市达成了多次行动、宣言或共识外，一些地级市也开展了协同发展的行动。如九江与黄冈跨江跨区合作开发、咸（宁）岳（阳）九（江）小三角（省际毗邻城市组团发展）、湘赣开放合作试验区（省级毗邻边界区域联动开发）等区域联动协调发展，区域间的协调发展效应越来越强。最具代表性的跨省合作区主要有长江中游城市群跨江融合发展区、洞庭湖生态经济区及通平修绿色发展先行区。具体来说，一是为了打破行政壁垒、实现长江中游城市群协同发展，湖北和江西共同建设长江中游城市群跨江融合发展区，实现区域经济协调发展。二是为了加强洞庭湖地区的生态环境保护，从而对长江水流进行调节净化，同时促进区域经济协调发展，湖南、湖北规划了洞庭湖生态经济区，促进经济区5个城市的经济社会发展。三是探索跨省合作发展模式，在湘鄂赣三省交界处设立"通平修绿色发展先行区"，包括湖北咸宁的通城县、湖南岳阳的平江县和江西九江的修水县，以打破行政壁垒，推动在三县在交通、生态环保、社会公共资源和经济等领域的交流与合作，实现区域协调发展。总体来看，长江中游城市群分别以武汉、长沙、南昌这三个中心城市为核心不断向外延伸，辐射附近的中小城市，合力推动三大城市群（圈）的发展，助推交通便捷、资源共享、生态一体、人物畅流、政策衔接的格局形成，可平衡区域不协调矛盾，也可带动区域经济增长。

另一方面，长江中游城市群现阶段的发展仍然存在中心城市实力增强但辐射作用较弱的问题。长江中游城市群的城镇体系层级辐射和涉及面广，中小城市多且规模小、城镇化水平低，限制了城市群对人力、资本的影响力和控制力，且城乡二元结构突出，次级城市发展相对落后、发展不均衡，中心城市对周边城市的虹吸效应较强，如武汉城市圈除武汉市之外的 8 市经济总量之和不到武汉市的 70%。医疗卫生、教育文化等优质公共服务资源布局集中在省会城市，次级城市公共服务能力存在级差，如南昌市三甲医院有23 家，与之相邻、常住人口超过其 60% 的抚州市三甲医院仅有 1 家。因此长江中游城市群城镇化两极分化严重，缺乏区域次级中心城市作为桥梁和平台来连接和过渡。产业、知识、人才、技术等资源高度集中在省会中心城市，导致次级城市缺乏创新资源，中心城市的创新成果也难以向周边地区扩散，难以及时让区域在技术、知识、生产等方面的优势通过人员、资本的途径影响周边中小城市的发展，因而进一步加大城乡和区域差距。此外，一些城市合理规划欠缺、城市建设不足且公共基础设施不完善，导致区域内部发展不均衡的问题仍然突出。

### （三）绿色发展的基础条件分析

2016 年《长江经济带发展规划纲要》提出"生态优先、绿色发展"的理念。长江中游城市群作为长江经济带中的重要一员，其绿色发展与城市群发展保持同步协调，绿色发展持续深化，生态环境质量总体改善。

2016 年、2021 年长江中游城市群绿色指标对比情况如表 4 所示。

表4　2016年、2021年长江中游城市群绿色指标对比情况

单位：公顷，%

| 城市群 | 2016年 | | | 2021年 | | |
|---|---|---|---|---|---|---|
| | 绿地面积 | 污水处理厂集中处理率 | 生活垃圾无害处理率 | 绿地面积 | 污水处理厂集中处理率 | 生活垃圾无害处理率 |
| 武汉城市圈 | 38067 | 85.72 | 94.09 | 49623 | 95.33 | 100 |
| 环长株潭城市群 | 37101 | 84.88 | 99.03 | 55929 | 96.57 | 100 |
| 环鄱阳湖城市群 | 27481 | 86.09 | 97.26 | 38142 | 95.54 | 100 |

资料来源：《中国城市统计年鉴2017》《中国城市统计年鉴2022》。

表4表明长江中游城市群的绿色发展水平相对较高，但距离高质量发展仍然有一定的差距。譬如，尽管近几年国家大力推动产业转型升级，但由于种种原因，高耗能的产业仍然占据一定比例；经济、人口等各方面的快速增长，使得一定的污染问题仍然存在，甚至使得日益增长的资源需求量与资源的稀缺性存在一定矛盾，对绿色发展产生了一定的影响。

### （四）开放发展的基础条件分析

在经济全球化、"双循环"新发展格局的提出和共建"一带一路"的背景下，以城市群的形式适应经济全球化新趋势、国际形势新变化、打造内陆开放合作示范区和发展更高层次的开放型经济已成为当前我国经济发展的重点。因此，长江中游城市群把国内经济与国际市场相联系，通过各城市间的默契合作，促进经济、人才、资金等各方面资源的聚集。加深区域协同程度，使资源配置突破区域性的限制，在国内和全球范围内实现最优配置。长江中游城市群将会在国内外市场中占据一定地位。

一方面，开放发展的总体格局逐步优化。长江中游城市群具有文化同根性、市场关联性和产业互补性，拥有广阔的市场腹地，无论是对内开发还是对外开放都有很好的基础，能够为国内大循环提供加速度和驱动力，蕴含着巨大的消费潜力，有利于成为国内经济大循环的核心枢纽城市群。与此同时，三省还积极开展国际交流合作。例如，在2022年6月同其他国家的代表开展了长江中游城市群国际友城合作论坛，并发布《长江中游城市群国际友城合作倡议书》，确定今后长江中游城市群各城市将共商城市议题、共建平台机制、共享伙伴关系，推动更高水平的对外开放。

另一方面，中心城市的开放程度相对较低。总的来看，长江中游城市群三个区域的外贸进出口实现了量的稳定增长和质的稳步提升。尽管稳中向好、长期向好的基本趋势没有变，但当前世界经济增长持续放缓，不稳定、不确定因素增多，国内经济下行的压力依然较大。长江中游城市群各城市之间跨省合作不多，缺少相应的合作平台来保障省际交流，同时，长江中游城市群的开放程度还不够，虽然中心城市进出口总额在全国排名居中，但相比长江经济带的上海、成都、重庆，长江中游城市群的三大中心城市对外开放程度较低，如表5所示。

**表5 2020年长江中游城市群中心城市与其他城市群中心城市对外开放情况对比**

| 城市 | GDP（亿元） | 外商投资项目（个） | 进出口总额（亿美元） |
|---|---|---|---|
| 武汉 | 15616.06 | 580 | 391.51 |
| 长沙 | 12142.52 | 256 | 348.09 |
| 南昌 | 5745.51 | 60 | 166.15 |
| 上海 | 38700.58 | 5751 | 5031.89 |
| 成都 | 17716.68 | 699 | 1034.79 |
| 重庆 | 25002.79 | 287 | 941.76 |

资料来源：各市统计局。

## （五）共享发展的基础条件分析

长江中游城市群基础设施资源充足，空间格局逐步优化。高质量发展的根本目的是让全体人民更加公平地共享发展成果。坚持共享发展，解决好民生领域的"短板"问题，让人民群众的获得感不断增强。因此民生领域的共建共享是一个城市群高质量发展的具体体现和关键，长江中游城市群民生领域的共建共享迈出了较大的步伐，武汉、长沙、南昌三省会城市的文化、医疗、社会保障以及交通基础设施建设相比于三大城市群的建设要完善很多

（见表6）。交通基础设施建设对城镇化高质量发展具有十分重要的作用，长江中游城市群三省之间交通基础设施建设较为完善，综合立体交通等一系列的重点项目正在建设中，协同发展的基础支撑越来越好。

表6　2021年长江中游城市群及各中心城市基础设施建设情况

| 基础设施指标 | 武汉城市群 | 武汉 | 环长株潭城市群 | 长沙 | 环鄱阳湖城市群 | 南昌 |
|---|---|---|---|---|---|---|
| 公共图书馆藏书量（万册） | 2966 | 1836 | 2653 | 1210 | 1251 | 351 |
| 医院床位数（张） | 159881 | 81228 | 236416 | 67213 | 116686 | 38797 |
| 城镇职工养老保险参保人数（人） | 9175877 | 5310300 | 11565731 | 4160672 | 5953337 | 2224822 |
| 公共汽车运营车数（辆） | 13861 | 9588 | 19741 | 11858 | 7150 | 4381 |

资料来源：《中国城市统计年鉴2022》。

　　需要说明的是，尽管近年来，长江中游城市群发展取得了显著成效，但距离高质量发展还有一定的差距，究其原因主要是：在创新方面，关键技术攻关和创新成果转化能力不强，且传统制造业的智能化改造任务繁重，需要加强创新意识引领和加大创新经费投入；在协调方面，省际协商协作机制不健全，协同发展水平偏低。由于行政界线隔阂，区域内部信息共享不流畅，各地区会出现产业发展重复、运营效率不高的情况。此外，中心城市对周边辐射带动不足，次级城市发展相对缓慢，区域内部发展不均衡问题仍然突出；绿色发展存在的障碍主要是长江污染治理基础还不牢固，绿色低碳转型任务繁重，水生态环境恶化趋势严重以及绿色政绩考评体系不完善等；开放发展的现有问题一方面在于营商环境有待优化，全方位开放格局尚未形成，另一方面在于开放发展的外部环境变化大，因此需要长江中游城市群主动适应对外开放的新形势，扩大开放，与周边国家和地区形成经贸合作，充分发挥本区域比较优势，广泛参与国际分工，利用区域特色产业，形成国际竞争力；共享发展主要存在共享平台不够完善，不能满足城市群进一步高质量发展要求，更多的便民共享设施还有待进一步完善等问题。

# 四 长江中游城市群高质量发展协同推进的策略探讨

本报告在对新发展理念——创新、协调、绿色、开放、共享分别进行了基础条件分析后，发现长江中游城市群发展水平呈现出三点独高的现象。三省会城市无论是在人口、经济、资源还是在生态环境等方面的发展都明显优于区域内部的次级城市，要确保长江中游城市群能够实现其战略目标，就需将长江中游城市群高质量发展与新发展理念融合，为实现其目标协同推进，本报告从新发展理念出发，提出了协同推进策略（见图6）。

## （一）营造科技创新氛围以激发创新活力

首先，联手打造具有核心竞争力的科技创新高地。发挥创新资源和能力优势，一是推动高校、企业、科研院所互相合作建设国家级创新平台、组建创新联合体、打造区域科创中心，促进产学研用深度融合。高质量推进武汉东湖、长株潭、鄱阳湖国家自主创新示范区的深度建设。二是制定相关政策，政府引导企业进一步加大科技投入，促进形成一批拥有自主知识产权的技术和产品，提高金融对技术创新的支持度，探索配套的金融支持模式。出台相关激励政策激发研发人员的研发热情，大力培养创新型人才，增加科研资金投入。三是湘鄂赣三省合力打造中部科学城，在基础研究与应用创新方面，发挥各自所辖高新区及其主导产业优势，向周边区域扩展，此外，简化政府服务手续，优化引智环境，培育壮大创新主体，以增强区域科技创新生命力。

其次，联手打造先进制造业集群。制造业是长江中游城市群的支柱产业、优势产业，只有各城市间更好地通过集群工程协同发展，加强统筹谋划和产业协作，才能增强核心竞争力，且有望形成高质量发展平台优势。具体而言，是要加快城市群千亿支柱产业的集聚，联手打造优势产业集群，推动产业的跨区域联动发展，增强城市群的经济关联性。

长江中游城市群先进制造业集群工程如表7所示。

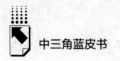
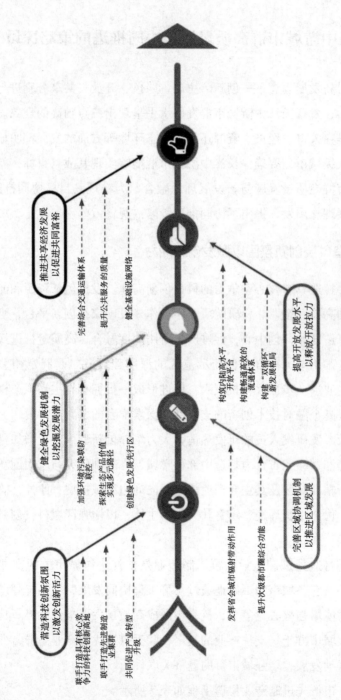

营造科技创新氛围
以激发创新活力

联手打造具有核心竞
争力的科技创新高地

联手打造先进制造
业集群

共同促进产业转型
升级

健全绿色发展机制
以挖掘发展潜力

加强环境污染联防
联控

探索生态产品价值
实现多元路径

创建绿色发展先行区

推进共享经济发展
以促进共同富裕

完善综合交通运输体系

提升公共服务的质量

健全基础设施网络

发挥省会城市辐射带动作用

提升次级都市圈综合功能

完善区域协调机制
以推进区域发展

构筑内陆高水平
开放平台

构建物通高效的
流通体系

构建"双循环"
新发展格局

提高开放发展水平
以释放开放动力

图6 长江中游城市群高质量发展协同推进策略

表 7　长江中游城市群先进制造业集群工程

| 产业集群 | 区域 | 具体发展 |
|---|---|---|
| 电子信息产业集群 | 长株潭都市圈 | 发展自主可控操作系统、高端服务器、5G 射频器材、通信模块等 |
| | 武汉都市圈 | 打造"光芯屏端网"全产业链 |
| | 南昌都市圈 | 发展智能终端、光电显示、半导体照明、数字视听等 |
| 工程机械产业集群 | 长株潭都市圈 | 提升大型、超大型工程机械产品竞争力，积极发展特种工程机械 |
| 轨道交通装备产业集群 | 武汉 | 重点发展城市轨道交通装备和零部件制造 |
| | 株洲 | 发展新一代轨道交通整车及控制系统、关键部件研发产业化及虚轨列车 |
| 汽车产业集群 | 长株潭都市圈 | 推进燃油汽车产能电动化智能化转型 |
| | 武汉都市圈 | 重点开发新能源、5G 车路协同自动驾驶汽车 |
| | 南昌都市圈 | 保持特种车优势并有序发展新能源汽车 |
| 航空航天产业集群 | 长株潭都市圈 | 发展航空发动机产业、通用航空产业 |
| | 武汉都市圈 | 武汉建设航天产业基地，荆门聚焦特种飞行器 |
| | 南昌都市圈 | 聚焦大飞机机身和核心零部件研发制造 |
| 生物医药产业集群 | 武汉、宜昌、鄂州 | 加快发展现代生物医药产业 |
| | 南昌、九江、宜春、上饶、黄冈、咸宁 | 打造全国中医药产业重要基地 |
| | 长沙、常德、宜昌、鹰潭 | 加快特色生物医药产业发展 |
| | 仙桃 | 打造医用非织造布生产和出口基地 |
| 新材料产业集群 | 武汉都市圈 | 发展先进半导体、特钢、无机非金属等新材料 |
| | 长株潭都市圈 | 发展金属、化工、先进硬质、先进储能等新材料 |
| | 南昌都市圈 | 发展有色金属新材料 |
| | 宜昌、荆门、岳阳、景德镇、九江 | 打造全国重要的精细化工产业基地 |

注：根据《长江中游城市群发展"十四五"实施方案》，武汉都市圈为武汉城市圈的核心部分，长株潭都市圈为环长株潭城市群的核心部分，南昌都市圈为环鄱阳湖城市群的核心部分。

资料来源：根据《长江中游城市群发展"十四五"实施方案》专栏 3 的内容整理。

最后，共同促进产业转型升级。长江中游城市群各大城市之间要形成创新协作模式，打破地域障碍实现区域创新一体化。最大限度地发挥三省会城市的带头作用，以此更进一步推进长江中游城市群城市创新水平提升与高质量发展协同。

## （二）完善区域协调机制以推进区域发展

区域协调发展的关键在于大中小城市的协调发展。一是要注重城市群的中心城市综合竞争力培育，发挥省会城市辐射带动作用。武汉、长沙、南昌三市要有功能性分工，武汉要依托科技优势，打造长江中游金融中心、现代物流中心和科技中心。南昌要着力打造空港新城、陆港新城、高铁新城、九望新城、现代职教城五大新城。长沙要重点强化强省会战略，引领长株潭都市圈建设。三市要利用自身优势互补发展，从而吸引更多的央企总部或者第二总部落户长江中游城市群。二是其他中小城市要明确自身核心竞争力，提升次级都市圈综合功能。长江中游城市群协同发展的动力，正是来源于次级都市圈综合功能的提升。如湖北荆州要建设国家级产业转移示范区，江西抚州建设产业转移示范区和先进制造业协作区，湖南长株潭城市群要实现错位特色发展。各省要设立省级专项资金用于提升城镇化发展质量，找寻自身优势，挖掘农业、旅游、教育等方面的独特优势，推动大中小城市高质量协调发展。

发挥省会城市辐射带动作用，并加强省际合作，推动几大都市圈协同发展。同时，要协同推进省际重大交通项目同步规划、同步实施。

长江中游城市群城镇带互通协作主要发展方向如表8所示。

表8  长江中游城市群城镇带互通协作主要发展方向

| 依托通道 | 区域 | 地市 | 合作产业 |
| --- | --- | --- | --- |
| 京广通道 | 武汉都市圈、长株潭都市圈 | 咸宁、岳阳等 | 石化、医疗健康、纺织服装等 |
| 沿江—京九通道 | 武汉都市圈、南昌都市圈 | 黄冈、黄石、九江等 | 电子信息、建材、石化、钢铁等 |
| 沪昆通道 | 长株潭都市圈、南昌都市圈 | 娄底、萍乡、宜春、新余、鹰潭、上饶等 | 光伏光电、精细化工、钢铁新材、有色金属等 |

资料来源：根据《长江中游城市群发展"十四五"实施方案》中"提升城镇带互通协作水平"部分的内容整理。

## （三）健全绿色发展机制以挖掘发展潜力

长江中游城市群应从生产、生态、生活三方面造就良好生态环境。

绿色生产方面，加强环境污染联防联控，推动绿色低碳转型。在工业生产环节，要发挥主导产业优势，协调城市群内资源配置，推动要素有效聚集，联合打造现代产业集群，实现产业协同互补与均衡发展。还要加大对节能环保、新能源等绿色产业企业特别是中小企业的扶持力度，促进其加速形成具有特色的优势产业。还要开发绿色产品，运用绿色技术，打造绿色产业链，推动传统模式转型升级。同时，在农业生产环节主要着手解决土壤污染、水污染、大气污染等问题，倡导绿色发展，提高资源利用效率，推进化肥农药减量、控制有毒有害污染物排放量、设立工农业用水总量限额，开展绿色生产，协同带动长江中游城市群绿色环保产业发展。

绿色生态方面，探索生态产品价值实现多元路径。全面完成自然资源统一确权登记，先行开展以生态产品实物量为重点的生态产品价值核算。鼓励流域下游与上游通过资金补偿、对口协作等方式，对发展绿色生态的区域给予一些激励，同时促进这些区域生态产品价值实现。通过加快构建长江中游"双碳"发展协同机制，建立统一市场体系，推进区域环境权益市场互联互通，将长江中游城市群打造为全国碳金融中心。

绿色生活方面，创建绿色发展先行区，加快生活方式绿色低碳转型。三省要形成污染联防联控的协调机制，除了改善农村人居环境，进行农村"厕所革命"外，还要提倡居民绿色生活，加快推进垃圾分类，扎实开展白色污染治理。此外，政府可以制定和完善相关法律监管措施，构建绿色环境治理体系。为进一步提升长江中游城市群的绿色发展水平，各城市在未来的发展中，要针对各自绿色发展情况制定相应的战略规划，实现资源、环境和经济的协调发展，高举可持续发展大旗，走绿色发展道路。

## （四）提高开放发展水平以释放开放拉力

首先，构筑内陆高水平开放平台。紧扣"双循环"发展战略，充分发

挥三个中心省会城市的作用，挖掘各地级市的发展潜力，有效进行资源配置，构建多元化、多层次、全方位的开放发展网络。

其次，构建畅通高效的流通体系。依托综合立体交通网络，完善内外联通的物流通道，做到商品和要素流动相对均衡，稳定产业链、畅通供应链，构建中部崛起和长江经济带发展核心增长极。利用交通网络实现区域协调，利用区域优势和交通优势，推动长江中游城市群及其周边城市主动参与国家层面的经贸合作，开展经济贸易合作，实现资源互补，打造国际友好城市，实现本区域国际竞争优势不断累积、经济繁荣、可持续发展的目标。

最后，构建"双循环"新发展格局。一是深化对内发展。长江中游城市群通过武汉和鄂州、长沙和岳阳、南昌和九江交通双枢纽建设，汇集整个长江中游城市群的资金流、物流、信息流。二是深化对外开放。依托长江黄金水道的优势，进一步引领长江中游城市群加强与下游长三角、上游成渝等城市群合作。利用以自贸区等为主体的对外开放平台，主动参与国际产业分工等国际合作，打造世界级产业集群，畅通国际国内双循环发展。

### （五）推进共享经济发展以促进共同富裕

长江中游城市群内部要构建互联互通的基础设施网络。

一是完善综合交通运输体系，加快构建多向立体综合交通运输大通道。综合考虑市内交通的便捷度及市外交通覆盖的广度，三省将加强高铁、高速公路、长江岸线码头及干线机场相关基础设施建设，打造综合运输网络，做到交通互通，实现铁公水空联动。重点推进一批重大交通项目建成投产以及在建项目建成，如表9所示，如大力建设武汉都市圈大通道的"1小时通勤圈"；推动长沙、南昌等全国性综合交通枢纽城市建设；加强南昌市内轨道交通建设，建设并延长地铁线路，在城区建设快速路，以及推动大南昌都市圈城际轨道建设、机场项目、高速公路项目同步开工；提升武汉、长沙、南昌机场区域航空枢纽功能，完善国际航线网络。

表 9　长江中游城市群交通基础设施建设重点项目

| 交通基础设施 | 重点项目 |
|---|---|
| 铁路 | 规划建设一批铁路(武汉至宜昌、合肥,长沙至赣州,襄阳至常德,益阳至娄底,荆门至荆州,仙桃至监利,常德至岳阳至九江,南昌至九江) |
| | 加快建设荆州港车阳河港区疏港铁路、黄石沿江疏港铁路二期、宜昌茅坪港疏港铁路、襄阳小河港疏港铁路 |
| | 建设成都重庆至上海沿江高铁、渝厦高铁、呼南高铁等干线铁路 |
| 公路 | 推动一批国道跨省路段扩容改造(G4、G60、G50) |
| | 协同推进长江干线过江通道建设(监利至华容公铁两用大桥、九江至黄梅) |
| 航道 | 实施长江及汉江、湘江、沅江、赣江等航道整治工程,提升水运主通道航运能力 |
| | 加强武汉长江中游航运中心建设 |
| | 推进宜昌、岳阳、九江等主要港口集约化规模化发展 |
| | 有序建设澧水、资水航道,形成南向水运大通道 |
| 机场 | 建成鄂州机场 |
| | 实施长沙黄花国际机场改扩建、武汉天河机场第三跑道建设、南昌昌北国际机场三期扩建 |
| | 推进娄底新化机场前期工作 |

资料来源：根据各省"十四五"规划整理。

二是提升公共服务质量。在社会保障方面,推动三省间各类社会保障政策的转移接续、核查互认、跨省结算;在教育方面,推动成立长江中游城市群高校联盟,促进高等教育协同发展;在医疗方面,鼓励通过合作办院、设立分院、组建医联体等形式推动优质医疗资源下沉共享。

三是健全基础设施网络。完善传统和新型基础设施,保障各城市、城乡之间的基础设施水平基本齐平,加强区域次级中心城市的建设,提升区域次级中心城市各方面综合水平,协调各地区之间的关系,实现要素在长江中游城市群高效自由流动与共享,从而推进长江中游城市群区域城镇化高质量发展。

**参考文献**

熊曦等:《长江中游城市群城镇化效率评价及时空分异》,《经济地理》2021 年第

3 期。

熊曦等：《长江中游城市群绿色化发展水平测度及其差异》，《经济地理》2019 年第 12 期。

熊曦：《新发展理念下长江中游城市群高质量城镇化的协同推进机制研究》，中国财政经济出版社，2022。

《国家发展改革委关于印发长江中游城市群发展"十四五"实施方案的通知》，中华人民共和国国家发展和改革委员会网站，2022 年 2 月 15 日，https：//www.ndrc. gov. cn/xxgk/zcfb/tz/202203/t20220315_ 1319307_ ext. html。

张忠家、秦尊文主编《中三角蓝皮书：长江中游城市群发展报告（2021）》，社会科学文献出版社，2021。

# B.3
# 长江中游城市群城市韧性测度
# 与时空演变特征研究

刘　陶　夏瑜文丹　姚奉甜*

**摘　要：** 韧性城市的提出从鲁棒性和适应性角度为完善城市综合功能提供
了新思路。当前我国韧性城市建设尚处于起步阶段，本报告在梳
理总结韧性城市内涵与特征的基础上，从经济韧性、生态韧性、
社会韧性、工程韧性、管理韧性5个维度构建城市韧性评价指标
体系对长江中游城市群2013~2020年城市韧性水平进行测度与
分析，同时利用ArcGIS工具展现其时空演变特征分布，最终提
出相关建议，望对长江中游城市群韧性城市建设提供些许参考。

**关键词：** 长江中游城市群　城市韧性　韧性城市

　　韧性思维为城市系统在面临不确定风险时保持稳定、可持续健康发展提
供了新视角，韧性城市在全球范围内的实践探索也应运而生。2013年，洛克
菲勒基金会启动"全球100韧性城市"项目。2016年，第三届联合国住房和
城市可持续发展大会将倡导"城市的生态与韧性"作为新城市议程的核心内
容之一。21世纪以来，我国也逐渐重视韧性城市建设。2020年11月，《中共
中央关于制定国民经济和社会发展第十四个五年规划和二〇三五年远景目标
的建议》中明确指出：建设海绵城市、韧性城市，推进城市综合治理水平的

---

　　* 刘陶，湖北省社会科学院长江流域经济研究所副研究员，主要研究方向为区域经济与可持续发展；
夏瑜文丹，湖北省社会科学院长江流域经济研究所硕士研究生，主要研究方向为区域可持续发展；
姚奉甜，湖北省社会科学院长江流域经济研究所硕士研究生，主要研究方向为区域经济。

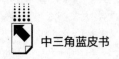

提升，提高风险防控能力。长江中游城市群是长江经济带总体发展的重要战略中心，也是当前新发展格局下撬动内需增长的重要潜力区域。然而，近年来，伴随着城镇化进程加快，城市不稳定因素增加，城市疾病凸显，城市、城市群系统的稳定性与可持续性受到考验。因此，以城市韧性为研究视角，以长江中游城市群为研究对象，致力于城市群韧性水平的评估与分析，寻求提升城市群城市韧性水平的路径与策略，是值得研究的重要课题。

# 一 韧性城市的内涵及城市韧性评价指标体系的构建

城市作为一个多因素耦合的复杂系统，本身具有动态性和演变性，在充分考虑韧性城市内涵与特征的基础上建立一套量化评价标准，有助于合理评价城市韧性水平，为进一步韧性城市建设提供相关定量分析基础。

## （一）韧性城市的内涵与特征

韧性城市这一概念自提出以来，国内众多学者纷纷对其内涵与特征展开了探究与诠释，综合众多学者观点，本报告认为：韧性城市是指城市系统在面对外界不确定性扰动和冲击时具备一定的承受能力、恢复适应能力、自我优化能力（分别对应于风险抵抗阶段、恢复阶段、学习与进化阶段），能快速从灾害中恢复城市功能，维护城市经济社会系统的正常运行。具体来说，当城市系统受到外界扰动与冲击时，城市管理者首先通过预判准备、综合各个领域的需求合理地分配资源、完善物质层面和社会层面的构建，使其功能和结构保持一定状态；其次，加强城市适应性治理，从冲击中学习，使城市系统实现自我恢复、自我振兴；最后，加快调整转型与创新发展步伐，培育更加优质的自我发展路径，实现城市系统可持续发展。

结合城市系统的不同功能，韧性城市的特征可以归纳为五个方面。

### 1.城市经济韧性

即城市经济系统抵御风险的能力与运行能力，对城市总体韧性起着关键性作用。经济发展基础、产业结构的完整性与多样性、经济收入水平等均对城市经济韧性有着重要影响，同时技术创新与结构优化也对城市经济恢复与韧性提高具有重要帮助。

**2. 城市社会韧性**

即城市社会系统对风险因素的响应能力，对维护城市安全与稳定具有重要作用。城市社会韧性的提高主要体现在其能为城市经济系统发展提供优质的社会服务，包括为企业发展提供技术支撑、为经济发展提供劳动力等要素支持、为城市可持续发展提供稳定的社会保障。

**3. 城市生态韧性**

即城市生态系统受到灾害风险破坏后的恢复与重建能力。当前，城市生态环境受到多重风险扰动的影响，加强生态治理，维护城市生态系统的平衡与稳定，构建良好的人居环境是提升城市生态韧性的重要内容。

**4. 城市基础设施韧性**

即城市基础设施对风险扰动的应对能力和受到风险破坏后的恢复能力，如交通、供水、供电、医疗等设施的保障能力。基础设施属于城市的人工环境，是保障人与城市环境系统韧性的关键因素。

**5. 城市管理韧性**

即城市管理部门的管理能力，特别是灾难发生时和发生后政府的组织、管理、规划和行动能力。城市在受到冲击后，并不能单单依靠公众参与、市场调节来进行恢复，更重要的是需要政府的调控管理。在遇到风险时，政府能否及时做出最优决策，将有限的资源合理化分配，及时有力有效地进行管理调控、实现效益最大化对城市韧性有很大影响。

## （二）城市韧性评价指标体系的构建

以往的研究学者从不同的维度出发建立了不同的指标体系，本报告综合各类研究成果并结合城市韧性的内涵与特征，在遵循全面性、典型性、可比性和可操作性等原则的前提下，从经济韧性、生态韧性、社会韧性、工程韧性、管理韧性5大维度构建城市韧性的评价指标体系，包括22个三级指标（见表1）。

表1　长江中游城市群城市韧性水平评价指标体系

| 项目 | 准则层 | 指标层 | 评价意义 | 权重 |
|---|---|---|---|---|
| 长江中游城市群城市韧性综合指数 | 经济韧性 | 人均GDP(元) | 宏观经济基础 | 0.0432 |
| | | 城乡居民储蓄存款余额(万元) | 经济发展资金潜力 | 0.0740 |
| | | 三产占GDP比重(%) | 经济结构合理程度 | 0.0290 |
| | | 进出口贸易总额占GDP比重(%) | 经济市场活力 | 0.1018 |
| | | 社会消费品零售总额(万元) | | 0.0947 |
| | | 科学技术经费支出占地方一般公共预算支出比重(%) | 创新能力 | 0.0435 |
| | 生态韧性 | 万元GDP工业废水排放量(吨) | 工业排放强度 | 0.0018 |
| | | 生活垃圾无害化处理率(%) | 污染、垃圾治理能力 | 0.0004 |
| | | 建成区绿化覆盖率(%) | | 0.0070 |
| | | 人均公园绿地面积(平方米) | 城市生态环境建设状况 | 0.0173 |
| | 社会韧性 | 社会保障覆盖率(%) | 社会保障能力 | 0.0444 |
| | | 医院、卫生院床位数(张) | | 0.0621 |
| | | 互联网普及率(%) | 对外交流状况 | 0.0354 |
| | | 城镇居民人均可支配收入(元) | 居民经济实力状况 | 0.0327 |
| | | 登记失业人员占常住人口比(%) | 社会稳定性 | 0.0040 |
| | 工程韧性 | 城市排水管道密度(公里/公里²) | 工程设施对生命线的保障能力 | 0.0193 |
| | | 年末人均道路面积(平方米) | 城市硬件设施完善程度 | 0.0149 |
| | | 每万人拥有公共汽车(辆) | | 0.0448 |
| | | 城市供气总量(万立方米) | 城市供气状况 | 0.1516 |
| | 管理韧性 | 固定资产投资增长率(%) | 政府调控管理能力 | 0.0078 |
| | | 人均固定资产投资额(元) | | 0.0378 |
| | | 地方一般公共预算收入(万元) | 政府财政状况 | 0.1324 |

# 二　长江中游城市群城市韧性测度水平分析

本节通过前文构建城市韧性评价指标体系并得出数据,对长江中游城市群2013~2020年城市韧性水平进行综合评估测度,并选取2019年份数据与长三角进行比较分析。

## （一）评价方法

本报告引入时间序列，运用改进熵值法对长江中游城市群城市韧性水平进行评价。原始数据在数量级和单位上存在差异，无法直接进行比较，所以，先运用极差法对其进行标准化处理，同时为了消除数值零的干扰，将所有标准化数据整体向右平移 0.0001 单位，使其转变为无量纲的纯数值。

首先，设 $X_{nij}$ 为第 $n$ 年第 $i$ 个地区的第 $j$ 个指标值。

若 $X_{nij}$ 为正向指标，则标准化公式为：

$$X_{nij} = \frac{x_{nij} - \min(x_{nij})}{\max(x_{nij}) - \min(x_{nij})} + 0.0001$$

若 $X_{nij}$ 为负向指标，则标准化公式为：

$$X_{nij} = \frac{\max(x_{nij}) - x_{nij}}{\max(x_{nij}) - \min(x_{nij})} + 0.0001$$

其次，计算第 $n$ 年第 $j$ 个指标下第 $i$ 个地区的特征比重为 $P_{nij} = X_{nij} / \sum_n \sum_i X_{nij}$；然后，计算第 $j$ 个指标的熵值，公式为 $e_j = \frac{1}{\ln n} \sum_n \sum_i X_{nij} \ln (X_{nij})$；然后，计算差异系数，公式为 $g_j = 1 - e_j$；接着，计算每个指标的权重 $W_j = g_j / \sum g_j$；最后，计算长江中游城市群城市韧性综合发展指数 $U_i = \sum_n W_j X_{nij}$。

## （二）资料来源与测度结果

### 1. 资料来源与说明

本报告选取长江中游城市群作为基本评价单位，对其 2013~2020 年的城市韧性水平进行综合评估测度与分析。但综合考虑数据的可获得性和完整性，在认真研究前文构建的韧性城市评价指标体系基础上，最后确定本报告研究范围为长江中游城市群 28 个地级市（天门、仙桃、潜江三市除外）。同时，为了更加深入了解长江中游城市群韧性城市在长江经济带甚至全国范围的水平，本报告还将长三角城市群纳入研究范围，选取 2019 年断面数据

对长三角城市群城市韧性水平与长江中游城市群进行比较分析。

研究数据主要来源于2014~2021年《中国城市统计年鉴》《湖北省统计年鉴》《湖南省统计年鉴》《江西省统计年鉴》《中国城市统计年鉴》以及部分地级市的国民经济和社会发展统计公报。对于少部分缺失数据采用插值法补足。

2.测度结果

通过前文构建的城市韧性水平评价指标,运用熵值法计算单个指标权重,同时运用极差法将各指标标准化,再根据城市韧性指数公式计算得出长江中游城市群各城市韧性综合指数得分与排名(见表2),以及各子维度指数得分与排名。同时本报告还对2019年长三角城市群城市韧性水平进行了测度,将长三角城市群与长江中游城市群54个城市一起进行了排名,其计算结果与排名见表3。

### (三)长江中游城市群城市韧性测度分析

#### 1.长江中游城市群城市韧性水平总体呈逐年平稳增长趋势,但与长三角城市群比仍有一定差距

根据测算结果,2013~2019年长江中游城市群城市韧性水平总体呈平稳较快增长趋势,2020年因新冠肺炎疫情影响部分城市韧性综合指数出现下降。从城市层面来看,长江中游城市群28个地级市城市韧性综合指数总体呈上升趋势,平均增幅达到67.12%,表明长江中游城市群城市韧性发展整体情况良好。具体来说,宜春市、抚州市、岳阳市、常德市、益阳市和娄底市增长速度最快,2013~2020年增幅超过1倍。武汉市、长沙市、南昌市城市韧性综合指数稳居长江中游城市群前3强,从绝对数值来看,虽然每个城市城市韧性综合指数逐年增加(部分城市到2020年略有降低),但绝对值相对偏小,武汉市韧性综合指数一直保持第1名,与第28名8年平均相差0.5194,说明长江中游城市群各城市韧性度仍然有较大的提升空间。

从城市韧性综合指数均值来看,长江中游城市群从2013年的0.1418提升至2020年0.2370,年均增长7.61%,但与长三角城市群相比仍有一定差

表2 2013~2020年长江中游城市群城市韧性综合指数及排名

| 城市 | 2013年 城市韧性综合指数 | 排名 | 2014年 城市韧性综合指数 | 排名 | 2015年 城市韧性综合指数 | 排名 | 2016年 城市韧性综合指数 | 排名 | 2017年 城市韧性综合指数 | 排名 | 2018年 城市韧性综合指数 | 排名 | 2019年 城市韧性综合指数 | 排名 | 2020年 城市韧性综合指数 | 排名 |
|---|---|---|---|---|---|---|---|---|---|---|---|---|---|---|---|---|
| 南昌市 | 0.2156 | 3 | 0.2498 | 3 | 0.2496 | 3 | 0.2702 | 3 | 0.3332 | 3 | 0.3410 | 3 | 0.3708 | 3 | 0.3714 | 3 |
| 景德镇市 | 0.1149 | 15 | 0.1375 | 14 | 0.1392 | 15 | 0.1810 | 9 | 0.1817 | 19 | 0.1574 | 22 | 0.1970 | 17 | 0.2003 | 15 |
| 萍乡市 | 0.1195 | 13 | 0.1226 | 20 | 0.1307 | 17 | 0.1402 | 23 | 0.1725 | 21 | 0.1797 | 17 | 0.1954 | 18 | 0.1948 | 16 |
| 九江市 | 0.1318 | 9 | 0.1553 | 11 | 0.1597 | 10 | 0.1777 | 10 | 0.2212 | 11 | 0.2025 | 10 | 0.2275 | 8 | 0.2242 | 10 |
| 新余市 | 0.1425 | 7 | 0.1561 | 10 | 0.1612 | 8 | 0.1696 | 12 | 0.1892 | 17 | 0.1944 | 11 | 0.2149 | 11 | 0.2035 | 13 |
| 鹰潭市 | 0.1155 | 14 | 0.1259 | 17 | 0.1289 | 19 | 0.1599 | 15 | 0.2720 | 4 | 0.1822 | 14 | 0.2008 | 15 | 0.1842 | 19 |
| 吉安市 | 0.1080 | 18 | 0.1265 | 16 | 0.1303 | 18 | 0.1445 | 18 | 0.2657 | 5 | 0.1732 | 18 | 0.1908 | 21 | 0.1832 | 20 |
| 宜春市 | 0.0913 | 22 | 0.1201 | 21 | 0.1229 | 22 | 0.1416 | 20 | 0.2438 | 7 | 0.1806 | 15 | 0.2036 | 14 | 0.2005 | 14 |
| 抚州市 | 0.0824 | 25 | 0.1003 | 26 | 0.1074 | 26 | 0.1167 | 26 | 0.1532 | 26 | 0.1459 | 27 | 0.1644 | 25 | 0.1714 | 23 |
| 上饶市 | 0.1088 | 17 | 0.1243 | 19 | 0.1261 | 21 | 0.1406 | 22 | 0.1972 | 15 | 0.1689 | 21 | 0.1943 | 19 | 0.1884 | 17 |
| 武汉市 | 0.5433 | 1 | 0.5372 | 1 | 0.5727 | 1 | 0.6089 | 1 | 0.6521 | 1 | 0.7064 | 1 | 0.7834 | 1 | 0.6872 | 1 |
| 黄石市 | 0.1405 | 8 | 0.1736 | 6 | 0.1602 | 9 | 0.1814 | 8 | 0.2143 | 14 | 0.2081 | 9 | 0.2208 | 9 | 0.2057 | 12 |
| 宜昌市 | 0.1611 | 5 | 0.1899 | 5 | 0.2087 | 5 | 0.2245 | 5 | 0.2342 | 9 | 0.2412 | 6 | 0.2549 | 6 | 0.2311 | 9 |
| 襄阳市 | 0.1304 | 10 | 0.1693 | 8 | 0.1907 | 6 | 0.2079 | 6 | 0.2356 | 8 | 0.2454 | 8 | 0.2584 | 5 | 0.2356 | 7 |
| 鄂州市 | 0.1115 | 16 | 0.1166 | 22 | 0.1130 | 24 | 0.1421 | 19 | 0.1663 | 23 | 0.1720 | 23 | 0.1813 | 22 | 0.1808 | 21 |
| 荆门市 | 0.1200 | 12 | 0.1435 | 13 | 0.1381 | 16 | 0.1474 | 17 | 0.1870 | 18 | 0.1804 | 16 | 0.1938 | 20 | 0.1802 | 22 |
| 孝感市 | 0.0902 | 24 | 0.1051 | 25 | 0.1193 | 23 | 0.1319 | 24 | 0.1617 | 24 | 0.1542 | 25 | 0.1593 | 27 | 0.1502 | 27 |

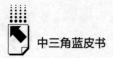

续表

| 城市 | 2013年 城市韧性综合指数 | 排名 | 2014年 城市韧性综合指数 | 排名 | 2015年 城市韧性综合指数 | 排名 | 2016年 城市韧性综合指数 | 排名 | 2017年 城市韧性综合指数 | 排名 | 2018年 城市韧性综合指数 | 排名 | 2019年 城市韧性综合指数 | 排名 | 2020年 城市韧性综合指数 | 排名 |
|---|---|---|---|---|---|---|---|---|---|---|---|---|---|---|---|---|
| 荆州市 | 0.1004 | 21 | 0.1274 | 15 | 0.1469 | 14 | 0.1557 | 16 | 0.1748 | 20 | 0.1708 | 20 | 0.1976 | 16 | 0.1666 | 24 |
| 黄冈市 | 0.0906 | 23 | 0.1126 | 23 | 0.1275 | 20 | 0.1415 | 21 | 0.1692 | 22 | 0.1549 | 23 | 0.1754 | 23 | 0.1500 | 28 |
| 咸宁市 | 0.0799 | 26 | 0.1074 | 24 | 0.1100 | 25 | 0.1262 | 25 | 0.1481 | 27 | 0.1510 | 26 | 0.1738 | 24 | 0.1511 | 26 |
| 长沙市 | 0.3391 | 2 | 0.3917 | 2 | 0.4183 | 2 | 0.4456 | 2 | 0.5093 | 2 | 0.5199 | 2 | 0.5605 | 2 | 0.5619 | 2 |
| 株洲市 | 0.1529 | 6 | 0.1724 | 7 | 0.1894 | 7 | 0.2014 | 7 | 0.2476 | 6 | 0.2479 | 4 | 0.2652 | 4 | 0.2944 | 4 |
| 湘潭市 | 0.2034 | 4 | 0.2346 | 4 | 0.2333 | 4 | 0.2536 | 4 | 0.2330 | 10 | 0.2285 | 7 | 0.2360 | 7 | 0.2703 | 5 |
| 衡阳市 | 0.1264 | 11 | 0.1469 | 12 | 0.1537 | 12 | 0.1757 | 11 | 0.2183 | 13 | 0.2118 | 8 | 0.2199 | 10 | 0.2440 | 6 |
| 岳阳市 | 0.1061 | 20 | 0.1585 | 9 | 0.1573 | 11 | 0.1623 | 13 | 0.2183 | 12 | 0.1900 | 13 | 0.2141 | 12 | 0.2351 | 8 |
| 常德市 | 0.1074 | 19 | 0.1259 | 18 | 0.1470 | 13 | 0.1611 | 14 | 0.1942 | 16 | 0.1915 | 12 | 0.2043 | 13 | 0.2217 | 11 |
| 益阳市 | 0.0679 | 28 | 0.0978 | 27 | 0.0910 | 28 | 0.1148 | 27 | 0.1574 | 25 | 0.1544 | 24 | 0.1614 | 26 | 0.1857 | 18 |
| 娄底市 | 0.0691 | 27 | 0.0892 | 28 | 0.0945 | 27 | 0.1022 | 28 | 0.1406 | 28 | 0.1428 | 28 | 0.1523 | 28 | 0.1619 | 25 |

表3 2019年长江中游城市群和长三角城市群城市韧性综合指数及排名

| 城市 | 城市韧性综合指数 | 排名 | 城市 | 城市韧性综合指数 | 排名 | 城市 | 城市韧性综合指数 | 排名 |
|---|---|---|---|---|---|---|---|---|
| 上海市 | 0.7258 | 1 | 常德市 | 0.2321 | 19 | 南昌市 | 0.1725 | 37 |
| 武汉市 | 0.4471 | 2 | 岳阳市 | 0.2301 | 20 | 泰州市 | 0.1720 | 38 |
| 苏州市 | 0.4242 | 3 | 黄石市 | 0.2227 | 21 | 滁州市 | 0.1657 | 39 |
| 长沙市 | 0.3888 | 4 | 南通市 | 0.2168 | 22 | 盐城市 | 0.1402 | 40 |
| 杭州市 | 0.3682 | 5 | 鄂州市 | 0.2136 | 23 | 宣城市 | 0.1351 | 41 |
| 南京市 | 0.3515 | 6 | 嘉兴市 | 0.2129 | 24 | 铜陵市 | 0.1189 | 42 |
| 无锡市 | 0.3088 | 7 | 荆门市 | 0.2121 | 25 | 马鞍山市 | 0.1169 | 43 |
| 宁波市 | 0.3057 | 8 | 咸宁市 | 0.2038 | 26 | 新余市 | 0.1134 | 44 |
| 合肥市 | 0.2727 | 9 | 湖州市 | 0.2029 | 27 | 安庆市 | 0.1071 | 45 |
| 株洲市 | 0.2646 | 10 | 黄冈市 | 0.2019 | 28 | 鹰潭市 | 0.1048 | 46 |
| 常州市 | 0.2450 | 11 | 台州市 | 0.2016 | 29 | 九江市 | 0.1037 | 47 |
| 湘潭市 | 0.2416 | 12 | 荆州市 | 0.2006 | 30 | 吉安市 | 0.0998 | 48 |
| 绍兴市 | 0.2401 | 13 | 益阳市 | 0.1985 | 31 | 景德镇市 | 0.0977 | 49 |
| 金华市 | 0.2395 | 14 | 镇江市 | 0.1959 | 32 | 宜春市 | 0.0961 | 50 |
| 宜昌市 | 0.2383 | 15 | 娄底市 | 0.1939 | 33 | 萍乡市 | 0.0957 | 51 |
| 襄阳市 | 0.2372 | 16 | 孝感市 | 0.1847 | 34 | 上饶市 | 0.0935 | 52 |
| 舟山市 | 0.2359 | 17 | 扬州市 | 0.1837 | 35 | 抚州市 | 0.0819 | 53 |
| 衡阳市 | 0.2359 | 18 | 芜湖市 | 0.1835 | 36 | 池州市 | 0.0728 | 54 |

注: 长三角城市群选取了26个城市，依据《长江三角洲城市群发展规划》（2016）。

距。通过前文构建的韧性城市评价指标体系，测算 2019 年长三角城市群城市韧性水平。结果表明长三角城市群城市韧性水平整体优于长江中游城市群。上海市经济实力最强，城市韧性水平最高，与第 2 位的武汉市相比，上海市韧性综合指数高出 62.34%。城市韧性综合指数排名前十中，有 7 个城市属于长三角城市群，前 27 位（评价地区数量一半）中，有 14 个城市属于长三角城市群，最后 10 位中只有 2 个城市属于长三角城市群，有 8 个城市属于长江中游城市群，说明，长三角城市群城市韧性水平整体偏高，优于长江中游城市群。

**2. 经济韧性在子维度中占据首要地位，与城市经济实力呈正比**

在经济韧性、生态韧性、社会韧性、工程韧性和管理韧性中，经济韧性占据首要地位。2019 年，长三角城市群整体经济韧性水平明显优于长江中游城市群。在长江中游城市群中，只有武汉、长沙、南昌市位列前二十。与 GDP 排名相比，排名基本吻合，说明经济韧性度与城市经济规模密切相关，与城市经济实力呈正比关系，经济实力越强，经济韧性越大。

从发展趋势看，长江中游城市群经济韧性度 2013~2020 年整体呈上升趋势，2017~2018 年略有波动，2018 年小幅回落，平均下降 17.99%，在 2019 年继续上升，达到更高水平。武汉、长沙、南昌 3 市经济韧性水平稳居长江中游城市群经济韧性度的前 3 名，引领长江中游城市群经济发展。武汉市经济韧性度与第 2 位城市的差距在不断拉大，反映出武汉市作为长江中游城市群的核心地位。除了 3 个省会城市外，襄阳市、宜昌市经济韧性度也相对较高，经济韧性水平排名第四和第五，作为湖北省的省域副中心城市拥有较多发展机会，经济发展势头猛，经济规模得以扩张。再次验证，经济韧性度与城市经济规模密切相关。岳阳市和宜春市经济韧性度增速较快，其中，宜春市经济韧性指数排名从第 22 名跃升至第 11 名，岳阳市经济韧性指数排名从第 24 名跃升至第 9 名，两市在长江中游城市群里，发展基础较为薄弱，但经济发展势头良好，近些年紧跟中部崛起战略，经济实力不断增强，城市的自我修复和自我完善能力得到提升，相应的城市经济韧性度上升。除了 3 个省会城市外，2013~2020 年绝大多数城市经济韧性度增幅超过 1 倍，有些城市增幅甚至超过 2 倍，但是经济韧性度绝对值仍然偏低，在未来发展中，要重视中小城市的发展，有的放矢的促进大中小城市协调发展。

### 3. 生态韧性水平整体较低，生态环境建设亟须进一步完善

城市韧性综合水平高并不意味着生态韧性强，从发展趋势看，2013~2019 年长江中游城市群生态韧性度整体呈波浪式上升趋势，生态韧性水平整体较低，2020 年整体大幅下降。和 2013 年相比，2019 年绝大部分城市生态韧性度有所上升，平均增速为 16.15%。其中，宜昌市和九江市生态韧性度增速为负值，宜昌市是湖北省省域副中心城市，2019 年入选为国家工业资源综合利用基地，九江市是长江中游城市群中心港口城市，是江西省重点培育和发展的大都市区之一，说明区内生态环境优化提升面临较大压力。

武汉、长沙、南昌作为省会城市，经济基础较为良好，但生态韧性度处于较低水平，武汉、长沙、南昌 3 市 2019 年生态韧性度在长江中游城市群分别排第 25、23、21 名，在追求经济快速增长的过程中尚未综合考虑生态环境对城市造成的负面效应，导致环境承载力逐年下滑，生态环保任重道远。虽然新余市、抚州市、景德镇市总体经济实力较弱，但是 2019 年 3 市生态韧性度在长江中游城市群位列前三。2020 年受新冠肺炎疫情影响，南昌、武汉、长沙的工业废水排放量大量减少，使得这 3 个城市 2020 年生态韧性指数大幅上升，在长江中游城市群分别排第 4、1、9 名。

与 2019 年长三角城市群生态韧性水平比，长江中游城市群整体生态韧性水平优于长三角城市群。前 27 名中，长三角城市群仅占 6 位，说明长三角城市群在城市快速发展的同时忽视了生态环境建设，未来应加强生态韧性管控，强化生态韧性协同性。目前，长江经济带以"共抓大保护，不搞大开发"为发展战略导向，越来越重视高质量绿色发展的路子，生态环境的优化可以直接降低灾害发生的频率，为提升城市韧性水平提供重要支撑。

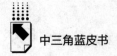

**4. 社会韧性中中等韧性水平城市数量占比最多，社会保障政策初显成效**

从发展趋势看，2013~2020 年长江中游城市群社会韧性度整体呈波动式上升趋势。这一特征与近年来的长江中游三省社会政策密切相关。近年来，湖北省在稳就业、惠民生方面持续发力，守住全省就业与民生健康发展的基本底盘。湖南、江西也积极推动人力资源和社会保障事业实现新发展，人民生活水平显著提高，城乡间居民生活水平差距显著缩小，武汉、长沙、南昌3 市社会韧性水平稳居长江中游城市群社会韧性度的前 3 名，领跑长江中游城市群。除 3 个省会城市外，株洲市、宜昌市社会韧性度也相对较高，社会韧性水平排名第四和第五。益阳市和娄底市社会韧性度增速最快，益阳市社会韧性指数从 2013 年的 0.01381 上升到 2020 年的 0.05374，娄底市社会韧性指数从 2013 年的 0.01445 上升到 2020 年的 0.05563，由于发展基础较为薄弱，在社会保障方面投入较少，人口适应能力和风险应对能力相对较弱，益阳市和娄底市社会韧性度虽然增速较快，但是相对水平仍然很低，处于长江中游城市群靠后位置。经济实力不断增强，社会就业岗位增多，社会保障能力增强、力度加大，城镇居民人均可支配收入持续提高，能较大幅度提升城市发展的协同性和联动性，这些举措将增强城市的抗灾能力和自我修复能力。

**5. 工程韧性明显落后于长三角城市群，城市硬件设施有待进一步完善**

与 2019 年长三角城市群工程韧性水平比，长江中游城市群明显落后。排名前十五中，仅有武汉市、长沙市，城市硬件设施有待进一步完善。完善的城市排水系统等，使城市工程韧性更具有弹性和修复力，对城市总体韧性水平贡献较大。

从发展趋势看，2013~2020 年长江中游城市群工程韧性度整体呈平缓上升趋势。武汉市、长沙市工程韧性度稳居长江中游城市群前 2 位，从 2020年工程韧性度看，益阳市排名第三，衡阳市排名第四。经济增长，政府财力增强，基础设施建设能力和水平相对较高，促使城市系统具有组织能力和高度灵活性，这些都有助于维持并提高城市的防御能力和自我修复能力。从增速来看，益阳市增长最快，工程韧性度排名从 2013 年的第 25 位跃升至 2020

年第 3 位。从工程韧性指数绝对值看，工程韧性水平还比较低，仍有较大的发展空间。

6. 管理韧性水平不高，人均固定资产投资仍需进一步增加

从发展趋势看，2013~2020 年长江中游城市群管理韧性度整体呈平缓上升趋势。武汉、长沙、南昌 3 市管理韧性水平稳居长江中游城市群管理韧性度的前 3 名，引领长江中游城市群经济发展。值得注意的是，虽然武汉管理韧性度一直处于领先水平，2014 年下降至最低值后平稳上升。相较于 2013 年水平，武汉 2019 年在其他城市的增幅均为正值的情况下，增幅仍为负值，这表明武汉市城市规模扩大压力较大，2020 年排名下降至第二。2020 年，除 3 个省会城市外，九江市、湘潭市、株洲市管理韧性度也相对较高，管理韧性水平排名第四、第五和第六。益阳市和吉安市管理韧性度增速较快，增幅分别高达 164.8%、140.48%，由于相对水平仍然比较低，在长江中游城市群管理韧性排名中处于靠后位置。

与 2019 年长三角城市群管理韧性水平比，长江中游城市群明显落后。排名前十五中，仅有武汉、长沙、南昌和襄阳市，人均固定资产投资仍需进一步增加，优化固定资产投资结构。优化营商环境，扩大政府财政规模，集中更多的社会资源进行调配，能够承受城市恢复的高昂成本，使社会长期发展更具弹性，增强城市的防御风险和自我修复能力。

## 三 长江中游城市群城市韧性空间差异演变格局分析

为了更加直观地反映长江中游城市群城市韧性水平空间演变特征，依据前文构建指标体系，运用熵值法测算出的城市韧性综合指数，运用 ArcGIS 自然断裂法对长江中游城市群城市韧性的空间演变特征进行分析。本报告选取 2019 年断面长江中游城市群和长三角城市群城市韧性综合指数进行空间分布特征分析，同时选取 2013 年、2016 年、2019 年 3 个时间节点对长江中游城市群城市韧性综合指数从城市间、城市圈（群）间、整体 3 个维度进行空间格局动态演示分析。

（一）空间分布特征

运用 ArcGIS10.2 软件按照自然断裂法将 2019 年长江中游城市群和长三角城市群城市韧性综合指数分为 5 个等级（高、较高、中、较低、低），发现两大城市群城市韧性的空间分布呈现以下三大特征。

**1. 长三角城市群整体城市韧性水平优于长江中游城市群，城市韧性空间分布存在明显差异**

上海市韧性水平一城独大的特征显著，比第 2 位的武汉市高 62.34%，上海市经济实力雄厚，产业结构合理，城市基础设施完善，社会资源丰富，应对自然或人为灾害的综合能力强，能够承受城市恢复产生的高昂成本，城市整体韧性水平较高。高等韧性水平城市呈点状分布，分别为江苏、浙江、湖北、湖南省的省会城市，具有比较完善的应对人为和自然灾害的机制体制，城市的自我修复能力较强。南昌市由于经济基础相对较差，区位优势相对不明显，城市基本系统不合理，城市适应系统较弱，仍属于低等韧性水平城市，仍有较大的韧性优化空间。中等韧性水平城市围绕在高等韧性水平城市周边，省会城市和主要中心城市韧性水平相对较高，湖北是"一主引领、两翼驱动、全域协同"战略城市引领城市韧性水平，武汉市与周边城市韧性水平有断层差异。

**2. 主要城市圈（群）、都市圈的中心城市具有较强的城市韧性**

南京都市圈以南京市为中心，两翼——无锡、合肥市伴两边，带动圈内韧性城市发展，东南—西北向城市韧性水平较高，东北—西南向城市韧性水平较低。杭州都市圈以杭州市为中心向外围辐射，带动周边城市发展。环长株潭城市群以长沙、株洲、湘潭市为中心，向外围扩散，东部城市韧性水平相对较高，西北部城市韧性水平较低。环鄱阳湖城市群以南昌市为中心，基本被低等水平韧性城市包围，南部抚州市韧性水平较低。武汉城市圈处于高—较低的集聚特征，武汉与周边城市的韧性水平差异较大，与处于中等城市韧性水平的宜昌市和襄阳市相距较远。

**3. 低等、较低等韧性水平城市数量占比过半**

按照自然断裂法，综合韧性指数低于 0.2227 的韧性城市属于低等或较低等水平。这样的城市有 33 个，占研究城市总数量的 61.11%。大部分城市的城市韧性水平有待进一步提升。武汉市作为高等韧性水平城市，对周边城市的辐射带动作用较弱，与武汉市韧性水平相比，周边城市出现断层级现象。江西省整体城市韧性水平偏低，九江市处于较低等水平韧性，南昌市也仅仅是低等水平韧性，南昌市暂时难当城市韧性水平的"领头羊"。

### （二）空间演变特征

本小节研究对象为长江中游城市群 28 个地级市，运用 ArcGIS10.2 软件按照自然断裂法将其分为 4 个等级（高、中、较低、低），得出以下结论。

1. 武汉城市圈从双核引领演变为多核引领，东部优于西部

2013~2016 年，武汉城市圈韧性城市以武汉市为引领，宜昌协同，呈双核引领状态，2019 年演变成多核引领。高、中等韧性水平城市呈点状分布，较为分散，武汉市与周边相邻城市的韧性水平差异较大，武汉市为高等韧性水平城市，被较低等韧性水平城市包围着，出现断层级现象，这说明武汉市对其他城市的辐射带动作用不强，虹吸效应大于辐射效应。武汉、鄂州、黄石市（位于湖北省的东部）的韧性水平优于宜昌、襄阳、荆门市（位于湖北省的西部），东部的城市韧性水平一直优于西部。2016 年以前，中部（孝感、荆州、咸宁市）塌陷，2016 年以后，中部有崛起之势。武汉市的东部、北部城市一直处于塌陷状态。

2. 环长株潭城市群呈"品"字形分布，向外层辐射

环长株潭城市群城市韧性水平较为稳定，长沙、株洲、湘潭市整体韧性水平较高，呈"品"字形分布，这是湖南省多年来坚持实施长株潭一体化战略的结果，党的十八大以来"资源节约型、环境友好型社会"（两型社会）建设初显成效，长沙、株洲、湘潭市对湖南省城市韧性起中心集聚作用，依次向外层辐射。2013~2019 年时间演示变化不大，空间上可以分为 4 个圈层，长沙市——高等韧性水平为第一圈层，株洲和湘潭市——中等韧性水平为第二圈层，衡阳、岳阳、常德市为第三圈层，益阳和娄底市作为外围较低等韧性水平圈层。

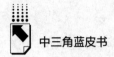

3.环鄱阳湖城市群沿两大城镇带方向延伸，南昌市韧性水平有待进一步提升

相较于2016年，环鄱阳湖城市群城市韧性水平经历了变差再突破前高的过程。以南昌市为中心，周边围绕着低等韧性水平城市，整体由东北朝西南方向延伸，城市韧性水平分布与构建沪昆城镇发展带、京九城镇发展带相一致。说明在2015年正式批复的《江西省城镇体系规划（2015~2030年）》中提出的"打造'两带'，提升内聚能力"战略成效显现。东部对接长三角城市群，西部联系长株潭城市群，长沙、湘潭、株洲市等高、中等韧性水平城市相衔接，北部联系武汉城市群，南部对接珠三角城市群。南部抚州市城市韧性水平等级最低。

# 四　小结

## （一）长江中游城市群城市韧性水平的特征

总体来说，通过时间与空间的城市韧性水平测度与分析，长江中游城市群城市韧性水平呈现以下几大特征。

1.总体韧性水平与长三角城市群存在一定差距

长江中游城市群城市韧性水平总体呈逐年平稳增长趋势，但与长三角城市群差距较大。经济韧性在子维度中占据首要地位，与城市经济实力呈正比。生态韧性水平整体较低，城市韧性综合水平高并不意味着生态韧性强，生态环境建设亟须进一步完善。社会韧性中中等韧性水平城市数量占比最多，社会保障政策初显成效。工程韧性明显落后于长三角城市群，城市硬件设施有待进一步完善。管理韧性不强，人均固定资产投资仍需进一步增加。

2.子维度城市韧性水平波动幅度高于总体城市韧性水平

从时间序列上看，子维度城市韧性指数较整体城市韧性指数波动程度偏高。随着时间演变，整体城市韧性水平变化趋于均衡，子维度城市韧性指数变化趋势存在差异。其中，经济韧性度、工程韧性度、管理韧性度整体呈平稳上升态势,但生态韧性和社会韧性呈波浪式上升趋势。

### 3.城市韧性水平空间分布不均衡

长江中游城市群、长三角城市群城市韧性水平的空间分布不均衡,长江中游城市群的差异化程度更高。主要城市圈(群)、都市圈的中心城市具有较强的城市韧性,苏州、杭州、南京、武汉、长沙市属于高等韧性水平城市。低等、较低等韧性水平城市数量占比过半。

### 4.城市韧性水平的空间结构与城镇化空间发展存在正向相关性

长江中游城市群中主要都市圈城市韧性水平的空间结构与其城镇化空间结构趋同。武汉城市圈从双核引领演变为多核引领,东部优于西部,武汉市与周边城市韧性水平两极分化严重。环长株潭城市群呈"品"字形分布,向外层辐射。环鄱阳湖城市群沿两大城镇带方向延伸,南昌市韧性水平有待进一步提升。

## (二)改进和提升建议

根据上述长江中游城市群城市韧性水平发展现状,本报告认为未来可从以下几个层面进行改进和提升。

### 1.加强中心城市与周边城市的联动发展,提高中小城市韧性发展水平

武汉市的韧性综合指数在长江中游城市群的28个城市中最高,处于领先水平,而周边中小城市韧性水平偏低。因此,未来应加强中心城市在经济、社会、公共服务设施等方面对周边城市的辐射带动作用,促进周边中小城市韧性水平的提高,这一点也与当前积极推动的武汉城市圈同城化、长株潭城市群同城化等举措相契合。基础设施领域是中心城市与周边城市联动、同城化发展的最易突破口,当前在城乡接合部、中心城市远郊区、中心城市与周边中小城市之间还存在许多断头路和交通不畅的情况,未来应做好城市之间的基础设施规划,为都市圈、城市群同城化奠定基础,也可以促进中小城市基础设施韧性水平的提高。

### 2.加快创新产业发展,提升城市群经济韧性水平

经济韧性水平是总体城市韧性水平的重要内容,涉及6个相关指标,该子维度权重占整体韧性指数的38.62%。虽然长江中游城市群总体城市韧性

水平逐年上升，但是总体韧性水平、经济韧性水平仍低于长三角城市群。创新是经济发展的重要动力，也是城市经济韧性的重要内容，因此，长江中游城市群应充分发挥科教资源优势，积极借鉴长三角城市群发展经验，促进自身创新协同发展，提升经济韧性水平进而促进整体韧性水平的提高。长江中游城市群应发挥武汉国家中心城市和建设综合性国家科学中心的引领作用，加强与长沙、南昌分工合作，促进形成享誉国内外的新动力源和创新高地。

### 3. 发挥生态资源优势，提升城市群生态韧性水平

根据前文分析结果，长江中游城市群各子维度城市韧性指数中，相较于其他子维度城市韧性指数，生态韧性水平整体偏低，这与长江中游城市群战略定位以及丰富的生态资源不相匹配（武汉城市圈、长株潭城市群全国两型社会综合配套改革试验区与洞庭湖、鄱阳湖生态经济区均坐落于长江中游城市群区域），究其原因在于：生态资源未转化为生态经济价值，生态修复、保护的可持续性机制不健全。因此，长江中游城市群除了要继续加大生态环境的建设与保护力度，未来应着力于建立健全生态补偿机制，积极推动生态产品价值实现进程，促进生态保护的可持续发展。三省可以幕阜山"绿心"建设为突破口，共建生态经济合作区，助力城市群生态资源绿色发展。

### 4. 提高社会保障能力，提升城市群社会韧性水平

城市离不开城市居民，要提升城市韧性水平就必须要提高居民在城市中的幸福感、满足感。一方面要保障居民在城市中生活的平等性，加快提高失业保险、医疗保险覆盖率，合理分配公共服务，让居民在城市中的风险抵抗性和恢复性加强，尽量减少房价波动等因素的影响。另一方面要鼓励区域间的劳动力资源合理流动、打破区域间的就业壁垒，提升信息交流效率，由此减少失业问题。

### 5. 增强调控管理的智慧性，完善城市动态数据监测的应急响应机制

利用大数据功能对不同区域的脆弱点、敏感点进行预测，当城市受到冲击时，政府要合理制定灾害应对政策、建立和完善防灾救灾减灾的运行机制，在此过程中要保证信息的有效传递和扩散，这些都有利于城市受到冲击之后尽快实现恢复。

**参考文献**

白立敏等：《中国城市韧性综合评估及其时空分异特征》，《世界地理研究》2019 年第 6 期。

臧鑫宇、王峤：《城市韧性的概念演进、研究内容与发展趋势》，《科技导报》2019 年第 22 期。

张明斗、冯晓青：《长三角城市群内各城市的城市韧性与经济发展水平的协调性对比研究》，《城市发展研究》2019 年第 1 期。

郭祖源：《城市韧性综合评估及优化策略研究——以长江中游城市群为例》，硕士学位论文，华中科技大学，2018。

孙阳、张落成、姚士谋：《基于社会生态系统视角的长三角地级城市韧性度评价》，《中国人口·资源与环境》2017 年第 8 期。

# B.4
# 长江中游城市群资本市场研究及区域比较

## ——基于长江中游三省上市公司分析

彭智敏 洪叶*

**摘　要：** 上市公司是支撑地区经济高质量发展的重要主体。"十三五"期间，中部地区资本市场蓬勃发展，为区域经济增长做出了积极贡献。本报告通过对比长江中游三省上市公司的总量分布、行业结构及财务绩效，分析长江中游城市群资本市场发育水平，并据此提出相关建议。研究表明，长江中游三省的上市公司数量稳步增长，行业分布广泛，财务绩效表现良好，区域影响力不断提升；但上市公司总体规模较小，行业结构不均衡，财务绩效尚待提升，科创板中高新技术开发等先进领域亟待后备企业填补。长江中游城市群需继续做大做强现有上市企业，强化后备企业培养，大力发展高新技术企业，为打造全国高质量发展重要增长极提供有力保障。

**关键词：** 长江中游城市群　资本市场　上市公司　财务绩效

　　"十三五"以来，长江中游三省抢抓长江经济带发展、中部地区崛起等战略深化实施机遇，市场一体化和资源要素配置水平逐步提升，整体保持了良好的发展态势，地方社会经济发展取得令人瞩目的成绩，有力地支撑了中部地区的高质量发展，在打造全国经济增长极方面取得了明显成效。2021 年，

---

　　* 彭智敏，湖北省社会科学院长江流域经济研究所研究员，湖北省人民政府参事，主要研究方向为区域经济；洪叶，湖北省社会科学院长江流域经济研究所 2021 级硕士研究生，主要研究方向为区域经济发展与资本市场。

湖北、湖南和江西三省 GDP 之和达到 12.57 万亿元，超过经济第一大省广东（12.44 万亿元），也高于京津冀（9.63 万亿元）和成渝（8.17 万亿元）。2022 年 2 月 24 日，国务院批复同意《长江中游城市群发展"十四五"实施方案》，明确要打造长江经济带发展和中部地区崛起的重要支撑、全国高质量发展的重要增长极和具有国际影响力的重要城市群。从"一级三区"到"三个重要"，国家对长江中游城市群的定位进一步提高，表明长江中游城市群作为内循环的核心动力源被寄予厚望。在构建以国内大循环为主体、国内国际双循环相互促进的新发展格局的大背景下，长江中游城市群迎来发展关键期，这也对中部地区资本市场的高质量发展提出了更高要求。上市企业作为资本市场的主体，不仅是地区综合经济实力的具体体现，而且在新冠肺炎疫情大流行、世界经济产业结构和地区结构发生重大变化的背景下，在提升经济发展质量和"延链""展链""补链""强链"中承担着更加重要的作用。

# 一　中三角资本市场概况

## （一）上市公司质与量协同共进

### 1. 上市公司数量稳步增长

自 1992 年 11 月 20 日，"鄂武商"（000501）在深圳证券交易所挂牌交易，成为长江中游地区首只发行上市的股票开始，至 2021 年 12 月 31 日长江中游地区已有 332 家公司在国内上市，较 2020 年增加 34 家，合计市值 48230.79 亿元，资本市场对长江中游地区企业的发展发挥了重要支撑作用。长江中游地区在沪深主板、创业板、科创板及北交所均有代表性企业登陆挂牌。创业板、科创板近年增长态势良好，盈利能力稳定，长江中游三省所挂牌企业特色鲜明，创新动力强劲，单个挂牌企业平均市值规模显著高于同期全国平均水平。湖南省与湖北省上市公司数量均已突破 130 家，位列全国第十和第十一；江西省上市公司数量达到了 68 家，位列全国第十五。即在资本市场上，长江中游三省已跻身全国中上游水平，其上市公司数量在全国的占比总体呈增长趋势，发展势头良好，在全国资本市场上的影响力不断提升。

### 2.行业分布广泛

长江中游地区上市公司的行业分布较为广泛，主要集中在制造业、金融业、能源类和零售批发类。得益于雄厚的制造业基础，该区域规上企业多属制造业，金融业、能源类和零售批发类行业继次开花。鄂湘赣三省在保有自身制造业传统优势之余，在农业、能源、金融、零售等行业的上市公司规模上也具有一定的比较优势，多元资本活水加速集聚，上市公司行业结构更具活力与韧性。

### 3.财务绩效表现良好

进入"十四五"的第一年，长江中游地区上市公司财务绩效整体表现良好，与区域经济结构转型相适应。相较于2020年，长江中游地区上市公司在盈利能力、偿债能力、成长能力、营运能力上均有小幅提高。盈利能力方面，长江中游地区上市公司处于市场中位水平，超过了成渝地区及全国平均水平，盈利能力总体较强。偿债能力方面，长江中游地区上市公司的财务杠杆稳定在42%和46%之间，相对于成渝地区上市公司的财务杠杆水平，还有一定的利用空间，其资产负债率平均水平波动较小，保持着比较稳健合理的偿债能力。长江中游地区上市公司的营运能力相较于2019年的表现有所改善，与其他区域营运能力的平均水平的差距进一步缩小。

2021年，长江中游地区六大类行业中，制造业的净资产收益率平均值最高，其次是交通运输行业和零售批发行业；除交通运输行业外，其余五大类行业的净资产收益率均高于主板市场相关行业的净资产收益率平均值，交通运输行业盈利能力表现与主板市场同行业基本持平，长江中游地区以上行业的上市公司盈利能力总体较强，超出主板市场全国平均水平。长江中游地区非金融行业中，零售批发行业的资产负债率平均水平最高，其次是能源行业，制造业的资产负债率平均水平最低，长江中游地区各行业资产负债率处于合理区间，偿债能力稳健。扩张能力方面，长江中游地区金融业扩张能力强，金融业规模扩大势头突出，上市公司扩张基础坚实。

### （二）"十三五"以来区域资本市场蓬勃发展

"十三五"期间，长江中游城市群聚焦供给侧结构性改革，主动适应经济发展新常态，推进区域金融创新，区域金融业及资本市场发展取得显著成效，金融业综合实力不断增强，区域金融业影响力稳步提升，金融组织体系不断完备，资本市场结构持续优化，环境明显改善，较好地完成了"十三五"发展规划所确定的主要目标和重点任务，为区域经济社会高质量发展做出了积极贡献。

"十三五"期间，鄂湘赣三省金融业增加值基本实现"倍增"：2020年各省金融业增加值分别是2015年的1.91倍、1.93倍和2倍；金融业增加值占全省GDP的比重较2015年分别上升1.74个、1.10个和1.90个百分点。长江中游地区金融组织体系不断完备，湖北和湖南两省逐步形成了以银行、证券、保险为主体，地方金融组织为补充，多种新兴金融业态并存的金融组织体系。资本市场蓬勃发展，服务实体经济能力不断提高，社会融资规模明显扩大，企业直接融资快速增长，融资结构明显改善。

2020年长江中游三省金融业主要指标见表1。

**表1　2020年长江中游三省金融业主要指标**

| 指标 | 湖北省 | 湖南省 | 江西省 |
| --- | --- | --- | --- |
| 金融业增加值(亿元) | 3027.37 | 2126.44 | 1808.63 |
| 金融业增加值占GDP比重(%) | 6.98 | 5.10 | 7.00 |
| 社会融资规模(亿元) | 10433.00 | 10800.00 | 8550.21 |
| 直接融资(亿元) | 5869.29 | 4674.40 | 4713.74 |
| 境内上市公司总数(家) | 115 | 117 | 87 |
| 上市后备企业(家) | 878 | — | — |

资料来源：《江西省"十四五"金融业发展规划》《湖北省金融业发展"十四五"规划》《湖南省"十四五"金融业发展规划》。

在上市公司数量方面，长江中游三省2021年底上市公司数量达到332家，较2020年的298家，增长11.41%，过去5年的年平均增长率为7.90%。在总市值方面，三省上市公司总市值在2016~2017年增长率为4.76%，2018年总市值下降较多，2019~2021年则呈现出稳步快速增长趋势，其中2019年和2020年同比增长率分别为41.82%和50.59%。三省上市公司市值规模在2020年首次突破4万亿元，达到40454.30亿元，2021年继续增长19.22%至48230.79亿元，过去5年的年平均增长率高达14.67%（见图1）。

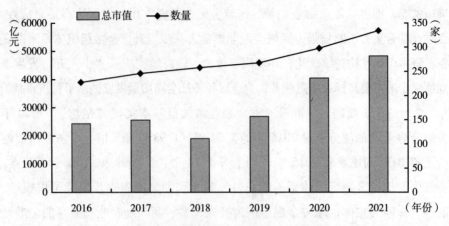

**图1　2016~2021年长江中游三省上市公司数量和总市值**

资料来源：根据CSMAR中国上市公司基本信息库整理。

从全国范围来看，2016~2021年，长江中游三省上市公司数量在国内占比始终维持在6.8%~7.1%，均值水平为6.89%，占比总体平稳。从总市值国内占比来看，长江中游三省则在该期间呈现先抑后扬的态势：2016~2018年总市值占比由4.38%下降至3.89%，2018~2021年逐年提升，2021年总市值占比提升至4.87%，达到新高，近5年均值水平为4.32%（见图2）。

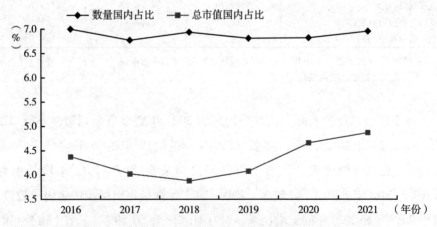

**图2　2016~2021年长江中游三省上市公司数量和总市值国内占比**

资料来源：根据CSMAR中国上市公司基本信息库整理。

## （三）存在的不足

### 1. 上市公司总体规模较小

从数量比较上看，2021年，长江中游城市群上市公司数量已经达到332家，中部三省上市公司数量的全国排名均位于前十五，属于中上游水平。但与国内其他城市群相比，长江中游城市群的上市公司数量和总市值显著低于京津冀和长三角地区。上市公司个体平均规模也相对较小，2021年底，长江中游三省上市公司平均市值为145.27亿元，仅相当于全国上市公司平均市值的70.19%。上市公司数量与区域经济体量不匹配的现象依然存在，上市公司发展质量有待进一步提升。

从长江经济带看，三省上市公司数量不仅明显少于下游的江苏省（590家）和浙江省（616家），与和其经济发展水平接近的四川省（159家）和安徽省（151家）相比，亦存在差距。上市公司总市值方面也具有同样的特点。与其他对照城市相比时，三个省会城市的上市公司数量和总市值不及上下游省会城市，与国内直辖市和部分计划单列市也存在较大差距，尤其与杭州市的差距最大。

### 2. 行业结构不均衡

长江中游城市群上市公司在企业数量、营业收入和总市值等方面，都高度集中于制造业，集中程度超过了全国平均水平，其他行业的上市公司数量较少。在三省内部，制造业在各省内的行业地位则同样突出，占比均超过了65%水平，这反映出三省在产业结构上偏倚制造业的现象长期存在。

另外，还存在位于先进行业的上市公司较少、上市行业与地区区位优势不匹配、成长能力和营运能力长期不足等方面的问题。

### 3. 财务绩效尚待提升

2021年，除交通运输行业外，长江中游地区的制造业、能源、零售批发、信息技术和金融五大类行业的营业收入增长率平均值均显著低于主板市场同行业相关指标。营运能力方面，长江中游地区六大类行业2021年的营运资金周转率平均值均不及主板市场相关行业的指标水平，其中，交通运输

行业和金融业的营运资金周转率平均值与主板市场同行业平均水平相差最大，分别为主板市场同行业指标的52.00%和40.49%，营运能力有提高的空间。扩张能力方面，信息技术行业资本积累率与主板市场同行业均值水平差距较大，仅为主板市场同行业指标的46.83%，可持续增长后劲乏力。

4.科创板企业仍需加力

同国内其他省份相比，长江中游三省企业在挂牌数量、总股本、营业总收入和总市值上暂无突出优势，且科创板挂牌企业仅分布在中部三省省会及副中心城市。从数量、总股本、营业总收入和总市值上看，中部三省与其他省会城市及部分计划单列市还有较大差距。从行业分布上看，长江中游地区科创板挂牌企业高度集中于制造业，目前仅2家生态保护和环境治理行业与1家信息技术行业。相较于全国科创板目前所涉行业，长江中游地区还需继续加力，培养优质后备企业以填补高新技术开发和现代服务领域的空位。

## 二 中三角上市公司市场及行业结构分析

### （一）市场结构：主板引领，创业板、科创板发力，北交所尚在蓄力

长江中游三省上市公司登陆国内A股市场，主要包括沪深主板市场、创业板市场、科创板市场及北交所市场。

就具体市场分布来看，截至2021年底，长江中游三省共有218家企业选择主板市场上市交易，占地区上市公司总量的65.66%，主板上市企业合计市值32265.72亿元，占比为66.90%，单个上市公司平均规模为148.01亿元，高于地区均值水平，但与全国均值水平249.57亿元还有很大的差距。创业板市场方面，2021年底三省共有83家创业板公司，占比25.00%，其中2021年就有16家企业成功登陆创业板，包括湖北省5家、湖南省6家、江西省5家。新增创业板上市企业总市值达1212.62亿元，创业板上市企业合计市值11825.69亿元，地区占比24.52%，平均市值142.48亿元，高于

同期全国创业板均值水平 124.24 亿元。科创板市场方面，三省在 2020 年和 2021 年分别有 12 家和 10 家企业成功登陆科创板，科创板上市企业数量达到 25 家，合计市值 4057.19 亿元，平均市值达 162.29 亿元，显著高于地区均值水平，也超过了同期全国均值水平 156.78 亿元。长江中游三省 2021 年北交所挂牌企业共 6 家，合计市值 82.19 亿元，低于成渝地区和长三角地区；在北交所单个上市公司平均规模上仅为 13.70 亿元，低于全国水平 27.22 亿元，与成渝地区、长三角地区、京津冀地区存在巨大差距。

2021 年长江中游三省上市公司分板块统计见表 2。

**表 2　2021 年长江中游三省上市公司分板块统计**

| 市场板块 | 数量（家） | 占比（%） | 总市值（亿元） | 占比（%） | 平均市值（亿元） |
|---|---|---|---|---|---|
| 主板 | 218 | 65.66 | 32265.72 | 66.90 | 148.01 |
| 创业板 | 83 | 25.00 | 11825.69 | 24.52 | 142.48 |
| 科创板 | 25 | 7.53 | 4057.19 | 8.41 | 162.29 |
| 北交所 | 6 | 1.81 | 82.19 | 0.17 | 13.70 |
| 小计 | 332 | 100.00 | 48230.79 | 100.00 | 145.27 |

资料来源：CSMAR 中国上市公司基本信息库。

### （二）行业分布：制造业密集，金融业、能源类、零售批发类紧随其后

长江中游三省上市公司的行业分布较为广泛，主要集中在制造业、金融业、能源类和零售批发类，其中制造业上市公司数量及市值规模最为可观，共有 224 家制造业上市公司，占比 67.47%，合计市值 35043.12 亿元，占比 72.66%，这与长江中游地区雄厚的制造业基础紧密相关，也为"十四五"期间打造具有全国竞争力的先进制造业集群打下了良好的基础。金融业、能源类和零售批发类上市公司分别有 8 家、12 家和 22 家，合计占比约为 12.65%，行业市值分别为 2211.57 亿元、1388.36 亿元和 1204.62 亿元，合计市值 4804.55 亿元，合计占比 9.97%。其他行业方面，信息技术行业 15 家，交通运输行业 7 家，房地产行业 6 家，农林牧渔业 5 家，公用事业 9

家，文化事业 7 家，教育及卫生领域各 1 家。

从平均市值来看，拥有 8 家企业的金融行业最高，单个上市公司平均规模达到了 276.45 亿元，远超区域均值水平的 145.27 亿元；其次为制造业，为 156.44 亿元；能源类行业平均市值为 115.70 亿元，也处于较高水平。而数量上具有一定规模的零售批发、交通运输、信息技术行业的平均市值分别为 54.76 亿元、43.31 亿元和 46.47 亿元，明显低于区域均值水平（见表 3）。在其他行业方面，文化事业的 7 家上市公司平均市值为 228.25 亿元，卫生领域中湖南省的爱尔眼科（300015）市值达到 2285.70 亿元，一举拉高了其他行业分类下的平均市值。

表 3　2021 年长江中游三省上市公司分行业统计

| 行业 | 数量（家） | 占比（%） | 总市值（亿元） | 占比（%） | 平均市值（亿元） |
|---|---|---|---|---|---|
| 农林牧渔 | 5 | 1.51 | 750.01 | 1.56 | 150.00 |
| 制造业 | 224 | 67.47 | 35043.12 | 72.66 | 156.44 |
| 能源 | 12 | 3.61 | 1388.36 | 2.88 | 115.70 |
| 零售批发 | 22 | 6.63 | 1204.62 | 2.50 | 54.76 |
| 交通运输 | 7 | 2.11 | 303.19 | 0.63 | 43.31 |
| 信息技术 | 15 | 4.52 | 697.05 | 1.45 | 46.47 |
| 金融 | 8 | 2.41 | 2211.57 | 4.59 | 276.45 |
| 房地产 | 6 | 1.81 | 282.25 | 0.59 | 47.04 |
| 其他 | 33 | 9.94 | 6350.61 | 13.17 | 192.44 |
| 合计 | 332 | 100.00 | 48230.79 | 100.00 | 145.27 |

注：因四舍五入表中部分数据相加不等于合计。

资料来源：CSMAR 中国上市公司基本信息库。

制造业规模在各省行业占比中地位突出，比重均超过 65%。进一步细分制造业发现，长江中游地区的制造业主要集中于通信、化工、医药、专业设备及电气领域，共计 149 家上市企业，总市值达 20985.90 亿元，数量及总市值在制造业中的占比分别为 66.52% 和 59.89%。湖北发挥科教、产业、区位、资源等优势，在通信、化工、医药、通用设备及汽车制造领域中具有引领地位；湖南作为著名的"有色金属之乡""非金属矿产之乡"和全国重要的粮食生产基地，在金属及非金属制品业、食品加工及制造业等领域发扬区域禀赋优势，同时深入实施"三高四新"战略，在通信、化工、医药、电气等领域持续布局；江西发挥后发优势，积极融入区域分工格局，立足农业、生态及工业的某些领域上的比较优势，在农副食品加工、有色金属加工、文化产品制造、废弃资源综合利用方面，彰显出了江西特色。

2021 年长江中游三省上市公司制造业细分领域分布情况见图 3。

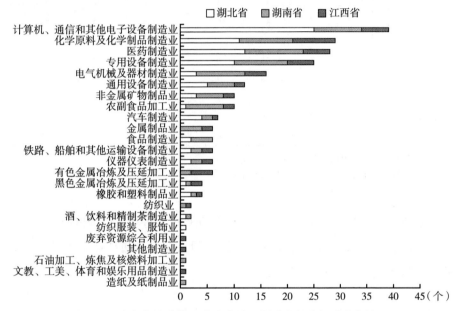

**图3 2021 年长江中游三省上市公司制造业细分领域分布情况**

资料来源：根据 CSMAR 中国上市公司基本信息库整理。

从各行业市值规模上看，湖北省在能源、零售批发及金融业具有一定优势，这三类行业的上市公司平均市值分别达到了 135.05 亿元、105.20 亿元和 310.49 亿元；湖南省则在农业、制造业、金融业具有一定优势，金融业上市公司平均市值 303.11 亿元，略低于湖北省，但明显高于长江中游平均水平；江西省则在农业及能源上具有自身优势，江西省畜牧业上市公司正邦科技（002157）市值规模达 303.94 亿元，能源类拥有 4 家上市公司，平均市值达到 134.55 亿元，高于长江中游平均水平 115.70 亿元。

2021 年长江中游三省上市公司行业分布见表 4。

表4　2021年长江中游三省上市公司行业分布

单位：家，亿元

| 类别 | 湖北省 | | 湖南省 | | 江西省 | |
|---|---|---|---|---|---|---|
| | 数量 | 总市值 | 数量 | 总市值 | 数量 | 总市值 |
| 农林牧渔 | — | — | 4 | 446.07 | 1 | 303.94 |
| 制造业 | 85 | 14503.12 | 89 | 13023.45 | 50 | 7516.54 |
| 能源 | 5 | 675.27 | 3 | 174.91 | 4 | 538.19 |
| 零售批发 | 8 | 841.57 | 11 | 77.27 | 3 | 285.78 |
| 交通运输 | 3 | 124.70 | 2 | 84.07 | 2 | 94.41 |
| 信息技术 | 7 | 296.25 | 6 | 319.88 | 2 | 80.92 |
| 金融 | 3 | 931.46 | 4 | 1212.44 | 1 | 67.68 |
| 房地产 | 5 | 237.33 | 1 | 44.92 | — | — |
| 其他 | 14 | 886.86 | 14 | 5171.94 | 5 | 291.81 |
| 合计 | 130 | 18496.56 | 134 | 20554.95 | 68 | 9179.28 |

注：因四舍五入表中部分数据相加不等于合计。

资料来源：CSMAR中国上市公司基本信息库。

总体来看，长江中游城市群上市公司在各市场板块中体量偏小，上市公司做强做优的潜力巨大。行业分布广泛，但具有全国重要影响力的优势企业、优势行业少的问题一直存在。

## 三　中三角上市公司财务绩效表现

"十三五"期间，三省金融业及资本市场发展均取得显著成效，上市公司不仅在数量和总市值方面实现稳中有增，而且在全国的占比总体呈增长态势。长江中游地区资本市场的高质量发展离不开区域内上市公司发展质量的提高，本节参考同类型上市公司发展质量研究框架，对区域内上市公司财务绩效状况进行比较分析，财务绩效评价体系包括盈利能力、偿债能力、成长能力、营运能力、扩张能力5个方面，分别选取净资产收益率、资产负债率、营业收入增长率、营运资金周转率和资本积累率作为评价指标（见表5）。

**表5 上市公司财务绩效评价体系**

| 准则层 | 指标符号 | 评价指标 | 定义 | 单位 |
|---|---|---|---|---|
| 盈利能力 | ROA | 净资产收益率 | 净利润/总资产 | % |
| 偿债能力 | Leverage | 资产负债率 | 总负债/总资产 | % |
| 成长能力 | Growth | 营业收入增长率 | (本期营业收入/上一期营业收入)-1 | % |
| 营运能力 | Turnover | 营运资金周转率 | 营业收入/(流动资产-流动负债) | — |
| 扩张能力 | Capital | 资本积累率 | (本期期末权益/本期期初权益)-1 | % |

资料来源：CSMAR 中国上市公司财务年报数据库。

## （一）中三角上市公司财务绩效总体平稳

2016~2021 年长江中游地区上市公司财务绩效平均表现情况如图 4 所示。由图 4 可知，除描述成长能力的营业收入增长率平均值和扩张能力的资本积累率平均值在该时期呈明显的回落趋势之外，盈利能力、偿债能力和营运能力整体保持平稳。

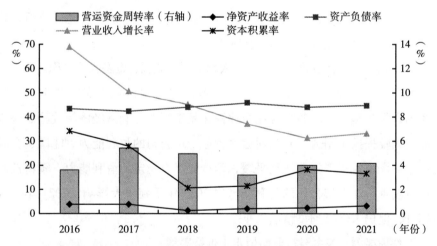

**图4 2016~2021 年长江中游地区上市公司财务绩效平均表现情况**

资料来源：根据 CSMAR 中国上市公司基本信息库整理。

近年来，我国经济已由高速增长阶段转向高质量发展阶段，长江中游地区经济增长也相应呈现中高速平稳放缓趋势，步入了追求高质量发展的经济

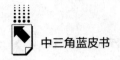

结构调整期。上市公司在维持自身稳定的盈利能力、偿债能力和营运能力之余，相应放缓了营业收入的增长和资本的扩张速度，这有助于进一步加强企业自身经营韧性以应对新时期可能发生的市场风险。新冠肺炎疫情持续推动全球经济政治格局深刻变化，全球经济不稳定性不确定性明显增加，市场环境更趋复杂，这对上市公司的经营治理水平提出了更高要求。相较于2020年，长江中游地区上市公司在盈利能力、偿债能力、成长能力、营运能力上均有小幅提高，扩张能力略有下降，但高于疫情前水平。

### （二）财务绩效分行业比较

根据2012年版证监会行业分类标准，可将2021年长江中游地区上市公司划分为制造业、能源供应业、零售批发、交通运输、信息技术、金融等19个行业。本节选取长江中游地区上市公司数量分布较多的6个行业进行比较，依次为：制造业、零售批发、信息技术、能源、金融、交通运输。这六大行业共包括288家上市公司，占长江中游地区332家上市公司的86.75%。对上述长江中游地区主要行业的上市公司财务绩效进行分析，并引入主板市场财务绩效均值水平作为参照。

1. 盈利能力：制造业、交通运输大幅提振，能源、金融表现平稳

新冠肺炎疫情发生之后，各级地方政府坚持"六稳六保"政策，出台一系列政策措施，推动各行各业企业快速复工复产，刺激经济持续稳定快速复苏，大幅提振了制造业和交通运输行业上市公司的盈利能力。能源、金融行业净资产收益率平均值变动平缓，两行业具有稳定的盈利能力。零售批发和信息技术行业上市公司的盈利能力在2020年受到较大影响，2021年则有所回升，但仍未恢复到疫情前水平。

2. 偿债能力：各主要行业均值水平保持平稳

长江中游地区主要行业的资产负债率平均值总体保持平稳，偿债能力稳健。能源、零售批发和交通运输行业的资产负债率平均值保持在47%~58%；制造业资产负债率平均值除在2019年上升至59.02%之外，其余均保持在40%左右；信息技术行业资产负债率平均值从23.09%逐步增长并稳定

在47%。总体来看，制造业、信息技术行业的资产负债率平均值在主要行业中排在靠后位置，其次是交通运输行业；能源、零售批发行业资产负债率平均值相对较高。

**3. 成长能力：制造业转向中高速，信息技术成长迅猛**

长江中游地区六大主要行业成长能力在比较期间内出现分化。制造业成长能力由高速增长转向中高速平稳增长，与区域经济结构转型相适应；能源和交通运输行业成长能力在该时期排名靠后；金融和零售批发行业仍处于疫情冲击之下，营业收入增长率平均值跌幅较大，2021年营业收入增长率平均值分别为-11.18%和6.89%；信息技术行业的营业收入增长率平均值增长显著，2021年达到69.16%，该行业展现出惊人的成长能力。

**4. 营运能力：各主要行业运行稳定**

长江中游地区各主要行业的营运能力表现稳定，行业间营运能力水平各异。其中，能源、交通运输和信息技术行业的营运资金周转率平均值较为接近；金融业营运资金周转率平均值最低；零售批发行业营运资金周转率平均值高于其他行业，受外部市场环境影响，其营运能力在波动中回落；制造业营运资金周转率平均值在该时期稳定在4.10水平上下，营运能力较为稳定。

**5. 扩张能力：制造业、零售批发扩张强劲，信息技术于挫折中恢复**

制造业和零售批发行业上市公司的扩张势头较强，扩张能力高于该区域其他主要行业，两大行业扩张能力在疫情后分别达到26.82%和25.06%。能源和交通运输行业的扩张能力稳定在5%～15%，扩张步伐稳健，扩张基础坚实。信息技术行业近年屡受国际贸易摩擦及疫情的影响，行业资本积累率平均值一度为负，扩张能力在该时期波动较大，2021年该行业上市公司扩张形势有所改善。

**6. 对比主板市场：盈利能力较强，偿债水平合理，营运能力等有待提升**

引入主板市场各行业财务绩效均值水平作为参照，比较分析2021年长江中游地区相应行业上市公司的财务绩效指标情况（见表6）。

盈利能力方面，2021年长江中游地区六大行业上市公司中，制造业的净资产收益率平均值最高，其次是交通运输和零售批发行业。除交通运输行业外，

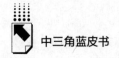

其余五大行业的净资产收益率平均值均高于主板市场相关行业的净资产收益率平均值，交通运输行业盈利能力表现与主板市场同行业基本持平，说明长江中游地区以上行业的上市公司盈利能力总体较强，超出主板市场全国平均水平。

偿债能力方面，2021 年长江中游地区非金融行业中，零售批发行业的资产负债率平均水平最高，其次是能源行业，制造业的资产负债率平均水平最低。通过与主板市场相关行业的资产负债率平均值比较，发现长江中游地区零售批发、交通运输、信息技术行业的资产负债率平均值略高，金融和能源行业的该指标水平则略低于主板市场。长江中游地区整体资产负债率平均值处于合理区间。

成长能力方面，2021 年信息技术行业的营业收入增长率平均水平最高，其次是制造业。除交通运输行业外，长江中游地区的制造业、能源、零售批发、信息技术和金融五大行业的营业收入增长率平均值均显著低于主板市场同行业相关指标。长江中游地区主要行业的上市公司须进一步强化自身成长能力，紧跟全国市场同行业发展水平。尤其是长江中游地区金融业发展水平要尽快同区域发展地位相匹配，完善金融组织体系，补齐总量、结构等相关领域的弱项及短板，与全国市场金融业发展改革步伐保持同频。

营运能力方面，长江中游地区六大行业 2021 年的营运资金周转率平均值均不及主板市场同行业指标水平：交通运输和金融行业的营运资金周转率平均值与主板市场同行业指标水平相差最大，分别为主板市场同行业指标的52.00% 和 40.49%；制造业、能源、零售批发和信息技术行业的营运资金周转率平均值则占主板市场同行业指标的 85% 以上，以上行业的营运周转能力略落后于国内行业平均水平，尚处于合理区间。交通运输和金融行业须把握新发展阶段深化改革契机，提高资源整合配置能力，优化行业营运周转能力。

扩张能力方面，金融行业资本积累率平均值高于主板市场同行业指标水平，长江中游地区金融行业扩张能力强，金融行业规模增长势头突出。制造业、能源和交通运输行业资本积累率平均值占主板市场同行业指标的 90%以上，紧追国内行业平均水平，上市公司扩张基础坚实，在新发展阶段具有较大增长潜力。信息技术行业资本积累率平均值与主板市场同行业均值水平差距较大，仅为主板市场同行业指标的 46.83%，当前区域信息技术行业的发展存在一定阻碍，上市公司扩张能力未能与行业平均发展水平保持同频。

表6　2021年长江中游地区和主板市场上市公司财务绩效分行业统计

| 评价指标 | | 制造业 | 能源 | 零售批发 | 交通运输 | 信息技术 | 金融 |
|---|---|---|---|---|---|---|---|
| 净资产收益率 | 中三角 | 0.0627 | 0.0174 | 0.0267 | 0.0353 | 0.0171 | 0.0211 |
| | 主板 | 0.0444 | 0.0095 | 0.0199 | 0.0356 | 0.0091 | 0.0037 |
| 资产负债率 | 中三角 | 0.3969 | 0.5537 | 0.5649 | 0.5080 | 0.4639 | 0.6364 |
| | 主板 | 0.3914 | 0.5724 | 0.5363 | 0.4559 | 0.3715 | 0.7755 |
| 营业收入增长率 | 中三角 | 0.3090 | 0.2386 | 0.0689 | 0.2170 | 0.6916 | −0.1118 |
| | 主板 | 0.4187 | 0.4600 | 0.3994 | 0.2199 | 0.7869 | 0.1830 |
| 营运资金周转率 | 中三角 | 4.6534 | 5.0297 | 7.5809 | 2.9171 | 1.8415 | 0.1037 |
| | 主板 | 5.2030 | 5.6228 | 8.6367 | 5.6099 | 2.1402 | 0.2561 |
| 资本积累率 | 中三角 | 0.2682 | 0.0608 | 0.2506 | 0.1167 | 0.0960 | 0.0948 |
| | 主板 | 0.2882 | 0.0646 | 0.3025 | 0.1279 | 0.2050 | 0.0287 |

资料来源：CSMAR 中国上市公司基本信息库。

## （三）相对财务绩效分析

将长江中游地区、成渝地区、长三角地区、京津冀地区的上市公司财务绩效状况进行比较，以全国上市公司财务绩效平均表现为参照标准，分析长江中游地区上市公司相对财务绩效状况。

2021 年上市公司财务绩效分地区统计见表 7。

表7　2021年上市公司财务绩效分地区统计

| 类别 | 长江中游地区 | 成渝地区 | 长三角地区 | 京津冀地区 | 全国 |
|---|---|---|---|---|---|
| 盈利能力 | 0.0324 | 0.0270 | 0.0423 | 0.0170 | 0.0319 |
| 偿债能力 | 0.4479 | 0.4670 | 0.4071 | 0.4259 | 0.4318 |
| 成长能力 | 0.3333 | 0.6446 | 0.3362 | 0.7106 | 0.4356 |
| 营运能力 | 4.1931 | 4.4465 | 6.4778 | 4.0507 | 5.3176 |
| 扩张能力 | 0.1653 | 0.2821 | 0.3036 | 0.1900 | 0.2490 |

资料来源：CSMAR 中国上市公司基本信息库。

**1. 盈利能力: 仍处于市场中位水平**

2016~2021 年长江中游地区盈利能力同比较区域具有相同的变动趋势。2021 年长江中游地区净资产收益率平均值提高至 3.24%,超过了成渝地区的 2.70% 和全国平均水平的 3.19%,但与长三角地区的 4.23% 仍有一定差距。

**2. 偿债能力: 杠杆水平处于合理区间**

长三角地区上市公司资产负债率平均值在各区域间是最低的,长三角地区上市公司整体偿债能力较强,财务杠杆利用空间最大。长江中游地区上市公司的财务杠杆在 2021 年则保持在 44.79%,相比于成渝地区还有一定的利用空间,保持着比较稳健合理的偿债能力。

**3. 成长能力: 落后于市场发育水平**

长江中游地区的营业收入增长率平均值由 2016 年的 69.13% 下降至 2020 年的 31.28%,成长能力持续降低,2021 年略有回升,达到 33.33%。参考全国平均水平可以发现,长江中游地区上市公司的成长能力尚未达到市场平均水平,整体上落后于市场发育水平,同成渝地区、京津冀地区的高速营业收入增长水平还有较大差距。

**4. 营运能力: 同全国水平相比还有一定发展空间**

长江中游地区、成渝地区与京津冀地区的营运能力在波动中逐渐趋近,但与长三角地区仍具有巨大差距。成渝地区上市公司营运资金周转率平均值从 2016 年的 3.089 增长至 2021 年的 4.446,超过了长江中游地区和京津冀地区;长江中游地区营运能力表现在 2017 年达到峰值的 5.451 后就呈现出明显的下降趋势,2019~2021 年,长江中游地区上市公司的营运能力表现有所改善,但距离全国市场平均水平的 5.3176 还有一定追赶空间。

**5. 扩张能力: 落后于比较区域,发展潜力亟待提升**

2018~2021 年,各地区上市公司资本积累率平均值均保持增长势头,长三角地区 2020 年资本积累率达到 29.60%,领跑全国;成渝地区次之,其扩张能力由 2018 年的 9.80% 提高至 2021 年的 28.21%,直追长三角地区;长江中游地区与京津冀地区资本积累率平均值在 2020 年分别达到 18.21% 和 23.88%,反映出其较好的发展潜力。截至 2021 年底,长江中游地区当年上市公司资本积累率平均值为 16.53%，落后于其他比较区域，其扩张能力还有较大的提升空间。

# 四　科创板市场分析

设立科创板并试点注册制，是深化资本市场改革开放的基础制度安排。科创板精准定位于"面向世界科技前沿、面向经济主战场、面向国家重大需求"，主要服务于符合国家战略、突破关键核心技术、市场认可度高的科技创新企业，重点支持新一代信息技术、高端装备、新材料、新能源、节能环保以及生物医药等高新技术产业和战略性新兴产业，补齐了国内资本市场服务科技创新的短板，是推进金融供给侧结构性改革、促进科技与资本深度融合、引领经济发展向创新驱动转型的重大举措。

## （一）中三角发展现状：总体领先成渝，武汉长沙领跑中部

长江中游地区 2021 年新增 10 家企业成功登陆科创板，科创板挂牌企业总数达到了 25 家，占全国挂牌企业总量的 6.31%，总市值 4057.19 亿元，较 2020 年的 1806.16 亿元增长了 124.63%，实现营业总收入 949.35 亿元。长江中游地区科创板挂牌企业在数量上领先成渝地区，在营业总收入上超过了成渝地区和京津冀地区，单个挂牌企业的平均营业收入达到了 37.97 亿元，远超全国科创板挂牌企业平均水平的 20.56 亿元。长江中游地区一批符合国家战略、具备核心竞争力及良好成长能力的科技型企业在科创板崭露头角。

2021 年科创板挂牌企业数据分地区统计见表 8。

表 8　2021 年科创板挂牌企业数据分地区统计

| 地区 | 数量（家） | 数量占比（%） | 营业总收入（亿元） | 总市值（亿元） |
|---|---|---|---|---|
| 全国 | 396 | 100.00 | 8143.95 | 62084.79 |
| 中三角 | 25 | 6.31 | 949.35 | 4057.19 |
| 成渝 | 14 | 3.54 | 114.74 | 1197.75 |
| 京津冀 | 54 | 13.64 | 498.76 | 7943.87 |
| 长三角 | 168 | 42.42 | 1054.71 | 25561.33 |

资料来源：CSMAR 中国上市公司基本信息库。

从全国地域分布来看，科创板挂牌企业来自我国东部、中部、西部的22个省份，覆盖面较广。挂牌数量前五的省份依次为江苏省、广东省、上海市、北京市和浙江省，均属沿海省份，合计挂牌企业数量为280家，占全国科创板挂牌企业总量的70.71%。安徽省、四川省科创板挂牌企业数量分别排在第7位与第8位。

就长江中游三省而言，湖南省在科创板挂牌企业数量、总股本和总市值上居于三省之首，但在营业总收入上低于江西省。但同国内其他省份相比，鄂湘赣在总量指标上暂无突出优势。对于单个挂牌企业的平均市值而言，湖南省以243.42亿元的盈利能力遥遥领先于江苏省（121.91亿元）、浙江省（118.03亿元）、江西省（107.28亿元）、四川省（85.55亿元）、安徽省（76.91亿元）和湖北省（74.97亿元）。

2021年部分省份科创板挂牌企业数据见表9。

表9 2021年部分省份科创板挂牌企业数据

| 地区 | 数量（家） | 数量占比（%） | 总股本（亿股） | 营业总收入（亿元） | 总市值（亿元） |
|---|---|---|---|---|---|
| 湖北省 | 8 | 2.02 | 13.33 | 50.78 | 599.72 |
| 湖南省 | 12 | 3.03 | 101.85 | 431.84 | 2921.05 |
| 江西省 | 5 | 1.26 | 15.96 | 466.73 | 536.42 |
| 江苏省 | 75 | 18.94 | 172.32 | 1184.47 | 9142.96 |
| 浙江省 | 33 | 8.33 | 63.48 | 875.00 | 3894.93 |
| 安徽省 | 15 | 3.79 | 27.39 | 157.49 | 1153.63 |
| 四川省 | 14 | 3.54 | 21.44 | 114.74 | 1197.75 |

资料来源：CSMAR中国上市公司基本信息库。

武汉市、长沙市2021年分别有7家和8家科创板挂牌企业，合计数量在长江中游地区的占比达到了60%，两市结合科研资源与科教实力推动科技创新领域发展、打造科创金融高地初见成效。长沙市、株洲市在总股本、营业总收入、总市值方面领跑中部地区，其次是武汉市、赣州市。株洲市3

家科创板挂牌企业平均营业收入达 55.32 亿元，平均市值规模为 433.95 亿元，成长能力表现突出。宜昌市、益阳市、南昌市及宜春市目前均只有 1 家企业登陆科创板，其中宜昌市与宜春市的科创板企业为 2021 年新增挂牌企业。

2021 年中部三省科创板挂牌企业数据见表 10。

表 10    2021 年中部三省科创板挂牌企业数据

| 地区 | | 数量（家） | 总股本（亿股） | 营业总收入（亿元） | 总市值（亿元） |
|---|---|---|---|---|---|
| 湖北省 | 武汉市 | 7 | 9.89 | 38.03 | 474.74 |
| | 宜昌市 | 1 | 3.45 | 12.75 | 124.98 |
| 湖南省 | 长沙市 | 8 | 85.44 | 252.49 | 1334.47 |
| | 株洲市 | 3 | 15.60 | 165.97 | 1301.84 |
| | 益阳市 | 1 | 0.80 | 13.38 | 284.74 |
| 江西省 | 南昌市 | 1 | 2.76 | 9.13 | 71.01 |
| | 赣州市 | 2 | 11.56 | 39.01 | 408.65 |
| | 宜春市 | 1 | 1.64 | 12.89 | 56.76 |

资料来源：CSMAR 中国上市公司财务年报数据库。

对比国内直辖市，北京市、上海市作为全国两大核心增长极，为推动科创板壮大发展及经济创新驱动转型做出了巨大贡献，京沪两地共有 110 家挂牌企业，合计市值 19615.54 亿元，占据了科创板约 1/3 的席位。与长江上、下游省会城市相比，长沙市在总股本、营业总收入和挂牌企业平均市值上超过了 3 个对照省会。与国内计划单列市相比，深圳市作为科技创新中心在科创板中的占位直追京沪两地，中部三省与之相比还有巨大差距，但长沙市在数量、总股本、营业总收入和总市值上已超过包括青岛市、厦门市在内的其他 4 个计划单列市，武汉市在总市值上也仅次于青岛市，营业总收入方面与青岛市、厦门市相比还有一定差距。

2021 年国内部分城市科创板挂牌企业数据见表 11。

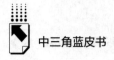
表11　2021年国内部分城市科创板挂牌企业数据

| 地区 | | 数量<br>（家） | 总股本<br>（亿股） | 营业总收入<br>（亿元） | 总市值<br>（亿元） |
|---|---|---|---|---|---|
| 直辖市 | 北京市 | 50 | 200.15 | 936.77 | 7092.09 |
| | 上海市 | 60 | 316.26 | 1104.66 | 12523.45 |
| | 天津市 | 4 | 8.52 | 60.76 | 851.78 |
| 省会<br>城市 | 成都市 | 13 | 17.20 | 96.50 | 1055.29 |
| | 南京市 | 7 | 12.42 | 75.29 | 906.42 |
| | 杭州市 | 22 | 36.43 | 231.78 | 2316.56 |
| 计划<br>单列市 | 大连市 | 3 | 2.19 | 20.08 | 136.23 |
| | 青岛市 | 5 | 7.81 | 55.66 | 641.97 |
| | 厦门市 | 3 | 8.46 | 174.22 | 419.96 |
| | 宁波市 | 2 | 3.25 | 14.97 | 107.27 |
| | 深圳市 | 29 | 57.02 | 739.77 | 3920.78 |
| 地级市 | 苏州市 | 34 | 58.38 | 329.71 | 3655.20 |

资料来源：CSMAR中国上市公司财务年报数据库。

## （二）中三角行业特征：以制造业为主，盈利水平稳中向好

从行业分布情况来看，目前科创板挂牌企业主要涉及制造业、信息技术、高新技术开发、现代服务、生态保护和环境治理5类行业，以制造业为主，不少挂牌企业在所属行业内特色鲜明、创新动力强劲，成长性良好。

目前全国共有319家科创板挂牌企业属于制造业，占比80.56%，其次为信息技术行业，共58家，占比14.65%，这两类行业合计占比超过95%，在科创板市场上具有重要的影响力。在总市值和总股本方面，制造业在科创板市场的占比分别为84.2%和89.8%，制造业与信息技术行业的合计占比达到了96.8%和97.0%，股票发行数与行业市值相匹配。

2021年国内科创板挂牌企业行业分布见表12。

表12　2021年国内科创板挂牌企业行业分布

| 行业名称 | 数量（家） | 数量占比（%） | 总股本（亿股） | 总市值（亿元） |
|---|---|---|---|---|
| 制造业 | 319 | 80.56 | 1178.31 | 52264.65 |
| 信息技术 | 58 | 14.65 | 94.24 | 7859.90 |
| 高新技术开发 | 8 | 2.02 | 12.72 | 1402.08 |

| 行业名称 | 数量（家） | 数量占比（%） | 总股本（亿股） | 总市值（亿元） |
|---|---|---|---|---|
| 现代服务 | 3 | 0.76 | 17.35 | 344.16 |
| 生态保护和环境治理 | 8 | 2.02 | 9.88 | 214.00 |

资料来源：CSMAR 中国上市公司财务年报数据库。

长江中游地区科创板挂牌企业集中在制造业、信息技术、生态保护和环境治理 3 类行业中，制造业挂牌企业数量最多，共有 22 家，占比 88%，总股本 126.296 亿股，总市值 3645.985 亿元。信息技术行业的挂牌企业中科通达（688038）为 2021 年 7 月新登陆科创板的企业，其主营业务是通过新一代信息技术手段为城市公共安全管理提供专业的信息化服务；生态保护和环境治理行业的两家挂牌企业分别为江西南昌的金达莱（688057）和湖北武汉的路德环境（688156），主营业务聚焦于污水处理和高含水废弃物的处理，两家企业均于 2020 年下半年在科创板挂牌上市，2021 年净资产收益率平均值分别为 10.50% 和 7.90%，利润波动率平均值分别为 2.93% 和 2.19%，盈利能力良好且盈利水平稳定。

长江中游地区 22 家制造业挂牌企业可进一步细分为 10 个二级行业，依次是：电气机械及器材制造业（以下简称"电气"），非金属矿物制品业，化学原料及化学制品制造业，计算机、通信和其他电子设备制造业（以下简称"电子"），金属制品业，食品制造业，铁路、船舶、航空航天和其他运输设备制造业（以下简称"运输设备"），橡胶和塑料制品业，医药制造业，专用设备制造业。

如表 13 所示，2021 年长江中游地区制造业科创板挂牌企业合计营业总收入 932.12 亿元，其中电气类营业总收入最高，其次是运输设备类和专用设备类企业，这三类企业创造了 2021 年制造业科创板挂牌企业 82.64% 的营业总收入。净资产收益率平均值前 3 位分别为非金属矿物制品业、金属制品业和医药制造业；利润波动率平均值最低的为食品制造业，最高的为医药制造业。总体上来看，制造业净资产收益率平均值和利润波动率平均值分别为 8.24%、4.88%，盈利能力良好且盈利水平稳定。

表13 2021年长江中游地区制造业科创板挂牌企业财务数据

| 类别 | 数量<br>（家） | 营业总收入<br>（亿元） | 净资产收益率<br>（％） | 利润波动率<br>（％） |
|---|---|---|---|---|
| 制造业 | 22 | 932.12 | 8.24 | 4.88 |
| 电气 | 3 | 509.11 | 1.49 | 2.18 |
| 非金属矿物制品业 | 1 | 13.38 | 17.04 | 6.93 |
| 化学原料及化学制品 | 1 | 5.08 | 7.17 | 6.31 |
| 电子 | 4 | 33.64 | 7.10 | 5.61 |
| 金属制品业 | 3 | 18.77 | 12.61 | 2.03 |
| 食品 | 1 | 3.51 | 9.06 | 0.69 |
| 运输设备 | 1 | 151.21 | 4.61 | 2.33 |
| 橡胶和塑料制品业 | 1 | 12.89 | 6.19 | 2.62 |
| 医药 | 4 | 74.49 | 11.76 | 11.04 |
| 专用设备 | 3 | 110.03 | 6.47 | 3.06 |

资料来源：CSMAR中国上市公司财务年报数据库。

# 五 上市公司区域比较

## （一）区域内部：湖南领先，湖北次之，江西靠后

截至2021年底，CSMAR上市公司基本信息数据库共收录全国上市公司4777家，合计市值988713.25亿元，其中长江中游三省上市公司332家，合计市值48230.79亿元，全国占比分别为6.95％和4.88％。上市公司总市值占比明显低于数量占比，表明中部地区上市公司个体平均规模相对较小，长江中游三省上市公司平均市值为145.27亿元，相当于全国平均水平的70.19％。

在长江中游三省中，湖北省与湖南省的上市公司数量及总市值居于领先地位，上市公司数量均突破130家，总市值均超过1.80万亿元，江西省上市公司体量偏小，在总量上仍有较大提升空间。湖南省上市公司平均市值为153.40亿元，优于湖北省、江西省，数量与总市值占比较为均衡；湖北省平均市值142.28亿元，与区域平均水平差距不大；江西省殿后，平均市值

为 134.99 亿元。

2021 年长江中游三省上市公司数据统计见表 14。

表 14　2021 年长江中游三省上市公司数据统计

| 地区 | 上市公司数量（家） | 数量占比（%） | 上市公司总市值（亿元） | 总市值占比（%） | 平均市值（亿元） |
|---|---|---|---|---|---|
| 全国 | 4777 | 100.00 | 988713.25 | 100.00 | 206.97 |
| 中三角 | 332 | 6.95 | 48230.79 | 4.88 | 145.27 |
| 湖北省 | 130 | 2.72 | 18496.56 | 1.87 | 142.28 |
| 湖南省 | 134 | 2.81 | 20554.95 | 2.08 | 153.40 |
| 江西省 | 68 | 1.42 | 9179.28 | 0.93 | 134.99 |

资料来源：CSMAR 中国上市公司基本信息库。

## （二）市级层面：省会城市集聚特征显著，但差异较大

在长江中游三省内部，上市公司数量及总市值分布特征具有显著的区域特色。

湖北"一主两副"特征十分明显。近年来，湖北省经济发展呈现出"一主引领、两翼驱动、全域协同"的态势，产业集聚特征明显。作为长江中游地区和我国中部最大的经济中心，武汉市区域金融中心影响力在湖北省内遥遥领先。截至 2021 年底，武汉市共有 72 家上市企业，总市值达 8570.84 亿元，占全省的比重达到 46.34%，在资本市场主体方面起到龙头引领和辐射带动作用；襄阳市、宜昌市两个省域副中心城市为"两翼"的重要引擎，在上市公司数量及总市值上紧随武汉市，分别拥有 11 家和 8 家上市公司，总市值分别达到 1491.21 亿元和 1458.97 亿元。"一主两副"上市公司数量及总市值在湖北省内占比分别达到 70.00% 和 62.29%。

长沙市"一马当先"。湖南省以京广线为中轴，以长株潭为核心，以岳阳市、衡阳市为副中心，实现"错位发展、协作联动、功能集聚、高地引领"。长株潭作为湖南核心增长极，上市公司总市值达到 16834.39 亿元，表现突出，其中长沙市总市值 13423.73 亿元，全省占比 65.31%，在长株潭城

市群中的占比更达到 79.74%。岳阳市作为省域副中心城市，截至 2021 年底拥有 11 家上市公司，总市值为 776.82 亿元，低于湘潭市总市值。

江西省"强省会"战略任重道远。相较于武汉市和长沙市，南昌市对周边区域的经济引领作用较弱。在上市公司数量及总市值上，南昌市 2021 年拥有 25 家上市公司，总市值为 2482.70 亿元，在全省占比分别为 36.76% 和 27.05%。省域副中心城市赣州市拥有 9 家上市公司，总市值为 1263.64 亿元。"一主一副"上市公司数量及总市值在江西省内占比分别为 50.00% 和 40.81%。

2021 年长江中游三省主要城市上市公司数据见表 15。

表 15　2021 年长江中游三省主要城市上市公司数据

单位：家，亿元

| 地区 | | 数量 | 总市值 | 经济首位度 |
| --- | --- | --- | --- | --- |
| 湖北省 | 武汉市 | 72 | 8570.84 | 3.337 |
| | 襄阳市 | 11 | 1491.21 | — |
| | 宜昌市 | 8 | 1458.97 | — |
| 湖南省 | 长沙市 | 77 | 13423.73 | 3.014 |
| | 株洲市 | 12 | 2576.51 | — |
| | 湘潭市 | 5 | 834.15 | — |
| 江西省 | 南昌市 | 25 | 2482.70 | 1.595 |
| | 赣州市 | 9 | 1263.64 | — |

资料来源：CSMAR 中国上市公司基本信息库。

### （三）区域比较：体量与平均规模同对照区域相比还存在差距

与国内其他地区相比，长江中游地区上市公司数量显著低于京津冀地区和长三角地区，但高于成渝地区，在上市公司总市值方面也具有同样的特点。在平均市值方面，长江中游地区与京津冀地区、成渝地区相比还存在一定的差距，长江中游地区平均市值仅相当于京津冀地区的 35.49%、成渝地区的 70.15%。

与国内其他省份相比，长江中游三省上市公司数量明显少于江苏、浙江，与四川、安徽亦存在差距，在上市公司总市值方面也具有同样的特点。在平均市值方面，长江中游三省平均市值高于江苏省的127.07亿元，但低于四川省的217.34亿元和安徽省的148.95亿元。贵州省、云南省分别拥有龙头企业贵州茅台（600519）和云南白药（102274），这使得两省在上市公司总市值与平均市值上具有不俗表现，长江中游三省上市公司平均市值规模偏小，地区内龙头企业在市值规模上的拉动作用不及云贵。

2021年部分地区上市公司数据统计见表16。

表16　2021年部分地区上市公司数据统计

单位：家，亿元

| 地区 | 上市公司数量 | 上市公司总市值 | 平均市值 |
|---|---|---|---|
| 长江中游地区 | 332 | 48230.79 | 145.27 |
| 成渝地区 | 223 | 46178.50 | 207.08 |
| 京津冀地区 | 558 | 228407.58 | 409.33 |
| 长三角地区 | 1601 | 245377.11 | 153.26 |
| 贵州省 | 33 | 30615.51 | 927.74 |
| 云南省 | 41 | 10969.82 | 267.56 |
| 四川省 | 159 | 34557.79 | 217.34 |
| 安徽省 | 151 | 22491.57 | 148.95 |
| 江苏省 | 590 | 74973.66 | 127.07 |
| 浙江省 | 616 | 86106.02 | 139.78 |

资料来源：CSMAR中国上市公司财务年报数据库。

与作为全国金融中心的北京市和上海市相比，长江中游省会城市与之在上市公司体量上存在巨大差距，根本不在一个档次。对于天津市和重庆市两个直辖市，武汉市、长沙市尽管在上市公司数量上已超过它们，但在上市公司平均市值上与它仍有一定差距。与长江上、下游省会城市相比，中游省会城市的上市公司数量和总市值仍显不足，尤其与杭州市的差距最大，武汉

市、长沙市、南昌市的上市公司总市值仅相当于杭州市的 26.59%、41.65% 和 7.70%。与国内计划单列市相比，武汉市、长沙市在上市公司数量上已超过大连市、青岛市、厦门市；在上市公司总市值方面，长沙市仅落后于深圳市，武汉市也超过了大连市、厦门市。

2021 年国内部分城市上市公司数据见表 17。

表 17　2021 年国内部分城市上市公司数据

单位：家，亿元

| 地区 | | 数量 | 总市值 |
| --- | --- | --- | --- |
| 直辖市 | 北京市 | 425 | 198940. 43 |
| | 上海市 | 395 | 84297. 43 |
| | 天津市 | 64 | 13751. 70 |
| | 重庆市 | 64 | 11620. 71 |
| 省会城市 | 成都市 | 103 | 14515. 84 |
| | 南京市 | 109 | 15689. 54 |
| | 杭州市 | 194 | 32228. 39 |
| 计划单列市 | 大连市 | 32 | 4916. 80 |
| | 青岛市 | 54 | 8836. 95 |
| | 厦门市 | 64 | 7081. 62 |
| | 宁波市 | 91 | 12551. 98 |
| | 深圳市 | 375 | 103023. 29 |

资料来源：CSMAR 中国上市公司财务年报数据库。

总体来看，长江中游地区在上市公司总量水平上略领先于成渝地区，但上市公司个体平均规模不及成渝地区，且与长三角地区存在显著差距；长江中游三省内部之间存在显著差异，湖北、湖南分别呈现"一主两副"和"高地引领"特征，江西省"强省会"战略任重道远，其上市公司数量及总市值水平偏低；与对照省份相比，鄂湘赣三省在上市公司数量及总市值上不及川皖江浙四省，区域内龙头企业引领带动作用不及云贵突出；与对照城市相比，中部省会城市的上市公司数量和总市值不及上、下游省会城市，与国内直辖市和部分计划单列市相比也存在较大差距。中部地区上市公司数量与区域经济体量不匹配的现象依然存在，上市公司发展质量有待进一步提升。

# 六　加快建设区域资本市场的建议

## （一）做大做强现有上市企业

长江中游地区上市公司存在的短板之一就是规模偏小，在行业中的引领程度不够。做大做强现有上市企业，稳步扩大长江中游地区上市公司经营规模，提高企业竞争能力，需要从以下几个方面入手。

第一，提高上市公司治理水平。要引导上市公司不断完善治理结构、健全内部控制体系，深入推进上市公司治理专项行动。重视董事会建设，根据企业规模和经营需要适时调整董事会规模，规范董事会行权履职程序；进一步完善信息披露要求，增强信息披露针对性和有效性，提高上市公司信息披露质量；探索建立以管资本为主的国有资产监管体制，建立上市公司市值管理激励约束机制。

第二，拓宽上市公司融资渠道。支持上市公司规范运用增发、配股、可转债等融资工具，扩大直接融资比重；鼓励上市公司围绕主业及产业链上、下游实施并购重组，优化资源配置，提升整体实力；支持国有控股企业依托资本市场分层分类推进混合所有制改革，与其他各类资本相互融合；鼓励优质企业开展海外并购，引入境内外合格战略投资者实现产业整合。

第三，稳妥化解上市公司风险。妥善化解股票质押风险，推动多部门共建股权质押风险化解协调机制，鼓励各类金融机构和纾困基金参与化解上市公司股权质押风险；积极解决资金占用、违规担保等问题，对有此类问题的上市公司依法进行监管处置、限期整改；通过市场化手段有序出清"僵尸""空壳"类上市公司，健全各部门信息互联互通机制，协同保障上市公司平稳退市。

### （二）强化后备企业培养

第一，完善上市后备资源库。加大上市后备资源培育力度，完善配套扶持政策，充分对一批优质企业进行股份制改造，壮大上市后备资源库，对照上市条件和要求优中选优、动态管理，把主业突出、业绩优良、发展前景好的企业及时纳入后备资源库，力争实现上市后备企业数量倍增。

第二，健全上市后备企业梯次培育机制。围绕国家及地区产业重点发展方向，分行业、分类别、分层次、分阶段遴选重点企业，动态保持一定规模的后备资源梯队，集中政策和资金等资源予以重点培育、重点扶持、重点推进，积极组织开展上市、挂牌宣传培训，建立重点上市后备企业联系制度，畅通企业上市挂牌疑难问题绿色通道，协助解决上市过程中出现的问题。

第三，根据企业特点和市场要求针对性施策。支持主业突出的成熟型企业到主板上市、成长性强的创新型企业到创业板上市，支持符合国家战略、突破关键核心技术、具备核心竞争力的科技型企业到科创板上市，支持符合条件的专精特新中小微企业到北交所上市，支持不同类型的优质国有企业在相应板块挂牌上市，鼓励旅游、地产及外向型企业到香港等境外市场上市，支持符合条件的上市公司拆分子公司在境内外上市。大力支持企业到新三板挂牌，结合自身发展实际，灵活开展股权融资和债券融资。

### （三）大力发展高新技术企业

创新是发展的第一动力。长江中游地区要深入实施创新驱动战略，加快推进科技创新进程，依托武汉东湖、长株潭、鄱阳湖国家自主创新示范区，充分发挥地区人才优势、科技优势和产业优势，引导各项资源向科技创新领域配置，促进科技与产业融合发展，以科技赋能产业升级转型，打造具有核心竞争力的科技创新高地。

增强科技创新能力，促进产业转型升级，以推进产业基础高级化和产业链现代化为导向，助推优势产业集群发展，提升产业发展水平和核心竞争力。立足区位优势和产业特色，发挥产业体系完备、基础坚实等优势，促进横向错位发展和纵向分工协作，差异化承接长三角和粤港澳大湾区等地区的产业转移，加快壮大一批先进制造业龙头企业和产业集群，重点实施电子信息、工程机械、轨道交通装备、汽车、航空航天、生物医药、新材料等七大先进制造业集群工程，力争到 2025 年基本形成具有全国竞争力的先进制造业产业集群。

## 参考文献

湖北省人民政府：《湖北省金融业发展"十四五"规划》，《湖北日报》2022 年 3 月 15 日。

湖南省地方金融监督管理局：《湖南省"十四五"金融业发展规划》，《长沙晚报》2021 年 8 月 24 日。

江西省人民政府：《江西省"十四五"金融业发展规划》，《潇湘晨报》2021 年 11 月 13 日。

甘德安、王涛：《湖北省上市公司发展报告》，《楚商智库》2022 年 6 月 28 日。

薛誉华等主编《苏州上市公司发展报告（2021）》，复旦大学出版社，2021。

张鹏等：《中国上市公司蓝皮书：中国上市公司发展报告（2021）》，社会科学文献出版社，2021。

刘美琳：《解码长江中游城市群："一体化"带动中部崛起　进击中国经济"第五极"》，《21 世纪经济报道》2022 年 3 月 26 日。

盛兰、张家振：《国家战略地位再巩固　长江中游城市群一体化进程提速》，《中国经营报》2022 年 3 月 18 日。

# B.5
# 长江中游地区农业碳汇
# 价值实现路径研究

丁 斐[*]

**摘 要:** 农业减排固碳是实现"双碳"目标的重要举措和潜力所在。长
江中游地区是我国重要的"粮仓",又是长江黄金水道上重要
的生态屏障,探索农业碳汇价值实现路径不仅有助于激励农户
采取可持续生产方式,增强农业减排固碳和促进增收,也有助
于在全国范围内树立典型,为其他地区提供经验参考。目前,
围绕农业碳汇价值实现路径探索,国内外已经形成了一些经
验,给长江中游地区提供了有益的经验参考。未来长江中游地
区可围绕农业碳汇生态补偿、自愿减排量交易、社会资本参
与、生态空间指标交易和基于农业碳汇项目的碳金融五大路径
开展农业碳汇价值实现路径探索。当前农业碳汇价值实现仍面
临核算困难、成本收益不清晰、社会参与意愿不高等问题与挑
战。未来应从方法学开发、制度建设、跨省合作、商业模式创
新等方面进一步加强研究。

**关键词:** 农业碳汇 生态产品 价值实现路径 长江中游地区 减排固碳

---

\* 丁斐,经济学博士,农业农村部农村经济研究中心可持续发展研究室助理研究员,主要研究
方向为农业可持续发展、生态产品价值实现。

# 一 背景与意义

习近平总书记指出，"2030 年前实现碳排放达峰、2060 年前实现碳中和，农业农村减排固碳，既是重要举措，也是潜力所在，这方面要做好科学测算，制定可行方案，采取有力措施"。[①] 农业既是温室气体的重要排放源，又是巨大的碳汇系统。根据《中华人民共和国气候变化第三次国家信息通报》，农业活动温室气体排放约占我国全部温室气体排放的 8.3%，农业活动是最大的非二氧化碳温室气体排放源。如果考虑农机、化肥、农药等中间产业所造成的间接二氧化碳排放，农业活动温室气体排放占比将会更大。但与此同时，农田、牧场等农业生产用地可储存大量土壤有机碳，这些有机碳是一笔宝贵的碳汇财富。如果在农业生产中广泛采用保护性耕作、秸秆还田、增加有机肥施用等措施，就能够使土壤有机碳库产生显著差别，实现农田土壤由碳源向碳汇的转化。

我国农田减排固碳存在巨大潜力。中国耕地面积约 19.18 亿亩，土壤有机碳库尤其主要农业区表层土壤有机碳库比较贫乏，根据最近的《2019 年全国耕地质量等级情况公报》，全国耕地质量平均等级为 4.76 等，中低等级耕地占 2/3 以上，耕地质量不高、耕作层变浅、土地退化的趋势尚未得到有效抑制。全国耕地平均有机碳含量低于世界平均值的 30% 以上，低于欧洲 50% 以上。据研究，我国农田土壤固碳潜力在 2200 万 ~ 3700 万吨碳当量。未来 50 年，如果实施有效的农田管理措施（包括有机肥应用、秸秆还田、保护性耕作等）对土壤固碳的贡献率约为 30% ~ 36%（相当于抵消工业温室气体排放 3.4% ~ 19%）。

农业碳汇价值实现就是将农业碳汇所蕴含的生态价值转变为经济价值和社会效益，对于推进乡村生态振兴和实现农业农村现代化意义重大，也是建

---

① 习近平：《坚持把解决好"三农"问题作为全党工作重中之重　举全党全社会之力推动乡村振兴》，《求是》2022 年第 7 期。

立健全生态产品价值实现机制的重要环节。2021年中办、国办出台的《关于建立健全生态产品价值实现机制的意见》明确提出，要健全碳排放权交易机制，探索碳汇权益交易试点。2022年中央一号文件也要求探索建立碳汇产品价值实现机制。从我国国情农情来看，农村居民收入相对偏低的情况长期存在，化肥农药农膜投入强度长期居于高位，农业土壤地力有所下降，粮食安全和耕地红线正面临重大威胁。亟待探索农业碳汇价值实现路径，实现提高农民收入水平和促进农业可持续发展的双赢目标。

## 二 农业碳汇价值实现路径的理论来源与具体案例

探索农业碳汇价值实现路径是完善我国生态产品价值实现机制的重要举措和关键环节，具有丰富的理论来源和充分的实践经验。

### （一）理论来源

探索农业碳汇价值实现路径的理论来源为自然科学和社会科学两方面。农业系统是重要的碳汇系统，对减缓全球增温具有重要影响，并且利用农业系统解决气候问题是一种极具成本效益且易于获得的气候解决方案。据专家测算，全球1米深土壤有机碳含量约为1.5万亿吨，2米深土壤有机碳含量约为2.4万亿吨，土壤碳库的总量超过了植被和大气中碳的质量总和。目前，全球约45%的土壤用于农业和畜牧业。从国内的情况来看，根据《第二次气候变化国家评估报告》中的数据，中国土壤碳库达到1029.6亿吨的储量，是我国重要的碳汇资源。具体到长江中游地区，其耕地类型以水田为主，农田固碳能力更强，碳汇资源更为丰富。农业碳汇作用的发挥需要建立在可持续的农业活动基础之上。大自然保护协会（TNC）的研究表明，如果在全球范围内开展土壤保护活动，可以提供近10%的碳减排量，对于实现全球2℃温升目标具有重大意义。在农业领域，固碳增汇主要通过保护性耕作、合理施肥、合理灌溉、轮作等途径实现。比如，采取土壤免耕、秸秆覆盖还田等措施，能够将土壤和秸秆的有机质封存在土壤中，提高土壤有机质含量。据统计，2010~2016 年，我国陆地生态系统年均吸收约 11.1 亿吨碳，其中，农田贡献了 12% 的固碳量，仅次于森林生态系统。根据农业农村部监测数据估算，截至 2018 年底，全国农田耕层土壤有机碳含量平均值为 13.0~14.4 克/千克，低于世界平均水平，农业生态系统固碳增汇还有很大发展空间。

研究农业碳汇价值实现路径的经济学理论基础是科斯定理。科斯于 1960 年发表了《论社会成本问题》，认为外部性问题源于产权不明晰和市场失灵，只有明晰产权，使经济行为主体开展交易才可有效解决外部性问题。科斯定理指出，在交易费用为零和对产权充分界定并加以实施的条件下，资源可以在市场得到最优配置。以科斯定理为理论依据，温室气体排放权交易制度应运而生。早在 1997 年的《京都议定书》谈判过程中，建立温室气体控排的市场机制就成为一个重要选项。《京都议定书》规定发达国家内部可以采取碳排放权交易，欧盟的碳排放权交易市场正是以此为基础建立起来的。而在发达国家与发展中国家可以通过清洁发展机制（CDM）实现碳交易，将发展中国家的减排额度在 CDM 项目中注册和核查，最终形成可交易的减排量。与此同时，农业减排固碳增汇可以通过核证碳标准等国际项目实现经济价值。当前，全国碳排放权交易市场已经形成，并且"十四五"时期有更多重点控排行业将会加入碳市场。建立在国家核证自愿减排量（CCER）基础之上的碳汇项目，将会面临更好前景与更多机遇。

## （二）具体案例

农业碳汇价值实现不仅在科学和机制设计上是可行的，而且在实践层面，国内外也开展了诸多项目。

### 1.澳大利亚土壤碳汇项目

澳大利亚土壤碳汇项目是其中较为典型的实践案例。2015 年，澳大利亚政府在"碳信用法案"基础上成立了气候解决方案基金（CSF）。CSF 在农业领域提供了农田碳汇项目。CSF 支持通过保护性耕种等实现固碳，提高农田、牧场等生态系统有机碳固碳水平。固碳成果通过碳信用额等方式参与

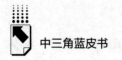
碳市场交易，以减少大气中的温室气体。在项目实际运行过程中，市场主体需要在专门的项目管理机构中进行注册，包括提交各类资格证明材料、选择减排固碳作业的方法学、明确项目持续时间（一般为 25~100 年），并对项目减排量进行预估计。项目注册成功后便进入正式运行环节，在正式运行过程中，项目方需要测量土壤有机碳变化情况，并向监管机构提交抵消报告以获得碳信用，同时要接受相关监督与核查。市场主体所获得的碳信用可出售给澳大利亚政府、公司或其他私人买家，或在金融市场上用于抵押，以实现农业碳汇价值。从成效看，澳大利亚土壤碳汇项目既拓展了市场主体的收入来源，盘活了碳市场，也能保护耕地，实现农业发展和耕地保护的双赢。

2. 核证碳标准项目

核证碳标准（VCS）项目是在国际范围内得到广泛认证的碳减排项目。该项目由碳市场投资咨询公司 Climate Wedge 及其合作伙伴 Cheyne Capital 设计并起草，原名为自愿碳标准项目。经过多年发展，VCS 计划已成为世界上使用最广泛的自愿性温室气体计划。超过 1806 个经过认证的 VCS 项目总共从大气中减少或消除了超过 9.28 亿吨的碳和其他温室气体。

VCS 项目中不乏涉及农业的减排固碳项目，其中以 VM0042 方法学最具有代表性。该方法学以农业土地管理为切入点，通过改善农业用地管理方式，增加土壤有机碳储存，以实现减排固碳目的。项目必须在 VCS 官方进行注册并公示，同时项目发起人需要聘请第三方审核机构对项目进行核查。核查通过后，项目业主向 VCS 官方提交减排量签发申请。减排量可选择持有、出售或注销。近年来，VCS 项目在国际上得到广泛实践。目前，已有包括印度、巴西、英国在内的多国依据 VM0042 方法学进行减排量注册。项目持续时间普遍在 20 年以上，减排量从年均数十万吨到数百万吨二氧化碳当量不等。为提高农田肥力和碳汇水平，加速农业碳汇价值实现提供了有效路径。

3. 厦门农业茶园碳汇交易项目

相较于林业碳汇，农业碳汇项目在国内启动较晚，正处于发展初期。尽管国家核证自愿减排项目（CCER 项目）已经公布了不少自愿减排方法学，但农业碳汇项目仍未得到充分发展。但在地方实践层面，厦门农业茶园碳汇交易项目具有一定典型性。

2022年5月，厦门市依托市产权交易中心成立了全国首家农业碳汇交易平台。该平台为农业碳汇开发、测算、交易、登记等环节提供了一站式服务，促进农业生产转化为碳交易产品，推动农业"碳票"变"钞票"，为农民增收开辟了新途径。厦门农业茶园碳汇交易项目是该平台的首笔交易，在全国范围内具有较强的借鉴意义。该项目交易双方为厦门银鹭食品集团与军营村、白交祠村生态农业茶园。经核算，军营村、白交祠村生态农业茶园2年期碳汇为3357吨。厦门银鹭食品集团以"碳票"形式购买农业碳汇用于抵消集团日常生产经营活动中所产生的部分碳。厦门农业茶园碳汇交易项目标志着"以绿色凭证促进农村绿色交易，以绿色交易促进农民绿色增收"的新模式、新机制形成，更为村民开辟了一条用"碳汇"致富的新路。

## 三 长江中游地区农业碳汇价值实现的基础与问题

### （一）农业碳汇价值实现的基础

长江中游地区探索农业碳汇价值实现路径，对巩固粮食安全、促进农民增收和加强乡村生态文明建设等具有重大意义。长江中游地区是我国的重要粮仓，探索农业碳汇价值实现路径有助于激励农民采用保护性耕作手段提高土壤肥力，有助于提高农田碳汇水平和改善耕地质量，进而提高粮食产量与农产品质量。与此同时，农业碳汇价值实现将使农户在拥有传统农业收入的基础上，额外增加一份碳汇收入，这有助于提高农户保护性耕作的积极性。在促进生态文明建设方面，长江中游地区是我国较早开展碳排放权交易和生态产品价值实现路径探索的地区。探索农业碳汇价值实现路径有助于进一步巩固生态文明建设既有成果，促进在全国范围内率先形成长江中游地区的典型经验与做法，对于推动长江经济带乃至全国农业可持续发展和生态文明制度建设，具有重要的实践价值。

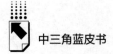

目前，长江中游各省在实践层面虽处于起步阶段，但农业碳汇价值实现已经引起各方关注。如湖北省生态环境厅等五部门发布的《关于印发开展"碳汇+"交易助推构建稳定脱贫长效机制试点工作的实施意见的通知》提出，逐步引入农田碳汇、测土配方减碳、矿产资源绿色开发收益共享等其他"碳汇+"交易内容。2022年3月，江西省都昌县成功签约了水稻种植温室气体减排项目，该项目成为江西省首个签约落地的农业碳汇项目。可以预见，探索农业碳汇价值实现路径具有广阔前景，有助于长江中游地区实现农业高质量发展。

长江中游地区既在全国农业基本盘中具有相当重要的地位，又是长江黄金水道上的重要生态屏障。探索农业碳汇价值实现路径，将长江中游地区的农业优势、生态优势转化为经济价值和社会效益，不仅大有可为，而且必须有所作为。

探索农业碳汇价值实现路径是促进农业绿色发展、落实"绿水青山就是金山银山"发展理念的重要举措。党的十八大以来，党中央、国务院高度重视长江中游地区生态文明建设，把建立健全生态产品价值实现机制作为长江中游地区生态文明建设的重要任务，为探索农业碳汇价值实现路径提供了有利的政策环境。习近平总书记多次到长江中游地区视察调研，并就践行"绿水青山就是金山银山"发展理念做出重要指示。2019年，习近平总书记视察江西时提出，提高经济发展质量和效益，加快构建生态文明体系，打造美丽中国"江西样板"；① 2018年4月，习近平总书记在武汉主持召开深入推动长江经济带发展座谈会，提出"要探索政府主导、企业和社会各界参与、市场化运作、可持续的生态产品价值实现路径"。② 2020年9月，习近平总书记在湖南考察调研期间强调，"要牢固树立绿水青山就是金山银

---

① 《习近平在江西考察并主持召开推动中部地区崛起工作座谈会》，中国政府网，2019年5月22日，http：//www. gov. cn/xinwen/2019 – 05/22/content _ 5393815. htm? tdsourcetag = s _ pcqq_ aiomsg。

② 《习近平：在深入推动长江经济带发展座谈会上的讲话》，人民网，2019年8月31日，http：//politics. people. com. cn/n1/2019/0831/c1024–31329506. html。

山的理念，在生态文明建设上展现新作为"。① 在政策层面，长江中游地区
承担生态产品价值实现机制先行先试的重要任务。2016 年，江西省被列为
国家生态文明试验区，明确要求江西的生态产品价值得到更多实现。江西抚
州被列为长江经济带生态产品价值实现机制试点城市。党中央、国务院对长
江中游地区生态文明建设的高度重视为探索农业碳汇价值实现路径提供了有
利条件。

　　长江中游地区在农业减排固碳方面具有较大潜力，这为探索农业碳汇价
值实现机制打下了基础。长江中游地区农业生产在全国具有重要地位。以江
汉平原、洞庭湖平原为主的两湖地区，自古以来便有"湖广熟、天下足"
的美誉。从产量水平来看，长江中游地区具备农业碳汇价值实现的产业基
础。2021 年，长江中游地区在粮食总产量、播种面积、粮食单位面积产量、
农业总产值等主要指标上位于全国前列或中游水平，并打造了一批具有全国
知名度的绿色农产品品牌，有能力在农业碳汇价值实现领域形成规模效应。
从农业产业结构来看，水稻种植、反刍动物养殖等有较多温室气体排放的农
业生产活动在长江中游地区具有相当大的规模，后续有较大潜力通过保护性
耕作、反刍动物温室气体排放管理等方式实现农业减排固碳。从市场前景来
看，目前，长江中游地区尚未形成农业碳汇价值实现的典型案例和成熟商业
模式，这与三省农业大省、生态大省的地位不相称，农业碳汇市场还是一片
"蓝海"，这也意味着农业碳汇价值实现未来还有很大发展潜力。

　　长江中游地区三省在农业碳汇价值实现领域具有良好的工作基础。党的
十八大以来，长江中游地区三省围绕生态文明建设和农业绿色发展等议题开
展了大量工作，这为未来探索农业碳汇价值实现路径打下了坚实工作基础。
一是在碳排放权交易制度上打下了一定工作基础。2013 年以来，我国开展
碳排放权交易试点工作，湖北省是试点省份之一。2013 年，湖北省人民政
府办公厅印发《湖北省碳排放权交易试点工作实施方案》，湖北省是国内较

---

① 《习近平在湖南考察时强调：在推动高质量发展上闯出新路子　谱写新时代中国特色社
　　会主义湖南新篇章》，中国政府网，2020 年 9 月 18 日，http：//www.gov.cn/xinwen/2020-09/
　　18/content_ 5544581. htm。

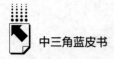
早进行碳排放权交易试点的省份之一，并且是唯一实际开展了农业碳汇交易项目的省份，在碳排放权交易制度设计上走在全国前列。在现行的碳排放权交易机制下，允许一部分试点企业通过碳排放权交易市场购买包括自愿减排量在内的核证减排量，这在机制设计上为农业碳汇资源进入碳市场提供了可能。2021年，全国碳排放权交易市场正式上线运行，并且随着主要控排行业陆续被纳入碳市场，未来对碳汇资源的需求将进一步旺盛。长江中游地区特别是湖北省，在碳排放权交易上具有工作基础优势。二是生态产品价值实现机制日趋成熟。近年来，长江中游地区围绕生态产品价值实现的关键环节进行了诸多探索，打下了较好的工作基础。长江中游地区围绕调查监测、价值评价、经营开发、保护补偿、制度保障和工作推进等生态产品价值实现的重点环节与任务制定了一系列工作方案。如江西省在2021年7月制定了《关于建立健全生态产品价值实现机制的实施方案》，湖北省在襄阳宜城等9个县（区、市）开展生态产品价值实现路径试点工作，湖南省也开始着手推进生态产品价值实现方案设计。三省在生态产品价值实现路径探索过程中形成的工作方式、工作思路，能够为探索农业碳汇价值实现路径打下工作基础。三是在推进农业绿色发展方面的工作基础。近年来，长江中游地区各省份高度重视农业绿色问题，将实现农业绿色发展作为推进农业现代化建设的重要任务。如湖南省制定了《关于创新体制机制推进农业绿色发展的实施意见》，该意见从农业产业布局、产品质量提升、面源污染治理等方面入手推动全省农业绿色发展工作。长江中游地区的农业绿色发展实践在全国处于前列。在农业农村部日前公布的51个全国农业绿色发展典型案例中，长江中游地区三省共有8个案例入围。

## （二）农业碳汇价值实现面临的问题

新事物的发展并非总是一帆风顺的，碳汇价值实现在全国范围内仍属于新兴事物，可吸收借鉴的经验并不多，对于农业碳汇项目来说更是如此。目前，农业碳汇价值实现还面临一些客观存在的问题挑战。应进一步加强政策研究和制度创新，真正把农业减排固碳所带来的"绿水青山"变为能给广大农民群众带来实实在在收益的"金山银山"。

农业碳汇价值实现难，既有全国层面普遍存在的问题，也有长江中游地区特殊存在的困难。

从全国普遍情况来看，农业碳汇价值实现主要存在以下困难挑战。一是在农业碳排放量与碳汇水平核算方面面临困难。一方面，相比于工业、交通等产业部门，农业温室气体以面源排放为主，温室气体排放复杂且存在显著区域差异，这给农业碳汇价值实现带来一定困难。另一方面，不同生产活动的农业固碳增汇效果不同，相关方法学还有待进一步开发。二是农业部门自身减排活动成本收益还不清晰。相比于能源、工业、建筑、交通等重点控排行业，农业减排固碳的经济效益并不突出。能源、工业、建筑、交通行业产值高，贸易地位重要，碳排放量多，且以点源排放为主，监管便利，相关减排方法学已较为成熟。相比之下，农业产值较低，且碳排放以面源排放为主，监管难度大。不仅如此，近年来，国内碳减排项目受到严格的政策监管，国内碳市场低迷，减排固碳的经济价值还没有得到充分体现，这一定程度上挫伤了农民参与农业碳汇项目开发的积极性。三是粮食安全大背景下，社会各界对于开展农业碳汇项目普遍谨慎。近年来，受新冠肺炎疫情反复和国际局势复杂动荡的影响，农业在国民经济中的"压舱石"地位越发突出。社会各界对于农业减排固碳与粮食安全是否能够实现目标协同看法不一。在这一背景下，各地区对上马农业碳汇项目普遍较为谨慎。四是潜在的碳汇产权问题。从已有经验来看，碳汇项目注册期限往往长达数十年，其间，土地承包、经营权属关系可能发生调整，这对农田管理方式及后续碳汇资源产权归属带来影响。

长江中游地区农业碳汇价值实现还面临一定特殊挑战。一方面，长江中游地区水稻种植、反刍动物养殖等产业颇具规模，具有较大减排固碳增汇潜力，但从全国范围来看，目前可复制借鉴的经验并不多，在方法学、制度环境、商业模式等方面仍有较多需要探索的内容。另一方面，要平衡好减排固碳与经济发展的关系。长江中游地区产业结构偏重的局面长期存在，在经济下行压力明显加大的背景下，不少行业面临减排和发展的双重压力，这对于农业碳汇价值实现可能产生负面影响。

## 四 长江中游地区农业碳汇价值实现
## 路径与对策建议

探索农业碳汇价值实现路径，既是建立健全生态产品价值实现机制的重要一环，也是实现农业减排固碳目标的重要激励手段，对于助力"双碳"目标的实现具有重要意义。立足于自身优势，借鉴国内外在农业碳汇价值实现路径探索方面积累的宝贵经验，未来，长江中游地区可从农业碳汇生态补偿、自愿减排量交易、社会资本参与、生态空间指标交易和基于农业碳汇项目的碳金融五方面探索长江中游地区农业碳汇价值实现路径。

### （一）农业碳汇生态补偿

农业碳汇是一种宝贵的生态产品，具有一定公共物品性质。在市场交易机制尚不成熟的条件下，政府可以通过政府购买、转移支付等方式向农业碳汇所有者提供经济补偿。目前来看，在自上而下的环境治理体系下，由政府部门主导的生态补偿能够直接激励农户走促进农业可持续发展的路径，并且可以在全社会范围内促进形成农业绿色发展的导向以及起到示范作用，具有重要意义。面向农业减排固碳的生态补偿制度已有先例。例如，农业农村部和财政部联合印发《东北黑土地保护性耕作行动计划（2020~2025年）》，目的是通过加大财政支持力度，促进东北黑土地保护和农业可持续发展，实现粮食安全与农业绿色发展两大目标的协同推进。长江中游地区在生态保护和粮食安全大局中有重要地位，因此要进一步加大对长江中游地区农业减排固碳增汇的财政支持力度，从而形成良好的示范效应。

### （二）自愿减排量交易

碳汇交易是将"绿水青山"变为"金山银山"最有效最直接的途径，也是推进乡村生态振兴和实现共同富裕的有效路径。当前，碳汇交易主要是通过 CCER、VCS 等抵消机制进入碳排放交易市场。根据我国碳排放权交易市场管理规定和国际通行规则，碳汇交易的5%可以通过抵消机制实现，湖北碳排放权交易试点工作在农业碳汇交易方面已经取得了一定突破。借助全国碳排放权交易市场上线契机，未来长江中游地区各省可立足自身在水稻种植、林业资源等方面的优势，围绕自愿减排量交易制度建设等方面，进一步在方法学开发、交易机制设计、核证机制设计等方面加强合作，同时广泛借鉴国内外先进经验，打造农业碳汇价值实现的长江中游地区样板。

### （三）社会资本参与

既有实践表明，社会资本能够实现对市场机制和政府调节的有益补充。对于企业而言，碳汇交易是其参与ESG投资和履行企业社会责任的重要表现形式。目前，一些经营状况良好、注重品牌影响力和社会公益、勇于承担社会责任的国有企业或大中型上市企业倾向于主动披露ESG报告，这些企业集中在金融、新能源、电力及公用事业等行业。未来国家将制定一系列制度与政策，规范引导国有企业、上市公司履行企业环境责任。如证监会正在研究推动上市公司健全碳排放信息披露机制。如果能加强政策引导与支持，鼓励长江中游地区重要金融机构、国有企业和大中型上市企业通过慈善捐助、设立公益基金等方式支持农业碳汇项目发展，所得捐赠收入定向用于提高耕地质量，将有利于农业碳汇资源进一步增加。

### （四）生态空间指标交易

生态空间指标交易是近年来较为新颖的指标交易，已经在农业领域积累了一些可推广可复制的经验。该项目的具体思路如下：由上级政府统一划定生态保护考核指标并构建基于该考核指标的交易平台，难以达到考核要求的下级政府可以通过指标交易的方式达到考核要求。该模式以重庆市森林覆盖率指标交易最为典型，森林覆盖率达标有实际困难的县（区、市）往往为经济发展较好的主城区，这些主城区通过指标交易的方式实现了区域内的比较优势分工和生态环境保护。在农业领域，重庆市进一步复制了该模式，建

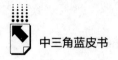

立了高标准农田新增耕地指标交易机制，为长江中游地区提供了解决思路。长江中游地区各省可基于自身发展条件，将提高农业有机碳含量作为农田水利建设的一个重要指标，探索生态空间指标交易的可行路径。

### （五）基于农业碳汇项目的碳金融

在实现"双碳"目标成为我国生态文明建设重要任务的大背景下，绿色金融正在成为实现"绿水青山"向"金山银山"转化的重要手段。2016年8月，七部委联合出台《关于构建绿色金融体系的指导意见》，明确提出构建绿色金融体系，发挥资本市场优化资源配置、服务实体经济的功能，支持和促进生态文明建设。发展基于农业碳汇项目的碳金融是绿色金融的重要实践，能够实现碳汇资源向碳汇资产的有效转化，能够激励农民采取增汇型农业技术，对于提高耕地质量、促进农业绿色发展和乡村生态振兴具有重要意义。在农业碳金融体系下，农户可将固碳增汇所形成的碳汇资产作为抵押物向银行申请贷款，银行可进一步将碳汇资产包装，形成金融衍生品，最终形成政府、农户、企业、金融机构各界参与的农业碳金融体系。长江中游地区在全国粮食安全生产大局中具有重要地位，但与此同时其在农药化肥等要素上的投入近年来也处在高位，还具备较大减排固碳潜力。如能因地制宜在固碳增汇工作基础之上，围绕农业碳汇金融项目建立起多方共赢合作机制，不仅有利于长江中游地区自身农业绿色发展，对于在全国范围内打造农业绿色发展典型样板也具有重要意义。

### （六）相关对策建议

针对农业碳汇价值实现面临的一系列机遇挑战，结合国内外已有农业碳汇价值实现路径。本报告提出如下对策建议。

一是摸清排放底数，评估减排固碳潜力。长江中游地区农业生产方式和农田管理方式在全国范围内具有代表性和典型性，摸清其排放底数，有助于明确其减排潜力和减排增汇技术路线，为后续建立农业碳汇价值实现机制做好基础性工作。为此，需要研究农田固碳机理，并探索相关方法学。

二是完善相关制度。农业碳汇价值实现机制是生态产品价值实现机制的重要部分，相关政府部门可围绕农业碳汇价值实现提供资金或政策支持。如，从耕地保护、生态补偿等角度为轮作、休耕、免耕等保护性耕作措施提供资金支持，健全农业社会化服务体系，选择具有一定规模的家庭农场、新型经营主体、专业合作社开展农业碳汇价值实现的试点示范项目。

三是加强长江中游地区三省相关合作。长江中游地区三省气候、水文条件接近，作物种植和农田管理方式相似，三省在方法学研究开发与应用过程中具有一定相似性。长江中游地区三省应发挥各自优势，加强省级层面的交流与合作，增进产学研合作，共同推动农业碳汇价值实现的商业模式创新。

四是创新碳汇价值实现的多种商业模式。长江中游地区具有较好的生态文明建设基础，在生态产品价值实现领域做了大量工作，未来可把商业模式创新作为碳汇价值实现的突破口。如探索社会资本参与农田土壤碳汇项目开发路径，探索以农业碳汇为标的的绿色金融项目等。

五是加强农业碳汇价值实现与耕地保护目标的研究。习近平总书记多次强调耕地保护的重要性，提出"要采取'长牙齿'的硬措施，全面压实各级地方党委和政府耕地保护责任"。[①] 长江中游地区要在这方面加强研究，推动碳汇价值实现与当前农业政策热点问题的目标协同增效。

## 参考文献

戴小文：《中国农业隐含碳排放核算与分析——兼与一般碳排放核算方法的对比》，《财经科学》2014 年第 12 期。

丁斐、庄贵阳、朱守先：《"十四五"时期我国生态补偿机制的政策需求与发展方向》，《江西社会科学》2021 年第 3 期。

冯俊、崔益斌：《长江经济带探索生态产品价值实现的思考》，《环境保护》2022 年第 2 期。

---

① 《用"长牙齿"硬措施保护耕地》，中国网，2022 年 3 月 9 日，http：//www.china.com.cn/opinion/theory/2022-03/09/content_ 78097811. htm。

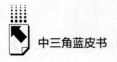

何可、汪昊、张俊飚:《"双碳"目标下的农业转型路径:从市场中来到"市场"中去》,《华中农业大学学报》(社会科学版)2022年第1期。

金书秦、林煜、牛坤玉:《以低碳带动农业绿色转型:中国农业碳排放特征及其减排路径》,《改革》2021年第5期。

金书秦、牛坤玉、韩冬梅:《农业绿色发展路径及其"十四五"取向》,《改革》2020年第2期。

孙博文:《建立健全生态产品价值实现机制的瓶颈制约与策略选择》,《改革》2022年第5期。

田云、陈池波:《市场与政府结合视角下的中国农业碳减排补偿机制研究》,《农业经济问题》2021年第5期。

韦玉琼、龙飞:《乡村振兴背景下农业农村碳排放变动及减排策略》,《农业经济问题》(网络首发)2022年4月15日。

习近平:《把乡村振兴战略作为新时代"三农"工作总抓手》,《求是》2019年第11期。

习近平:《坚持把解决好"三农"问题作为全党工作重中之重,举全党全社会之力推动乡村振兴》,《求是》2022年第7期。

于法稳、林珊:《碳达峰、碳中和目标下农业绿色发展的理论阐释及实现路径》,《广东社会科学》2022年第2期。

张梦璇等:《关于我国农业碳达峰,助力碳中和若干问题的思考》,《中国农业资源与区划》2022年第3期。

《中共中央 国务院关于做好2022年全面推进乡村振兴重点工作的意见》,中国政府网,2022年2月22日,http://www.gov.cn/zhengce/2022-02/22/content_5675035.htm。

《中共中央办公厅 国务院办公厅印发〈关于建立健全生态产品价值实现机制的意见〉》,中国政府网,2021年4月26日,http://www.gov.cn/gongbao/content/2021/content_5609079.htm。

《自然资源部办公厅关于印发〈生态产品价值实现典型案例〉(第三批)的通知》,中华人民共和国自然资源部网站,2021年12月16日,http://gi.mnr.gov.cn/202112/t202 11222_2715397.html。

# 区　域　篇
## Regional Reports

**B.6**

# 疫情防控常态化时期湖南文化旅游经济
# 加快复苏与高质量发展对策研究[*]

湖南省社会科学院（湖南省政府发展研究中心）课题组[**]

**摘　要：**　湖南省第十二次党代会提出"实施全域旅游战略，建设世界知名旅
游目的地"的奋斗目标。面对新冠肺炎疫情的冲击，湖南省文化旅
游产业发展虽然整体低迷，但是随着旅游新业态的不断涌现，湖南
省文化旅游产业也逐渐彰显出实力强、底盘稳的特点，具有强大韧
性和巨大潜能。在新机遇、新挑战下，湖南省文化旅游产业展现出
许多新特点，展现出健康发展的良好趋势，同时面对游客多样化、

　　[*]　本报告系 2020 年国家社科基金课题"新时代高质量发展的理论逻辑与实践向度研究"
（20BKS043）的阶段性研究成果。
　[**]　课题组组长：邓子纲，湖南省社会科学院（湖南省政府发展研究中心）产业经济研究所所长、
研究员。执笔人：邓子纲、郑自立，湖南省社会科学院（湖南省政府发展研究中心）产业经济
研究所研究员；陈旺民，湖南省社会科学院（湖南省政府发展研究中心）产业经济研究所助理
研究员；周海燕，湖南省社会科学院（湖南省政府发展研究中心）产业经济研究所副研究员；
廖卓娴，湖南省社会科学院（湖南省政府发展研究中心）产业经济研究所助理研究员；刘雄，
中南大学博士研究生。

个性化的需求，湖南省文化旅游产业也出现了许多新的发展瓶颈。面对文化旅游产业发展的新要求，湖南省应该树立标杆，思求创新，打造新风，营造良好发展环境，推动文化旅游产业持续向好发展。

**关键词：** 疫情防控常态化时期　文化旅游产业　高质量发展

湖南省第十二次党代会报告提出"实施全域旅游战略，建设世界知名旅游目的地"的奋斗目标。省委书记张庆伟强调："通过'立标、打样'引领旅游产业全面发展、整体提升，加快建设世界知名旅游目的地。"① 当前湖南省文化旅游发展挑战与机遇并存。一方面，受新冠肺炎疫情等不利因素叠加影响，文化旅游产业发展整体低迷，一度出现断崖式下滑。另一方面，红色旅游、乡村旅游、城市露营、沉浸体验、夜间旅游等新业态不断涌现，湖南省文化旅游产业彰显出实力强、底盘稳的特点，具有强大韧性和巨大潜能。为贯彻落实习近平总书记对统筹做好疫情防控与经济社会发展工作的总体要求，利用湖南即将召开首届旅发大会的契机，湖南省社会科学院院长钟君率领专家团队，围绕全省文化旅游资源、政策、项目及兄弟省份相关经验等开展了为期3个月的调研，多次组织座谈会，深入分析发掘文化旅游产业发展的新方向、新态势、新机遇，力争在危机中把握新机、于变局中开创新局，以期服务构建新发展格局，为疫情防控常态化时期湖南文化旅游经济加快复苏与高质量发展探索希望之路。

## 一　疫情冲击下文化旅游创新展现强劲韧性和发展潜力

受新冠肺炎疫情等不利因素叠加影响，湖南省文化旅游发展一度步入"冰河期"，但红色旅游、沉浸体验等新业态却不断涌现。2022年端午节期

① 《湖南省文化和旅游厅对省政协十二届五次会议第0274号提案的答复》，湖南省文化和旅游厅网站，2022年9月22日，http://whhlyt.hunan.gov.cn/whhlyt/zxta/202209/t20220922_29013474.html.

间旅游收入明显高于"五一"假期，湖南省文化旅游产业整体呈明显"回暖"势头，实力强、底盘稳、长期向好的基本面没有变，具有强大韧性和巨大潜能，产业发展方向和态势呈现五大新特点。

## （一）红色旅游方兴未艾

红色旅游取得了重大新发展。一是精品线路再升级。新开辟了伟人故里·红色潇湘路、不忘初心·重走长征路、首倡之地·乡村振兴之旅等精品红色旅游线路，串联起全省红色旅游资源圈。全国首条红色旅游铁路专线——韶山至井冈山铁路新开通，将韶山和井冈山两个红色圣地紧密相连。二是数字转型再提速。"清廉湖南红色文旅"电子地图已上线，录入了全省A级以上景区 522 家，包括国家级红色文化旅游经典景区 33 家，以全方位、多角度、重焦距的立体式地图形式展现湖南重要党史人物、党史事件、红色景区。三是融合创新再提质。以建设"两园、两馆、一路"为抓手，深入推进湘赣边红色文化旅游融合发展创新区建设，以长株潭红色旅游直通车串联起三市主要红色景区。2021 年湖南省红色旅游热度位列全国第二，2022年以来湖南重点红色旅游景区景点人气依然火爆。

## （二）乡村旅游掀起热潮

全省掀起大力实施乡村振兴战略、发展乡村旅游的热潮。一是"送客入村"添人气。鼓励旅行社积极参与乡村振兴，输送更多游客体验神韵大湘西、神奇湘东精品线路之旅。2021 年共有 301 家旅行社在大湘西、大湘东 13 条精品线路发团 34118 次，精准送达特色村镇游客 131.78 万人。二是"平台建设"添智慧。"湖南精品线路云平台"不断完善，已集中展示推介 689 个特色村镇的文化旅游数字化资源。湖南日报文旅集团与浙江千村万红科技有限公司签约，共同建设湖南乡村振兴文化旅游综合服务平台。三是"节会打造"添新能。各市州积极举办乡村文化旅游节会活动，为文化旅游发展注入新动能。今年 5 月在永州市江永县举办的湖南省（春季）乡村文化旅游节吸引湖南中惠旅、深圳艾莉珠宝等 15 家企业投资签约，投资意向金额达 38.35 亿元。

### （三）城市露营蔚然成风

短途露营替代出国旅游，满足了疫情防控下城市人群的出行需求，成为新的旅游风尚。一是露营企业数量快速增加。湖南省注册露营企业数量已超过 1000 家，仅 2021 年就新增露营企业 539 家。二是露营地数量持续增长。湖南省积极推动露营地高标准化建设，目前已建成 200 多个高标准自驾车房车营地。三是露营消费井喷式升温。2022 年"五一"假期湖南露营用户增幅较大，同比假期前一周最高增幅达 3 倍。长沙上榜全国露营活动热门城市TOP10，位列第四。

### （四）沉浸旅游深受青睐

沉浸式体验延伸到酒店、民宿、景区、古镇、古村落、剧院、文化体验园等各种文化旅游场景中，建设势头正旺。一是沉浸旅游做好"网红城市"标签。超级文和友领衔的沉浸式餐饮、湖湘美学 5D 幻境时光体验剧场《橘洲·江天暮雪》领衔的沉浸式演艺、方特国潮造物社领衔的沉浸式非遗研学等，使长沙"网红城市"形象更深入人心。张家界、韶山、南岳等受益于沉浸旅游发展，成为全国具有较高人气的新网红地。二是沉浸旅游成为疫情防控下旅游突围奇兵。沉浸旅游让张家界市、洪江市、常德桃花源等旅游目的地再度"出圈"。张家界的多空间重度沉浸演艺秀《遇见大庸》、洪江特色的"桐油花开"沉浸式夜游演出以及常德的古风沉浸式秦谷体验游等，吸引大量游客慕名而来。三是沉浸旅游提振行业信心活力。2022 年元旦跨年夜，《最忆韶山冲》15 秒精彩片段在长沙国金街 9 号入口处大屏上轮播，吸引了大量游客为这部剧奔赴韶山。2022 年元旦期间韶山接待游客 4.369万人次，实现旅游综合收入 1300 万元。

### （五）夜间旅游点亮消费

夜间旅游发展迈上新台阶，成为扩消费的利器。一是夜间文化旅游消费集聚区建设有突破。长沙市五一商圈、长沙市阳光壹佰凤凰街、湘西土家族苗族自治州凤凰古城旅游区、湘西土家族苗族自治州芙蓉镇景区四地入选2021年文化和旅游部公布的第一批国家级夜间文化和旅游消费集聚区名单。二是夜间旅游推动文化旅游产业韧性加强。在旅游总人数下降的情况下，2022年第一季度湖南省一些地市夜间旅游得到快速发展，人均消费和过夜游客人数逆向增加。如常德市过夜游客人数增长达12.54%，位居全省第一。三是夜间旅游使文化旅游产业复苏进程加快。2022年5月长沙夜经济迅速恢复，"郴州八点半·北湖不夜天""南岳七点半""夜游岳阳楼""湘西璀璨夜间民俗集市"等夜游活动纷至沓来，民众消费热情再度被点燃。

## 二 制约文化旅游加快复苏与高质量发展的因素

受新冠肺炎疫情和乌克兰危机叠加影响，湖南省文化旅游发展面临的需求收缩、供给冲击、预期转弱"三重压力"日益凸显。国内旅游暂停键与重启键被交替按下，入境游进入"冰期"，国内游、跨省游间或"熔断"，旅游人次和旅游收入呈现"过山车"式的变化。产业发展整体态势低迷，统计显示，2022年第一季度湖南省国内旅游总人次为7388.66万人，同比下降21.29%，国内旅游总收入为1102.91亿元，同比下降23.89%，复苏面临诸多瓶颈压制。

### （一）产品供需不畅，难使游客"心花怒放"

一是规模企业不多，产品品牌示范消费效应发挥的作用不明显。目前，湖南省尚无一家文化旅游企业进入全国30强，成长型的中小文化旅游企业和年营业收入2000万元左右的小微型文化旅游企业较少。不少旅游项目开发程式化、浅表化、同质化特征明显，具有全国标杆效应的旅游产品供给缺口大，难以满足游客高端化、个性化、品质化的需求。如张家界仍主打自然观光，人文旅游缺乏亮点、短板明显，高星级旅游酒店远不能满足增长的市场需要。二是"二次消费"项目亮点少，文化旅游产业链不完善。湖南省多数旅游景区仍以门票经济为主，"二次消费"整体较差。如湘赣边缺乏全

国叫得响的红色文化旅游品牌，大湘西地区民俗文化、南岳衡山福寿文化等普遍存在"二次消费"项目数量不多、质量不高、体验不优的问题。三是文化旅游管理机制及景区盈利模式创新不够。湖南省旅游行业创新不足、业务单一，普遍处于小、弱、散状态，基层管理者和从业人员创新意识和服务能力难以满足当前"互联网+"的业态发展新浪潮的需要，疫情防控也对文化旅游管理部门和景区处理危机事件的能力提出更高要求。

### （二）数字营销不够，难引游客"怦然心动"

一是营销策略相对落后。近年来线上订票、线上旅行社平台火爆，这给景区带来高流量曝光，将成为传播销售新常态。但湖南省内许多城市仍主要依靠传统媒介单向传播旅游品牌，借助互联网新媒体实现"叫好又叫座"的案例不多，湖南省迈入中国城市品牌传播指数百强市的仅有长沙、岳阳，在中部地区垫底，与成都、西安等地相比有较大差距。二是品牌传播缺少"用户思维"。旅游品牌与消费者亲密互动不够，品牌传播未能充分运用年轻人喜爱的方式，不了解"Z世代"群体需求，很少运用沉浸式体验方式推广。2022年4月景区品牌短视频影响力100强榜单，湖南只有3家入选，省内网红景点凤凰古城、张家界等均榜上无名，桃花源、梅山龙宫等在热门社媒上很少被提到。三是沉浸式场景推广不力。智慧文旅数字化平台缺乏分析预测大数据功能，无法为管理决策部门、企业提供数据支撑，不能为消费者提供个性化、可视化服务，平台作用难以发挥，难以适应文化旅游产业从传统走马观花式体验向全景式听、视、嗅、触觉交互深度体验转变的发展新趋势。

### （三）服务创新不足，难与游客"同频共振"

一是提前研判市场需求变化、主动转变旅游发展方式的统筹研究还不足。受疫情影响，人们的旅游出行意愿降低，入境游、出境游市场短期内难以恢复。疫情冲击下，人们大幅缩短行程，更多选择临时性旅游消费，两周以上的深度旅游占比大量减少，旅游模式从传统的"景区+"游乐模式转变为"酒店+"的度假休闲模式，人们以酒店为核心拓展露营、烧烤、萌宠、戏水等游乐项目。亟待根据消费新趋势，快速响应市场新需求，有针对性地出台一揽子刺激引导新型文化旅游消费的政策措施。二是提前分析消费者心理、主动引领顺应消费者文化旅游消费观念转变的统筹谋划还不足。疫情通过影响人们的生活观念，直接推动人们的消费观念、消费方式的深刻变革，推动健康旅游需求、家庭旅游需求的整体增加。调查显示，64%的受访者只想参加一家一团旅行，超过60%的受访者愿意重复前往同一目的地，48%的受访者需有专业讲解的人文旅行，私密出行、小团出行、定制化出行等消费新需求占比进一步提升，传统旅游大巴团占比减少，但省内文化旅游企业针对上述变化所做的转型升级、设施改进等准备明显不足。三是及时响应行业发展新趋势、加快转变管理服务理念的统筹部署还不够。个性化、定制化的消费需求必然会对文化旅游企业和从业人员服务品质和能力提出更高的要求。应更新文化旅游企业管理理念，加强从业人员培训，加大对住宿出行、餐饮卫生、安全应急等领域的投入，通过完善硬件设施、提升服务能力，打造更多湖南版的新疆新东方快车等爆款小众高端产品，带动湖南省文化旅游产业快速恢复增长。

## 三 文化旅游加快复苏与高质量发展的应对之策

### （一）示范引领：树立标杆，办好旅游发展大会

#### 1. 立标打样，"群雁高飞头雁领"

一是支持基础设施建设。围绕"办一次会、兴一座城"，支持举办地推进城市道路和老旧小区改造提升，提质改造农村道路，推进美丽乡村建设，使老旧村庄、传统村落重现古韵新貌。二是向重点项目倾斜。支持举办地以核心景区为引领，沿线旅游景观为要素，建设全域旅游示范片区。支持特色小镇和美丽乡村建设，把大会线路串联起来，围绕吃、住、行、游、购、娱等旅游要素打造精品项目。三是放大旅发效应。借助举办旅发大会机遇，集中出台"双招双引"、营商环境、公共服务等方面的政策措施，提升城市对

人才、投资的吸引力。

**2. 联动发展，"众人拾柴火焰高"**

一是高位推动。强化顶层设计，借鉴黑龙江、河北等省成功经验，建立湖南省旅发大会筹备举办的做法建设长效机制，省领导带头推动，各级党政机关及基层干部和人民群众齐动员、齐上阵，采取超常规措施推进各项工作落地。二是协力推动。强化省直部门与承办地城市协调配合，建立上下联动机制。建议省直部门和省属有关企业尽快落实支持首届旅发大会的项目和资金。三是融合推动。鼓励、引导全省其他有关文旅的展览、博览会的开展，如节庆活动、珠宝奇石、民族民俗、非遗传承、文体装备等各类会展，将资源、项目、人气集中向旅发大会承办地汇集。

**3. 做好乘法，"一业兴带百业旺"**

一是促进产业链延伸。推动旅游业产业链向上、下游产业延伸，如，以山地旅游带动户外装备制造业发展；以体育旅游带动体育培训业发展。二是推动景区资产化运作。通过 REITs 的方式和金融手段，促使景区对原来的资产进行重新确权、评估，加快信用等级的评定，把原来的模糊收益变成可预期、可量化的收益。建议在"湖南文化旅游产业投资基金"下设"湖南省旅游发展大会子基金"，专项支持旅发大会举办及相关产业项目发展。

## （二）思变求新：创新开发，转变文旅消费方式

**1. 创新开发"云旅游"消费方式**

一是大力开拓网络虚拟旅游制作新技术。尽快推动动态环境建模技术、立体显示和传感器技术、系统开发工具应用技术、实时三维图形生成技术、系统集成技术、三维图形高清数据实时传输和解码技术等新技术落地。二是大力推进景区融入网络虚拟旅游。建议政府出台引导政策，做好政策宣传，搭建好网络虚拟旅游共享平台，推动景区虚拟旅游场景制作。如湘西土家族苗族自治州可采用数字化技术全面重建、展示世界遗产——湘西永顺老司城。

**2. 创新发展"个性化"旅游业态**

一是创造个性化旅游新需求。构建以 A 级景区、旅游度假区、乡村旅

游、红色旅游等为主要载体的旅游产品供给体系，培育体育旅游、工业旅游、研学旅游、沉浸式体验等新业态。二是创新发展"她旅游"。建议借鉴江永抓住"她文字"流量密码打造女书习俗活动游的成功做法，在全省推出"女性密码""闺蜜情深"等创新体验活动，打造一批"女性文化主题游精品线路"。三是创新发展"网红打卡游"。借助小红书、抖音等进行网络裂变式传播，打造一批具有全国影响力且能够持续"长红"的地标式网红打卡地。

### 3. 创新发展"复合型"旅游消费

一是推动"旅游+文化+休闲"复合型消费。聚合旅游景区、乡村旅游示范点、特色民宿、自然风光、文旅生活、非遗、体育、美食、购物等资源，以攻略推荐、打卡的形式精选一批打卡点，邀请特约商户、金融机构共同推动"旅游+文化+休闲"等多维度深度融合。二是打造一批功能复合化的旅游景区。强化旅游、娱乐、文化、商务、人居等多元化现代服务功能，融合旅游、娱乐、文化、艺术、生态、环保、商业、教育等产业元素，打造一批功能复合化的旅游景区。

### 4. 创新发展"说走就走"旅游消费

一是创新发展预约旅游。顺应预约旅游发展新常态，推出文化旅游二维码服务，提供酒店、交通、门票、美食等线上一站式预约预订服务，实现线上预约、一码入场、一码消费，方便大众出游。二是搭建"云枢纽"。打造集机构入驻、票务销售、文化消费数据采集分析等多种功能于一体的一站式综合文化旅游消费平台，建设"云枢纽"。三是大力推动"云营销"。积极对文化旅游资源和产品进行数字化、网络化、智能化的开发和应用，建议提高文化旅游产品的供给质量和效率，打造"爆款商品"，有效促进旅游消费。

## （三）乘风破浪：顺势而为，打造数字文化旅游新风口

### 1. 打造文化旅游技术装备新风口

为满足我国 AR/VR 行业相关设备制造产业每年不少于 500 亿元的市场需求，建议大力发展网络虚拟旅游装备制造业，包括数据采集环节的无人

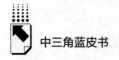

机、车载或机载的激光扫描仪、全息摄像机、动作捕捉器等各式数据采集和存储设备等。

**2. 建立国际高标准露营基地新风口**

根据各地的自然、文化资源禀赋，建议在全省建立 50 个左右各具特色的"营地+"模式目的地，构建以点带面、重点突出、层次分明、独具特色的露营休闲旅游体系。由政府平台牵头，成立专门的产业基金来推动露营基地基础设施建设。以产业基金为引导，专门建立露营休闲旅游装备制造产业园，逐步培育露营休闲旅游装备湖南制造产业基地。

**3. 打造沉浸式体验旅游产品开发新风口**

针对疫情防控时期旅游主体的新需求，建议运用人工智能、VR/MR/AR等视频、声光电、新料等科技成果，将多年积淀的红色文化、时尚文化和历史文化进行故事化开发，融入自然山水、城市历史和乡村生活空间，转化为研学、研习、休闲、游戏、角色表演等各种沉浸式、智能化、场景化、参与式的"第二人生"文化主题型旅游产品。

### （四）春风拂面：政策合力，营造良好发展环境

**1. 尽快出台"疫情保险"类保护性政策，分担经营风险，让旅游企业有可持续的生存空间**

根据国务院和银保监会要求，积极发展财产保险、责任保险业务，创新保险产品，丰富文化旅游市场主体的风险分散渠道。提升防疫政策的友好性、稳定性和透明度。一是推出旅行社的"疫情熔断险"。省内旅行社在购买疫情熔断险后，一旦遇到疫情导致的行程取消的情况，可获得因行程取消所产生的交通、食宿等基本费用损失部分，获得兜底保障，降低经营风险，提升成团的可能性。二是尽快启动使用保险缴纳旅游服务质量保证金试点工作。试点购买的旅游服务质量保证保险，可代替其支付旅游服务质量保证金。旅行社支付较小金额的保险费购买旅游服务质量保证保险后，可用保险来代替其缴纳较大金额的旅游服务质量保证金，以减轻其资金压力，提高资金使用效率。

2. 建议以提升"湖南文化旅游软实力"为核心，打造新产品，发展新业态，培育新企业

以业态创新和消费创新为导向，鼓励政府投资和市场化能力型团队结合，洞察新需求，为疫情防控时期旅游市场的全面复苏和高质量转型提供支撑。完善国有资产监管体制，支持社会资本以混合所有制改革方式参与国有景区体制改革。依托重点项目，着力培优培强一批文化旅游企业（集团），重点培育 30 个文化创意产业和精品旅游产业"雁阵型"集群，遴选培育 10 家支撑带动力强的文化旅游领军企业纳入集群领军企业库，给予其重点支持。

3. 推进职能部门的紧密协同

建议文旅、教育部门会同卫健、疾控部门，在确保疫情防控安全的前提下，深入研究学生假期出行的相关政策；加大研学旅行扶持力度，大力发展本地研学，支持旅行社从事研学服务；鼓励政府资金为企业招聘的旅游应届生提供就业补贴，促进应届大学生就业、避免人才流失。

# B.7

# "双碳"背景下江西传统制造业
# 绿色低碳转型研究

江西省社会科学院课题组*

**摘　要：** 传统制造业是江西经济发展的支柱产业，在如期实现全省碳达峰碳
中和目标背景下，江西不断加快传统制造业绿色转型，取得了许多
成效，绿色产业和绿色技术不断完善，能源结构持续优化，绿色制
造体系初步形成，能源利用效率显著提升和资源综合利用效率明显
提高。同时，江西传统制造业产业结构重型化现象仍然存在，高耗
能产业占比相对较高；重点工业产品绿色设计能力较弱，自主品牌
占比明显偏低；能源消费总量整体上涨，以煤炭为主的能源消费结
构尚未改变；粗放型经济增长方式依然存在，资源利用效率与发达
地区仍有差距等问题仍然存在。提出加快江西传统制造业结构减碳、
能源低碳、技术降碳、智能排碳和管理节碳的绿色转型建议。

**关键词：** 制造业　碳达峰碳中和　产业升级　高质量发展　绿色发展

近年来，江西省委提出，要科学合理、有序有效推进碳达峰碳中和战略
实施，加快传统产业高端化、智能化、绿色化、融合化、服务化转型，打造

* 课题组组长：龚剑飞，江西省社会科学院副院长、研究员，主要研究方向为宏观政策。课题
组副组长：麻智辉，江西省社会科学院经济研究所所长、研究员，主要研究方向为区域经
济。课题组成员：黄春，江西省社会科学院经济研究所副研究员，主要研究方向为生态经
济；郑雅婷，江西省社会科学院经济研究所助理研究员，主要研究方向为产业经济；李华
旭，江西省社会科学院经济研究所助理研究员，主要研究方向为产业经济。

全面绿色转型发展的引领之地、标杆之地、示范之地。传统制造业是江西经济发展的支柱产业，如何在"双碳"背景下，探索加快江西传统制造业结构减碳、能源低碳、技术降碳、智能排碳和管理节碳的绿色转型路径，对于如期实现全省碳达峰碳中和目标，促进江西经济高质量跨越式发展具有战略意义。

# 一 江西传统制造业绿色转型升级取得的成效

"十三五"期间，江西大力发展绿色制造业，绿色产业和绿色技术不断壮大，能源结构持续优化，绿色制造体系初步形成，能源利用效率和资源综合利用效率显著提升，截至2020年，绿色制造业主营业务收入接近2300亿元，以南昌为核心，以萍乡、赣州、九江、新余、宜春、抚州为重点区域的"一核六区"节能环保装备制造业集聚区逐步形成。

## （一）绿色产业和绿色技术不断完善

一是产业结构不断优化。2017~2021年，江西战略性新兴产业、高新技术产业增加值占规模以上工业增加值比重逐年上升，2021年战略性新兴产业、高新技术产业增加值占规模以上工业增加值比重分别为23.2%、38.5%，比2017年分别提高8.1个百分点、7.6个百分点（见表1）。江西初步建立了依法依规推动落后产能退出长效机制，钢铁去产能目标提前完成，钢铁、水泥行业落后产能已全部退出。

二是绿色技术广泛应用。"十三五"期间，江西有1项国家绿色数据中心先进适用技术、7项工业节能技术、20项工业节能装备被列入《国家工业节能技术装备推荐目录》，6项工业产品被列入《"能效之星"产品目录》，6家环保装备规范条件企业被列入国家名单，认定了21项省级工业节能产品。在钢铁行业，蓄热式加热炉技术、高炉炉顶煤气压差TRT发电技术、干熄焦CDQ发电技术等新技术得到广泛应用；在水泥行业，纯低温余热发电、变频节电等新技术得到广泛应用；旧电机永磁化再制造技术、废旧

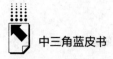

电池无害化处理技术、大螺旋角无缝内螺纹铜管制造技术、干法高强陶瓷研磨体制备及应用技术等取得突破性进展并已得到广泛应用。

表1　2017~2021年江西战略性新兴产业、高新技术产业增加值占规模以上工业增加值比重

单位：%

| 年份 | 战略性新兴产业增加值占比 | 高新技术产业增加值占比 |
|---|---|---|
| 2017 | 15.1 | 30.9 |
| 2018 | 17.1 | 33.8 |
| 2019 | 21.2 | 36.1 |
| 2020 | 22.1 | 38.2 |
| 2021 | 23.2 | 38.5 |

资料来源：历年《江西省国民经济和社会发展统计公报》。

### （二）能源结构持续优化

2010~2020年，江西不断优化能源结构，新能源占能源消费总量的比重逐年上升，其中，2020年，天然气占能源消费总量的比重是2010年的3.8倍，水电风电占能源消费总量的比重是2010年的1.8倍。煤炭和石油占能源消费总量的比重整体呈下降趋势，2020年煤炭占能源消费总量的比重较2010年降低了8.1个百分点（见表2）。

表2　2010~2020年江西省能源消费总量及构成情况

单位：万吨标准煤，%

| 年份 | 能源消费总量 | 占能源消费总量的比重 | | | |
|---|---|---|---|---|---|
| | | 煤炭 | 石油 | 天然气 | 水电风电 |
| 2010 | 6280.6 | 71.0 | 16.3 | 1.0 | 4.7 |
| 2011 | 6847.1 | 74.0 | 15.6 | 1.2 | 4.1 |
| 2012 | 7148.3 | 69.5 | 15.8 | 1.9 | 6.8 |
| 2013 | 7582.9 | 70.5 | 17.5 | 2.4 | 5.4 |
| 2014 | 8055.4 | 68.0 | 16.9 | 2.5 | 5.4 |
| 2015 | 8423.4 | 66.6 | 17.5 | 2.7 | 7.4 |
| 2016 | 8730.1 | 65.2 | 17.6 | 3.0 | 8.1 |

| 年份 | 能源消费总量 | 占能源消费总量的比重 | | | |
|------|------|------|------|------|------|
| | | 煤炭 | 石油 | 天然气 | 水电风电 |
| 2017 | 8971.9 | 64.4 | 18.1 | 3.1 | 7.5 |
| 2018 | 9285.7 | 64.4 | 18.5 | 3.5 | 6.7 |
| 2019 | 9665.2 | 62.4 | 18.7 | 3.4 | 8.6 |
| 2020 | 9808.6 | 62.9 | 16.9 | 3.8 | 8.5 |

资料来源：历年《江西统计年鉴》。

## （三）绿色制造体系初步形成

一是绿色制造主体不断壮大。截至 2020 年，江西共有国家级绿色工厂 58 家，居全国第 11 位，超过福建（55 家）、贵州（25 家）两个生态文明试验区；国家级绿色园区 10 家，居全国第 3 位，绿色设计产品 16 个、绿色供应链企业 2 家、绿色设计示范企业 4 家，创建省级绿色工厂 104 家、绿色园区 23 家、绿色供应链企业 2 家，绿色制造系统集成及绿色制造系统解决方案供应商项目 19 个，江西绿色发展理念已渗透工业全领域全过程。

二是绿色制造服务体系不断完善。截至 2020 年，江西共培育了 100 余家第三方服务机构，2 家研究机构被列入工信部"工业节能与绿色发展评价中心"，10 项工业节能与绿色标准研究项目被列入国家名单。绿色制造服务机构的壮大，为制造业绿色转型发展提供了坚实的保障。

## （四）能源利用效率显著提升

一是工业节能降耗成效显著。"十三五"期间，江西规模以上单位工业增加值能耗累计下降 21.4%，江西超额完成能耗下降 18% 的工业节能目标任务，并在全国率先实现了对重点行业、重点企业、重点产品、重点工序以及重点设备能耗指标电算化和自动对标，现已初步建成覆盖 11 个设区市、重点用能企业的工业能耗在线监测平台。

二是清洁生产水平明显提升。"十三五"期间，江西先进适用清洁生产

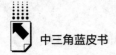
工艺及装备基本普及，重点行业主要污染物排放强度明显减弱，236 家企业自愿完成清洁生产审核，投入清洁生产改造资金 6.04 亿元，实施清洁生产中高费方案 510 个，实现节能 978.83 万吨标准煤，实现节水 1595.08 万吨，化学需氧量减排 1228.25 吨，氨氮减排 749.58 吨，二氧化硫减排 418.14 吨，粉尘减排 251.08 吨。

### （五）资源综合利用效率明显提高

一是重点行业工业固废实现循环利用。"十三五"末，江西省制造业一般工业固废综合利用率约 95%，较 2015 年提高约 5 个百分点。粉煤灰、冶炼渣、炉渣、化工废渣等制造业一般工业固废基本实现了变废为宝，主要钢铁企业二次含铁尘泥、水渣、钢渣利用率接近 100%。

二是产业集聚助力资源利用效率提升。丰城市、新余市高新区、萍乡市和赣州市被列入国家工业资源综合利用基地建设名单，31 家企业入选再生资源综合利用行业规范企业名单，41 个再制造产品入选国家目录。成立全国第一家新能源汽车动力电池回收利用协会，初步建成新能源汽车动力电池回收利用体系。

## 二 "双碳"背景下江西传统制造业绿色转型中存在的问题

### （一）产业结构重型化现象仍然存在，高耗能产业占比相对较高，产业发展类型处于碳达峰碳中和劣势

一是从产业结构来看，江西省第二产业增加值占 GDP 比重长期高于全国平均水平。工业发展对能源有较强的依赖性，经测算，第二产业的万元产值能耗是第一、第三产业的 4 倍以上，江西省工业能源消费占能源消费主导地位，"十三五"期间，江西工业能源消费占能源消费总量的 60%~70%。近年来，江西第二产业增加值占 GDP 比重虽有所下降，但是仍然达到 40% 以上，2021 年江西第

二产业增加值占 GDP 比重为 44.5%，高出全国平均水平 5.1 个百分点；第三产业增加值占 GDP 比重为 47.6%，低于全国平均水平 5.7 个百分点。二是从第二产业内部结构来看，呈现重型化产业结构特征。江西省制造业总体上处在价值链中低端，产业层次偏低，传统的高耗能产业比重较大。2021 年，江西规模以上工业 15 个行业中除电子信息、新能源、新材料、航空、软件等 5 个行业外，其他 10 个行业都是传统产业，同时战略性新兴产业增加值占规模以上工业增加值比重为 23.2%，比重偏低。2021 年江西省高耗能产业增加值占规模以上工业增加值的比重为 40.6%，高于湖南的 30.2%、河南的 38.3%；而高耗能产业单位工业增加值能耗水平是工业平均水平的 1 倍以上，江西省能源消费主要集中在石油加工及炼焦业、化学原料及化学制品制造业、非金属矿物制品业、黑色金属冶炼及压延加工业、有色金属冶炼及压延加工业以及电力、热力的生产和供应业六大高耗能行业，2020 年江西高耗能产业能源消费量达到 5060 万吨标准煤，占全部工业能源消费总量八成以上。2021 年江西规模以上工业中的六大高耗能行业综合能源消费量 5221.68 万吨标煤，比 2020 年增长 1.6%。

2010 年及 2015~2020 年江西主要高耗能产业能源消费量见表 3。

**表 3　2010 年及 2015~2020 年江西主要高耗能产业能源消费量**

单位：万吨标准煤

| 产业类别 | 2010 年 | 2015 年 | 2016 年 | 2017 年 | 2018 年 | 2019 年 | 2020 年 |
|---|---|---|---|---|---|---|---|
| 煤炭开采和洗选业 | 219.43 | 100.16 | 76.03 | 44.77 | 33.78 | 39.48 | 26.80 |
| 黑色金属矿采选业 | 32.33 | 37.26 | 30.42 | 19.42 | 15.38 | 14.55 | 14.59 |
| 有色金属矿采选业 | 38.53 | 37.14 | 33.15 | 29.92 | 98.11 | 97.21 | 83.47 |
| 非金属矿采选业 | 45.57 | 52.76 | 53.66 | 48.84 | 44.96 | 61.65 | 58.99 |
| 石油加工及炼焦业 | 236.28 | 229.37 | 298.43 | 210.17 | 237.98 | 265.17 | 249.42 |
| 化学原料及化学制品制造业 | 309.13 | 349.83 | 380.98 | 414.55 | 209.02 | 234.33 | 233.42 |
| 化学纤维制造业 | 25.87 | 59.59 | 89.28 | 52.32 | 69.01 | 68.72 | 82.23 |
| 橡胶和塑料制品业 | 39.22 | 55.29 | 52.25 | 56.89 | 55.08 | 66.42 | 90.22 |
| 非金属矿物制品业 | 1313.16 | 1633.25 | 1567.65 | 1517.14 | 1544.48 | 1526.42 | 1668.60 |
| 黑色金属冶炼及压延加工业 | 1002.98 | 1461.89 | 1337.34 | 1365.14 | 1370.46 | 1354.71 | 1372.98 |
| 有色金属冶炼及压延加工业 | 287.01 | 409.79 | 399.18 | 471.83 | 263.25 | 275.95 | 248.33 |
| 金属制品业 | 26.45 | 57.95 | 50.08 | 50.34 | 129.22 | 135.06 | 118.47 |
| 电力、热力的生产和供应业 | 408.51 | 405.78 | 450.90 | 520.58 | 856.53 | 856.43 | 812.77 |

资料来源：历年《江西统计年鉴》。

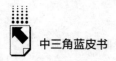
（二）重点工业产品绿色设计能力较弱，自主品牌占比明显偏低，部分关键技术和设备遭遇"卡脖子"问题

一是江西绿色技术研发投入不足、绿色技术瓶颈影响工业能源资源的高效合理利用。科技进步和绿色设计研发创新能够促使装置规模大型化和节约化，进而降低终端能源的消耗水平，但江西绿色技术研发能力较弱，尤其是技术研发投入不足，这是制约工业能源资源的高效合理利用的关键因素。2021年江西省研发经费支出占GDP的比重为1.8%，不足2.0%，比全国平均水平低0.64个百分点；2021年全省技术合同成交金额414亿元，仅为湖北的19.6%、湖南的32.8%。在工业产品的绿色设计能力上更为薄弱，以江西省新能源产业为代表的制造业核心和关键技术仍依赖于国外进口，面临"卡脖子"困境。以太阳能为例，主要原料高纯多晶硅95%依赖进口，核心设备缺乏自主掌控权且技术基本被国外垄断。二是江西工业企业自主创新能力薄弱，绿色技术创新主体明显匮乏。2020年江西规上工业企业中研发人员合计14万人，仅占全国比重的3.8%。在规模以上工业企业中，开展创新活动的企业占比、开展研发活动企业占比、设立研发机构的企业占比等多项指标不仅低于东中部先进省市，有的还低于全国平均水平。同时，全省多数工业企业对创新动力的培育有限，拥有自有品牌、自主知识产权的工业企业较少。三是江西缺乏国家级大院大所技术，高等教育资源短板突出，人才储备不足，工业绿色持续创新的动力不够强劲。2020年江西普通高校105所，在校生124.2万人，占全国比重为2.97%；全省研究生毕业生1.3万人，仅为湖南省的52%；高等教育毛入学率仅为52%，比全国平均水平低2.4个百分点。从未来一段时期看，江西自主创新能力不强、技术研发水平不高和人才储备不足等问题将继续影响能源资源的高效合理利用。

（三）能源消费总量整体上涨，以煤炭为主的能源消费结构尚未改变，面临较大的碳达峰碳中和压力

一是全省能源消费与国家核准的能耗增量矛盾突出。江西能源储量相对

匮乏，但能源消费总量整体呈上涨趋势，从 2010 年的 6280.6 万吨标准煤上升至 2020 年的 9808.6 万吨标准煤，能源消费涨幅达 56.2%。但是国家下达的新增能耗指标逐年下降，国家核准江西省"十三五"时期能耗增量为 1385 万吨标准煤，较"十二五"时期减少 6615 万吨标准煤；国家核准江西省"十四五"时期新增能耗 900 万吨标准煤，较"十三五"时期减少了 485 万吨标准煤。二是能源消费结构未发生根本性改变。煤炭消费在江西工业能源消费中处于主导地位，这导致"高碳排放"的特征明显，能源利用效率不高。2020 年江西煤炭占能源消费总量的比重达到 62.9%，经测定，与天然气和石油相比，煤炭利用效率最低，天然气的热效率可达 75% 以上，石油的热效率达 65% 左右，而煤炭的热效率却只有 40%。江西非化石能源消费占能源消费总量的比重为 14%，低于全国平均水平 1.8 个百分点。从一次电力看，江西的一次电力比重低，2020 年江西规模以上工业水电、风电、太阳能发电等一次电力生产占全部发电量比重为 12.1%，比全国平均水平低 16.7%；从二次电力看，江西火电用煤比重持续提高，2020 年规模以上工业火力发电量 1160.81 亿千瓦时，比 2015 年增长 50.3%，江西以火电为主的工业生产和消费结构将对碳达峰任务的完成造成压力。

## （四）粗放型经济增长方式依然存在，资源利用效率与发达地区仍有差距，单位工业增加值能耗较高

一是工业企业规模普遍偏小，规模经济效应难以发挥。多年来，受市场、体制等多种因素的影响，江西经济发展还没有完全改变"高投入、高消耗、高排放、低效率、低效益"的粗放型经济增长方式，江西工业经济规模小、难以形成规模经济，江西整体资源的集聚程度、资源的再配置能力和经济增长方式的集约程度都不高。2021 年，江西省传统产业规模以上工业企业占比达 70% 以上，而在这些规模以上工业企业中 85% 以上是小微型企业，其主要耗能装备技术水平较低，技术、工艺水平落后，生产规模小、生产集中度低，难以产生规模效应，能源利用中间环节损失量大，能源消耗水平相对较高。二是江西工业增加值能耗、单位 GDP 电耗虽然低于全国平均水平，但高于国

内先进省份平均水平。2021年全省规模以上工业综合能源消费量6103.2万吨标准煤，增长2.9%；万元规模以上工业增加值能耗下降7.6%，但工业增加值能耗仍高于江苏、福建、广东等发达省份。2021年，江西单位GDP电耗为628.97千瓦时/万元，高于湖南的467.84千瓦时/万元，湖北的494.27千瓦时/万元，河南的619.32千瓦时/万元。可见，江西能源综合利用效率不仅低于部分发达省份，也低于中部多数省份。

## 三 "双碳"背景下加快江西传统制造业绿色转型的对策建议

### （一）结构减碳，构建低碳循环的绿色制造业体系

一是加快传统制造业的碳达峰顶层设计。加快设计工业碳达峰路线图，明确能源、钢铁、建材、石化、有色金属等行业的主要碳排放生产工序，提出降碳和碳达峰实施路径和产能控制政策，以节能降碳为导向修订江西省重点产业支持目录，制定重点行业碳排放强度标准。积极发展绿色信贷、能效信贷，建立工业绿色发展指导目录和项目库，完善江西《绿色债券支持项目目录》中对于工业绿色发展支持领域的条目制定。二是加快推进传统产业绿色低碳转型。严格控制高耗能行业新增产能，对于高耗能高排放项目严格落实产能等量或减量置换，对"两高"项目实行清单台账管理，大力淘汰落后产能、化解过剩产能、优化存量产能，加强产能过剩分析预警和窗口指导。推进江西省高耗能企业积极构建上下游紧密结合的一体化产业链，继续推进全省高耗能产业基地和产业园区向基地化、规模化、清洁化、一体化发展，形成聚集发展的减碳模式。三是壮大战略新兴产业。实施产业基础再造工程，提升产业基础能力，加快引导市场主体发展低耗能低排放产业，全面提升全省电子信息产业、航空、装备制造、新能源和新材料等战略新兴产业的产业链水平，健全绿色低碳产业体系，建设现代化和高级化的绿色低碳产业链、创新链和供应链。

## （二）能源低碳，构建清洁低碳安全高效的能源体系

一是强化多元清洁的能源供给体系建设。加快优化江西省能源结构，做好能源发展长期规划，推动光伏、风电、生物质能等可再生能源替代行动，加强能耗总量和强度双控管理，严格控制煤炭、油、气等化石能源消费，加快构建适应高比例可再生能源发展的新型电力系统，推进江西省清洁能源从补充性能源升级为主要增量能源，建成多元清洁的能源供给体系。二是推进高碳能源低碳化。积极推动江西省煤炭由分散利用向集中利用、由燃料利用向原料利用、由一次利用向二次利用的"三大转变"，积极探索煤炭转化与可再生能源的碳捕集利用等耦合利用，推进煤电机组节能降碳改造，发展节能和环境治理新技术，优化煤制甲醇、烯烃、乙二醇等工艺路线，推动资源循环利用，壮大节能环保低碳产业，全面加快推进以非化石能源或可再生资源驱动的循环性零碳江西制造业的变革性重构。三是完善清洁能源消纳长效机制。加快电网基础设施升级改造，深化能源体制改革，健全电力供需平衡预警机制，完善有利于清洁能源消纳的市场机制。探索"新能源+储能"发展模式，壮大节能环保低碳产业，推动低碳能源替代高碳能源、可再生能源替代化石能源。

## （三）技术降碳，全面提升资源能源利用效率

一是加强绿色技术的研发创新。加大对超低排放、资源循环利用、传统能源清洁高效利用等绿色制造技术的研发投入，持续强化对江西省关键材料、仪器设备、核心工艺、工业控制装置等重点领域的绿色技术创新的全产业链条支持，着力突破能效提升、智能电网、CCUS等"卡脖子"的关键技术和共性技术，加强新型基础设施节能降碳，探索低成本碳捕集封存、二氧化碳资源化转化利用等主动降碳和生产过程降碳路径。加快电子信息技术与清洁能源产业融合创新，包括新型储能电池、智能光伏产业等；支持绿色低碳装备装置、仪器仪表和控制系统研发创新，提升重点领域能源利用效率。二是优化绿色技术创新支撑环境。加快培育绿色技术创新龙头企业和典型示

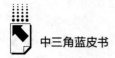

范企业，发挥绿色技术创新市场化示范效应。支持行业龙头企业联合科研院所、高等院校和中小企业组建绿色技术创新项目孵化器和创新联合体，持续强化对江西省重点领域绿色技术创新的全产业链条支持。实施产业关键共性技术攻关专项行动，积极培育一批专精特新"小巨人"企业和制造业单项冠军企业。搭建分级区域性的绿色信息共享平台，创新"产学研金介"多方合作模式。完善江西绿色技术创新成果转化机制，建立省级绿色技术成果转移转化市场交易体系，完善绿色技术创新成果评价和管理制度，加快创新成果应用和产业化，加快在全省范围构建国家级绿色制造研发创新中心和绿色制造推广应用基地。三是加强减碳、零碳和负碳技术综合性示范。推动钢铁、有色金属、石化、建材、纺织等重点领域的绿色化改造提升，推广应用一批先进适用绿色技术，加强电力需求侧管理，引导企业使用可再生能源，试点可再生能源"碳中和"园区。打造绿色园区、绿色工厂、绿色供应链等示范工程，推行绿色制造、共享制造、智能制造，探索形成"厂房集约化、原料无害化、能源低碳化、环境宜居化"这种可复制推广的江西绿色工厂模式。鼓励企业全方位推进绿色工艺创新，推动工业企业利用废污水、雨水等进行节水减污技术改造，建设一批工业节水标杆园区。鼓励企业推动水、气、固体污染物资源化、无害化利用，促进"零碳"项目产业化发展，健全生态循环价值链，开展碳达峰试点园区建设。

### （四）智能排碳，营造绿色智造发展新生态

一是数字技术赋能制造业全链条改造。强化数字技术引领工业绿色发展，鼓励企业、园区实施全流程、全生命周期精细化管理，打造"零碳智慧产业园"。推广标准化的"工业互联网+绿色制造""制造业集群+人工智能"解决方案，打造全行业、全链条数字化应用场景，发展基于"互联网+""智能+"的回收利用与共享服务新模式，释放数字化、智能化、绿色化叠加倍增效应。二是探索精准测碳、综合评碳的智慧化方案。打破能源行业数据壁垒，搭建全省线上工业碳平台，在平台设置区县、行业、企业视角模块，推进全省制造业"碳排指数"等监测信息全景展示。积极创建碳账户、

碳画像，构建江西省工业碳效智能对标体系（"碳效码"），尝试搭建"碳效码+企业码"等个性化综合应用场景，将环境信息强制性披露纳入绿色制造评价体系，探索将行业与企业碳效评价结果与排污权等资源要素分配有机结合的模式，引导传统制造业企业开展碳排放交易。三是推进综合能源智慧化管理。加快打造全省绿色工业数据中心、能源数字经济平台，构建综合能源供应体系，促进各级运营在线监控与辅助决策、产业与生态协同发展，打造"零碳智慧产业园"。建立全省工业企业温室气体排放信息平台，强制高耗能、高污染企业披露环境信息，支持将环境信息纳入企业信用评级。

## （五）管理节碳，全面完善绿色制造体系

一是强化绿色制造标杆引领。加快出台省级绿色制造体系管理办法，高质量推进绿色工厂、绿色工业园区、绿色供应链建设以及绿色设计产品生产。在全省范围遴选符合绿色发展要求的产品、工艺技术装备和突破工业绿色技术瓶颈的解决方案，建立工业绿色发展指导目录和项目库。完善绿色制造名单的常态化、动态化管理机制，探索开展星级评价的路径。二是完善绿色制造标准体系。建立生态系统碳汇监测核算体系，完善绿色设计产品、绿色工厂、绿色工业园区和绿色供应链评价标准体系，加快构建全省工业企业碳核算方法、算法和数据库体系，率先对江西省绿色化改造重点行业、绿色工业园区、先进制造业集群等进行动态式碳核算。制修订一批低碳、节能、节水、资源综合利用等重点领域标准及关键工艺技术装备标准，建立绿色低碳标准采信机制。三是健全绿色制造服务体系。完善绿色制造公共服务平台和第三方服务机构，面向重点领域提供咨询、检测、评估、认定、审计、培训等一揽子服务。引导江西省企业构建数据支撑、网络共享、智能协作的绿色供应链管理体系，在重点行业打造一批绿色供应链，开发推广"易包装、易运输、易拆解、易重构、易回收"的绿色产品谱系。培育一批绿色制造服务供应商、流程再造等新型专业化服务机构，提供产品绿色设计与制造一体化、工厂数字化绿色提升、服务其他产业绿色化等智能制造系统解决方案。

## 参考文献

《打造全面绿色转型发展引领之地、标杆之地、示范之地》，《理论导报》2021年第11期。

《关于完整准确全面贯彻新发展理念做好碳达峰碳中和工作的实施意见》，《江西日报》2022年4月6日。

《江西省工业和信息化厅关于印发江西省"十四五"工业绿色发展规划的通知》，江西省人民政府网站，2021年11月16日，http：//www.jiangxi.gov.cn/art/2021/11/22/art_5006_3754927.html。

王一鸣：《碳达峰碳中和目标下中国的绿色低碳转型：战略与路径》，载国家电力投资集团有限公司、中国国际经济交流中心主编《低碳发展蓝皮书：中国碳达峰碳中和进展报告（2021）》，社会科学文献出版社，2021。

梁鹏：《数字技术助力碳达峰碳中和的路径和建议》，载国家电力投资集团有限公司、中国国际经济交流中心主编《低碳发展蓝皮书：中国碳达峰碳中和进展报告（2021）》，社会科学文献出版社，2021。

刘小鸽：《大力发展绿色低碳产业的政策建议》，载国家电力投资集团有限公司、中国国际经济交流中心主编《低碳发展蓝皮书：中国碳达峰碳中和进展报告（2021）》，社会科学文献出版社，2021。

# B.8
# 江西构建环境治理与生态保护
# 市场体系的制度创新研究

曹立斌*

**摘　要：** 江西作为国家生态文明试验区，进行生态文明制度创新是其重要的试验目标之一。环境治理与生态保护市场体系是生态文明制度体系的重要组成部分。在实践探索中，江西构建起了结构比较完整的环境治理与生态保护市场体系。第一是培育相应的市场主体，使其作为市场的基本参与者；第二是完善相应的市场化机制，使其作为市场主体开展活动的舞台；第三是健全绿色金融服务体系，使其作为市场运行的助力和润滑剂。在生态文明试验区的创建中，江西的探索积累了一系列可资借鉴推广的经验。

**关键词：** 环境治理　生态保护　市场体系　生态文明

环境治理与生态保护市场体系是生态文明制度体系的一个重要组成部分。深化改革是加快生态文明建设的基本动力，能够促进更充分地发挥市场在资源配置中的决定性作用和更好地发挥政府的作用，推动有效市场和有为政府的更好结合，① 既是生态文明制度体系建设的题中之义，也是江西生态

---

\* 曹立斌，博士，东华理工大学经济与管理学院讲师，主要研究方向为人口与区域发展。
① 《中国共产党第十九届中央委员会第五次全体会议公报》，中国政府网，2020 年 10 月 29日，http://www.gov.cn/xinwen/2020-10/29/content_ 5555877. htm。

文明试验区作为生态环境保护管理制度创新区的建设使命。① 在试验区建设的探索中，江西省着力解决市场主体社会参与度不高和市场体系发育滞后等问题，加快培育环境治理与生态保护市场主体，完善市场交易制度，建立体现生态环境价值的制度体系，努力构建政府、企业和社会共同参与的环境治理与生态保护新格局。环境治理与生态保护市场体系在探索中更加完善，与绿色发展政策体系、绿色共治共享体系一起，构成促进江西经济社会发展全面绿色转型、建设人与自然和谐共生的现代化的新路径。

# 一 培育环境治理与生态保护市场主体

培育有活力的环境治理与生态保护市场主体是适应引领经济发展新常态、发展壮大绿色环保产业、培育新的经济增长点的现实选择，也是环境治理由以往的单纯依靠政府推动转变为政府推动与市场主动相结合的客观需要。②

## （一）试验基础

随着改革进入深水区，环境治理领域市场化进程明显加快，市场主体不断壮大，但综合服务能力偏弱，创新驱动力不足，市场中恶性竞争频发，加之执法监督不到位、政策机制不完善、整体不规范等问题，影响了市场主体的积极性，巨大的市场潜力未能得到有效释放；生态保护领域公益性、外部性较强，交易机制不明晰，市场体系仅处于起步探索阶段；在治理与保护均不够充分的条件下，生态产品供给能力明显不足，生态产品价值实现途径也有待进一步开发。③ 基于上述问题，加快培育环境治理与生态保护市场主体，构建统一、

---

① 《中共中央办公厅 国务院办公厅印发〈国家生态文明试验区（江西）实施方案〉和〈国家生态文明试验区（贵州）实施方案〉》，中国政府网，2017 年 10 月 2 日，http://www.gov.cn/zhengce/2017-10/02/content_ 5229318.htm。

② 《发展改革委 环境保护部关于印发〈关于培育环境治理和生态保护市场主体的意见〉的通知》，中国政府网，2016 年 9 月 22 日，http://www.gov.cn/gongbao/content/2017/content_ 5203627.htm。

③ 陈丽媛：《长江中游城市群生态产品价值实现的实践探索》，张忠家、秦尊文主编《中三角蓝皮书：长江中游城市群发展报告（2021）》，社会科学文献出版社，2021。

公平、透明、规范的市场环境，推进供给侧结构性改革，提供更多优质生态环境产品成为生态文明建设的基本背景要求。

江西省将建立社会资本投入生态环境保护的引导机制作为市场主体培育的核心内涵。创新生态文明建设投融资机制，一方面扩大政府投入，另一方面积极引入社会资本，加快培育环境治理与生态保护市场主体。推行环境治理与生态保护的新兴模式，推进有关管理单位向独立核算、自主经营的企业转变。

## （二）主要内容

《江西省环境治理和生态保护市场化改革指导意见》是江西在培育生态环保市场主体，引导社会资本投入生态环保领域的基础指导性文件，对加快培育环境治理与生态保护市场主体提出了总体要求，并为其树立了基本原则。

### 1. 树立引导社会资本投入生态环境保护的基本原则

建立社会资本投入生态环境保护引导机制的基本原则有四条。一是以政府为引导，企业为主体。让市场在资源配置中发挥决定性的作用，让企业市场主体得到培育和壮大，让环境公共服务效率得到提高，从而形成多元化的环境治理体系。二是法规约束，政策激励。健全法律法规，强化执法监督，规范和净化市场环境，政府要发挥规划引导、政策激励和工程牵引作用，调动各类市场主体参与环境治理与生态保护的积极性。三是创新驱动，能力提升。鼓励污染治理和环境保护的技术与模式创新，提高区域化、一体化服务能力。四是示范引领，逐步深化。推进生态保护领域市场化，鼓励国有资本加大投入，探索建立吸引社会资本参与的机制。

### 2. 推行市场化环境治理模式

创新企业运营模式。在市政公用领域，推行特许经营等模式。在工业园区和重点行业，推行污染第三方治理模式，研究发布第三方治理合同范本。

推行综合服务模式。实施环保领域供给侧改革，推广基于环境绩效的整体解决方案、区域一体化服务模式。推动政府由过去购买单一治理项目服务

向购买整体环境改善服务方式转变。鼓励企业提供定制化、有针对性的综合性整体解决方案。在生态保护领域，探索提供政府购买必要的设施运行、维修养护、监测等服务。

发挥政府资金引导带动作用。在划清政府与市场边界的基础上，将环境治理与生态保护列入各级财政保障范畴。发挥政府资金的杠杆作用，采取多种方式，调动社会资本参与环境治理与生态保护项目建设的积极性。

### 3. 引入新的国有资本配置方式

成立环境治理与生态保护领域的国有资本投资公司。探索设立具有核心竞争力的国有资本投资公司。以其为平台，推进资产重组、股权多元化，发挥国有企业原有的技术优势，提高国有资本效率。

推进国有资本开展混合所有制改革。按业务属性和市场竞争程度，分类推进国有资本与各类资本的股权合作，吸引各类社会资本进入。鼓励在项目层面实行混合所有制，在确保对战略性资源的控制的基础上，引导社会资本参与环境治理与生态保护项目建设。

### （三）基本成效

市场主体是环境治理与生态保护领域中独立的参与者。通过市场主体的参与，江西的生态文明建设实现了环境治理与生态保护方式的多元化，国有资本在生态环保领域的引领地位得到了进一步巩固，相关领域资源配置的效率得到了提高。

### 1. 生态环保主体多元化，治理途径多样化

第三方治理机制得到进一步完善。鼓励采取环境绩效合同管理、合同能源管理、合同节水管理、委托治理、委托运营等方式引进第三方治理，开展环境诊断、绿色认证、节能减排技术改造、环境损害鉴定评估和循环化改造等综合服务。

环境治理找到多种新途径。以试点县（市）人民政府为责任主体，各有关部门具体负责，在农村生活垃圾处理等领域有计划地推进政府购买服务试点工作。农村生活垃圾要坚持源头分类和循环利用原则，在试点县（市）

生活垃圾分类处理中推进农村生活垃圾分类投放、分类收集、分类运输和分类处置工作。偏远乡镇的生活垃圾处理工作应采取逐步淘汰乡村焚烧炉、将生活垃圾转运至县（市）级处理终端统一处理的模式。

2018年，作为试点的江西省宁都县先后出台了《宁都县农村生活垃圾专项治理社会购买服务实施方案》和《宁都县农村生活垃圾治理政府购买社会服务工作督查考核办法》等政策文件，筹资3500万元，采取"四统一分"措施，全县农村生活垃圾治理全面实行购买社会服务方式。

"四统"即统一保洁标准，达到水源、田园、道路、河道、村庄、家园"六清洁"标准；统一购买价格下限，全县（市）统一限定购买服务价格最低不得低于人均50元的标准；统一垃圾终端处理，全县（市）各乡镇的生活垃圾由承接购买保洁服务的公司封闭运送到县（市）垃圾填埋场进行无害化处理；统一开展督查考核，县（市）里重点督查考核乡镇政府，乡镇政府对承接服务的公司进行督查考核。"一分"即分乡镇招标保洁公司，互竞互促确保质量。已有10家保洁公司在宁都县承接各乡镇的农村生活垃圾治理购买服务，互相竞争、互相促进的态势形成。

经过试点，宁都县部分乡镇因地制宜，根据实际情况做出了相应调整。黄陂镇和固村镇等8个人口较多、相对集中的乡镇保持了社会购买服务的模式；小布镇等14个乡镇的垃圾清扫和清运工作均交由乡镇负责，不再采取社会购买服务方式；竹笮乡和大沽乡2个偏远乡镇的生活垃圾处理工作部分采取社会购买服务方式，即生活垃圾清运工作交由承接服务的企业承担，清扫工作由乡镇负责。

**2. 华赣环境集团的设立推动国有资本加大投入，进一步巩固国有资本在生态环保领域的引领地位**

江西省华赣环境集团有限公司（以下简称"华赣环境集团"）是江西省政府于2018年9月批准，由江西省投资集团有限公司牵头组建的生态环保领域省级投资运营平台，注册资本金30亿元人民币。

华赣环境集团把握"为全省生态文明建设服务，为产业发展升级、企业提质增效服务，为全省形成新的经济增长点服务"的服务定位，紧紧围

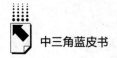

绕"整合全省生态环保资源、培育壮大江西生态环保产业、打造生态环保领域省级投资运营平台"的功能定位，按照"统一平台、资源整合并行，统一规划、产业发展并进，统一体系、建设科研并举"的原则，以打造环保科研、装备制造、工程建设、环境服务、绿色金融五大板块为引领，吸引更多在生态环保各产业领域拥有自主知识产权产品和技术、资金比较雄厚、管理经验丰富、人才充足的央企、地方国企和优秀民企，与其共同组建以水污染防治、流域治理、大气污染防治、声光污染防治、土壤污染防治、固废处置、城乡环卫一体化、农村面源污染防治、装备制造、环境服务、环保科研和环保基金十二大主营业务为主的若干家环保产业专业公司，加快发展成为江西生态环境治理引领者、环保产业综合服务商、资本运作重要操盘手、社会责任积极承担者。

到 2020 年，华赣环境集团已与新余市等地方政府共组建合资公司 8 家，启动城乡环卫、垃圾发电及装备制造、稀有及贵金属处理等项目 17 个，环保全域开发与突出重点相结合的发展态势形成。

3. 完成环保基础设施运营单位的企业化转变，资源配置效率得到提高

探索城乡环保基础设施一体化投资运营机制。支持以县（市）为单元，分别按行业"打包"投资和运营，整体推进乡镇和村级污水垃圾处理项目、农村饮水安全工程和畜禽养殖面源污染治理工程等，推进过程中要依法维护农村村民自治权。在城镇环境公用工程领域，鼓励以县（市）为单位对工程项目进行捆绑，实行投融资、系统设计、设备成套、工程施工、运营管理一体化的环保服务总承包和环境治理特许经营。已建成的项目，可通过租赁、重组、转让、委托经营等方式引入社会资本运营管理。

## 二　完善环境治理与生态保护市场化机制

《中共中央　国务院关于新时代加快完善社会主义市场经济体制的意见》明确指出，要以要素市场化配置改革为重点，加快建设统一开放、竞争有序的市场体系，推进要素市场制度建设，实现要素价格市场决定、流动

自主有序、配置高效公平。① 在生态文明建设中，正确处理政府和市场的关系十分重要。江西省在完善环境治理与生态保护的市场化机制过程中，不仅要充分尊重市场在资源配置中的决定性地位，也要使政府更好地扮演自己的角色，有效弥补市场失灵，力求"无形手"与"有形手"手挽手，共同有效激发市场主体的活力。

## （一）试验基础

在社会主义市场经济条件下，政府能够配置的资源主要包括全民所拥有的自然资源、经济资源和社会事业资源，环境治理与生态保护的基本对象也包含其中。环境治理与生态保护市场化机制的建设也应当遵循必要的原则。

自然资源资产产权制度被认为是具有强制性的生态文明建设制度内容。② 江西生态文明试验区建设的探索，以建立自然资源资产有偿使用制度为依归，始终遵循"资源确权—权益配置—价格形成—市场交易"的逻辑顺序，根据不同类型资源的特点和相应市场的发育程度，逐步完善了环境治理与生态保护市场化机制。

## （二）主要内容

在完善市场化机制的探索中，江西的实践逻辑是：实现生态产品价值转化的根本要求在于建立自然资源资产有偿使用制度，而有偿使用自然资源资产的关键在于合理的定价，这就需要完善自然资源资产的价格形成机制，健全各类自然资源资产价格的评估标准和办法。江西省出台了省级的《江西省全民所有自然资源资产有偿使用制度改革试点方案》《江西省排污权有偿使用和交易实施细则（试行）》《江西省碳排放权交易配额预分配方案（试行）》等一系列文件，为市场化机制的完善建章立制。

---

① 《中共中央　国务院关于新时代加快完善社会主义市场经济体制的意见》，中国政府网，2020 年 5 月 18 日，http://www.gov.cn/zhengce/2020-05/18/content_ 5512696.htm。
② 陈晓红等：《生态文明制度建设研究》，经济科学出版社，2018。

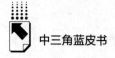

**1. 试点全民所有自然资源资产有偿使用制度改革**

江西省在全国较早出台了《江西省全民所有自然资源资产有偿使用制度改革试点方案》，提出完善国有土地资源、水资源、国有森林资源的有偿使用制度，并根据不同工作基础确立"全面推行"和"试点推行"的分类改革思路。

完善国有土地资源有偿使用制度。[①] 落实规划土地功能分区和保护利用的要求，优化土地利用布局，规范经营性土地有偿使用。对生态功能重要的国有土地，坚持保护优先原则，对其中依照法律规定和规划允许进行经营性开发利用的，设立了更加严格的审批条件和程序，并全面实行有偿使用，防止无偿或过度占用。探索建立国有农用地有偿使用制度。明晰国有农用地使用权，明确国有农用地的使用方式、程序、范围、期限、条件和供应方式。对国有农场、林区、林场、牧场改革中涉及的国有农用地，参照国有企业改制土地资产处置相关规定，采取国有农用地使用权出让、租赁、作价出资（入股）、划拨、授权经营等方式处置。通过有偿方式取得的国有建设用地、农用地使用权，可以转让、出租、作价出资（入股）、担保等。

完善水资源有偿使用制度。落实最严格水资源管理制度，严守水资源开发利用控制、用水效率控制、水功能区限制纳污三条红线，强化水资源节约利用与保护，加强水资源监控。推进水资源税改革试点。鼓励依法规范设立的水权交易平台开展水权交易，区域水权交易或者交易量较大的取水权交易应通过水权交易平台公开公平公正进行，市场应充分发挥其在水资源配置中的作用。

建立国有森林资源有偿使用制度。严格落实森林资源保护政策，充分发

---

① 《国务院关于全民所有自然资源资产有偿使用制度改革的指导意见》，中国政府网，2017 年 1 月 16 日，http：//www. gov. cn/zhengce/content/2017-01/16/content_ 5160287. htm。《中共中央办公厅　国务院办公厅印发〈关于统筹推进自然资源资产产权制度改革的指导意见〉》，中国政府网，2019 年 4 月 14 日，http：//www. gov. cn/zhengce/2019 - 04/14/content_ 5382818. htm。《关于统筹推进全省自然资源资产产权制度改革的实施意见》，江西省人民政府网站，2020 年 5 月 7 日，http：//www. jiangxi. gov. cn/art/2020/5/7/art_ 6392_ 1865876. html。

挥森林资源在生态建设中的主体作用。规定国有天然林和公益林、自然保护区、风景名胜区、森林公园、国家湿地公园的国有林地和林木资源资产不得出让。对确需经营利用的森林资源资产，确定有偿使用的范围、期限、条件、程序和方式。参照事业单位转企业的方案处理国有森林经营单位的国有林地使用权。研究制定了国有林区、林场改革涉及的国有林地使用权有偿使用的具体办法。推进国有林地使用权确权登记工作，切实维护国有林区、林场确权登记颁证成果的权威性和合法性。

2. 探索建立专项交易制度

主要包括探索建立排污权交易制度。在造纸、印染行业开展化学需氧量、氨氮排污权有偿使用和交易试点工作，在火电、钢铁、水泥行业开展二氧化硫、氮氧化物排污权有偿使用和交易试点工作；探索建立碳排放权交易市场体系。构建科学系统的温室气体排放统计核算体系，落实碳排放权交易制度，探索林业碳汇等交易模式；探索建立水权交易制度。推进高安市、新干县、东乡区等3个水资源使用权确权登记试点。在完成山口岩水库水权交易试点基础上，继续开展不同类型的水权交易和流转试点工作；探索建立用能权交易制度。

（三）基本成效

建成覆盖广泛、发展充分、交易活跃的生态资源资产和生态权益交易市场机制，需要经历一定的发展过程，必须要尊重其固有的规律和特征。为相应权益交易市场设定规则、提供场所，既是对市场规律的尊重，又具有市场化机制发展的引导和前瞻意义。

1. 初步建立起排污权交易制度

现有排污单位初始排污权的核定与分配，依据国家和江西省环境保护主管部门制定的主要污染物排污权核定与分配技术规范等相关规定进行。排污权由县（市）级以上环境保护主管部门按照《排污许可证管理暂行规定》核定，并以排污许可证形式予以确认。县（市）级环境保护主管部门负责简化管理之后的排污许可证核发工作，其余的排污许可证原则上由地（市）

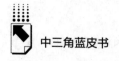
级环境保护主管部门负责核发。首次发放的排污许可证有效期 3 年，有效期满后，除承担国家或地方减排任务外，原则上不再重新核定，而是在重新核发排污许可证时予以延续，延续换发的排污许可证有效期 5 年。

现有排污单位取得排污权，① 按照排污许可证确认的污染物排放种类、数量和规定征收标准缴纳排污权使用费。新建项目排污权和改建、扩建项目新增排污权，以及现有排污单位在排污许可证核定的排污权基础上新增排污权，通过排污权交易有偿取得。

排污权有偿使用费的征收标准由省级价格、财政、环保部门根据环境资源稀缺程度、经济发展水平、污染治理成本等因素确定，并根据社会经济发展形势，适时调整。试点初期，考虑现有排污单位承受能力，经省人民政府批准，可暂免其缴纳排污权使用费。

排污单位在规定期限内对排污权拥有使用、转让和抵押等权利。现有排污单位将无偿取得的排污权进行转让、抵押的，应当按照排污权有偿使用费征收标准补缴转让、抵押排污权的使用费。有偿取得排污权的单位，不免除其治理污染、缴纳排污费、污染减排的责任和法律法规规定的其他责任和义务。

排污权交易主体分为出让方和受让方。纳入江西省试点范围的排污权交易统一在省级公共资源交易平台上进行，严禁在场外进行。省级公共资源交易平台负责建立排污权交易系统、管理系统和登记结算系统，为排污权交易提供场所、设施、信息等服务。

排污权交易可以采取电子竞价、协商转让以及法律法规规章规定的其他方式。排污权交易价格由市场决定。试点初期，交易底价由相关主管部门参照排污权使用费的标准确定。

各级环境保护主管部门自收到排污权出让方或受让方全部材料之日起10 个工作日内完成审核工作。审核通过的，由省级环境保护主管部门在排

① 《〈江西省排污权交易规则（试行）〉政策解读》，江西省人民政府网站，2021 年 9 月 23 日，http://www.jiangxi.gov.cn/art/2021/9/23/art_ 14240_ 3630145. html。

污权交易信息系统上发布排污权出让、申购信息并将相关信息发送至省公共资源交易平台；审核未通过的，应当通知申请人并告知其审核未通过的原因。排污权交易程序主要包括出让委托及受理、挂牌公告、意向受让登记及受理、确定交易方式、组织交易、成交签约、价款结算、交易鉴证、保证金缴纳及退还和交易信息的发布等。

### 2. 初步建立起用能权交易制度

初步构建起包括 2 个纲领性改革文件和 4 个配套实施细则在内的"2+4"模式的制度框架。《江西省用能权有偿使用和交易制度试点实施方案》，将江西省内的水泥、钢铁、陶瓷行业和具有代表性的萍乡市、新余市、鹰潭市等设区市全域的年综合耗能 5000 吨标准煤以上的工业企业纳入试点。《江西省用能权有偿使用和交易管理暂行办法》，则对用能权指标管理、市场交易、审核和清缴、监督和保障等方面进行规范要求，成为用能权交易改革的法定依据。《江西省用能权配额核算与报告通则》《江西省用能权有偿使用和交易第三方审核机构管理办法》《江西省用能权有偿使用和交易实施细则》《江西省用能权交易规则》等 4 个配套文件，经过多次召开座谈会对其进行研究论证和修改完善，已经获得了由福建、浙江、贵州以及省内相关专家组成的专家评审会的总体认可。

初步建设用能权交易平台的硬件基础设施。分别依托江西省节能中心和江西省产权交易所，建设了江西用能权指标注册登记平台和交易平台。已完成用能权指标注册登记系统和交易系统的建设工作，已具备硬件试运行条件。

初步开展重点用能单位审查。完成了全省重点用能单位能源计量审查的预评审和能源利用状况填报工作。2021 年完成用能权试点企业的能源利用状况核查和计量审查 150 家，基本按照标准配备了一至三级能源计量器具的企业达到 80%，填报数据真实准确的企业达到 90%。通过现场审查，确认90% 以上水泥企业和 70% 以上的钢铁企业都建立了或正在建设能耗监测平台。

## 三 健全绿色金融服务体系

全面推动绿色金融改革创新，着力支持开展环境改善、应对气候变化和资源节约高效利用的经济活动，为环保、节能、清洁能源、绿色交通、绿色建筑等领域的项目投融资、项目运营、风险管理等提供金融服务。构建绿色金融体系是有效解决生态治理问题的重要抓手，更是实现绿色经济可持续发展的重要前提。[①] 江西省围绕绿色金融改革创新，不断丰富金融产品和服务体系，完善绿色金融组织体系，为生态文明试验区建设和推动长江经济带发展提供金融支撑。总体来看，江西省已初步构建起绿色金融服务体系。

### （一）试验基础

为深入贯彻党的十九大精神，落实党中央、国务院生态文明建设战略部署，落实全国和全省金融工作会议精神，根据《国家生态文明试验区（江西）实施方案》要求，江西省发挥绿色金融在推进供给侧结构性改革、促进生态文明建设、推动经济社会协调可持续发展中的积极作用，探索形成绿色金融服务实体经济和推动产业转型升级的新动能和新途径，推动实现绿色金融崛起。在绿色金融服务体系的创新与完善中，江西省积极倡导绿色发展理念，建立健全体制机制，通过聚集绿色金融机构、加快绿色金融产品和服务创新、拓宽绿色项目和绿色产业融资渠道、建立绿色金融考核评价机制，构建起了组织体系完善、产品服务内容丰富、政策支持有力、基础设施完备、运行稳健安全的绿色金融服务体系，有效提升了绿色金融服务的覆盖率、可得性和满意度，探索积累了一系列支持实体经济绿色发展的可复制可推广经验，这些经验为江西生态文明试验区建设提供了助力，为全国绿色金融改革提供了中部地区示范样本。

---

① 《赣江新区建设绿色金融改革创新试验区实施细则》，江西省人民政府网站，2018 年 1 月 2 日，http://www.jiangxi.gov.cn/art/2018/1/11/art_ 5498_ 365171. html。

（二）主要内容

绿色金融服务体系的创新与完善是一个在体系内部打通关键节点、形成有力协同，在体系外部链接生态环保各领域、促进生态资产和权益价值实现，嵌入整个生态文明试验区经济体系，进而为实体经济提供服务与助力的过程。为此，围绕绿色金融服务体系的创新与完善，江西省一手抓内部试点建设，一手抓重要金融机构的协调配合，先后出台了《江西省赣江新区建设绿色金融改革创新试验区总体方案》《赣江新区建设绿色金融改革创新试验区实施细则》《"十三五"建设绿色金融体系规划》《关于加快绿色金融发展的实施意见》等一系列既具有前瞻指导性又具有实践针对性的文件，在绿色金融服务体系的创新与完善方面，特别是在绿色金融制度改革方面处于全国领先地位。

### 1. 构建绿色金融组织体系

吸引各类金融机构聚集。鼓励各类中外资金融机构进驻赣江新区。支持符合条件的企业设立由金融监管部门核准的持牌金融机构及其他准金融机构。支持各金融机构设立绿色金融专营分支机构、绿色金融事业部（业务中心）。

坚持"建""引"双管齐下、双向发力，强化绿色金融供给。高标准建设绿色金融示范"特色街"，目前，绿色金融示范街聚集金融机构30余家。吸引各类金融机构在赣江新区加速设立绿色专营分支机构。中国银行、农业银行、农商银行、邮储银行在抚州设立江西首批生态支行，九江银行设立江西首家生态金融事业部。九江银行、人保财险和联合赤道评估公司分别牵头组建了绿色金融服务中心、绿色金融产品创新中心和绿色金融评价认定中心。赣江新区利用国家级牌照打造集绿色金融示范街、人力资源服务产业园、双创集市为一体的绿色发展创新综合体，促进了各类市场要素的交流。

鼓励创新型金融组织发展。推进金融租赁公司、基金管理公司、财务公司、资产管理公司等金融机构重点支持绿色产业发展。鼓励各类股权投资基金、创业投资基金和其他私募基金参与绿色投资。支持符合条件的融资担保

公司和融资租赁公司等依法设立绿色专营机构。支持设立绿色评级与认证、知识产权代理、信用评级、律师事务所、会计师事务所等中介机构。

**2. 发展绿色直接融资**

国家开发银行江西省分行围绕重点领域生态修复推出 200 亿元专属信贷产品。中国建设银行江西省分行研发免抵押免担保"林农快贷",金融活水精准滴灌到山头林地。九江银行面向环卫企业推出免抵押免担保"绿色家园贷",面向环卫工人等特定对象发行高收益专项理财"拉手理财",广受社会好评。赣江新区在上交所成功发行全国首单绿色市政专项债 3 亿元;江西省水投集团发行全国首单省级平台公司绿色境外债 3 亿美元。江西银行、九江银行、上饶银行、赣州银行发行绿色金融债 180 亿元。萍乡汇丰、昌盛公司合计发行 26.8 亿元绿色企业债。

**3. 完善与绿色金融相关的监管机制,加强对绿色金融业务和产品的监管**

在促发展、促改革、促创新的同时,筑牢筑密绿色金融风险防控网。建立行业自律机制。成立江西省金融学会绿色金融专业委员会,积极营造自律规则健全、诚信体系完善、风险监控到位、自治自律有效的绿色金融发展氛围。赣江新区将绿色信贷、保险、证券纳入绿色金融统计体系,定期监测评估改革成效。建立信息披露系统。江西省股权交易中心绿色板块在国内率先建立挂牌企业环境信息主动披露系统。

## (三)基本成效

2017 年 6 月,赣江新区获批成为全国首批五省八地、中部地区唯一的绿色金融改革创新试验区。

**1. 形成"绿色信贷+绿色债务融资+绿色保险"的融资体系**

绿色信贷比重居于全国前列。通过监管创新和政策激励,引导银行机构创新绿色信贷产品服务。江西将地方法人金融机构发展绿色信贷情况纳入宏观审慎评估考核,设立绿色信贷政策执行情况专项指标,对绿色信贷增速高于各项贷款增速的金融机构适当调整评估参数,出台《绿色信贷工作考核评价及差别化监管暂行办法》。建立赣江新区再贷款支持绿色经济发展示范点，优先满足赣江新区地方法人金融机构再贷款需求。绿色信贷投放保持快速增长，占比高出全国平均水平。创新绿色票据，实现绿色债务融资。安排专项额度支持绿色票据再贴现，并适当放宽绿色票据再贴现要求，如取消出票日、贴现日、再贴现日之间间隔限制，不受单张票面金额及单户总额限制等。赣江新区发行全国首单绿色市政专项债3亿元，上饶银行成功发行30亿元绿色金融债。拓展绿色企业债、绿色私募可转债，绿色债务融资工具合计超过200亿元；各类绿色产业基金达到500亿元。

2. 形成"绿色发展需求+绿色金融产品"的对接机制

初步建成绿色项目库，对接金融资本。制定出台《赣江新区绿色项目认定评价办法》《赣江新区绿色企业认定评价办法》，为建立绿色产业项目库提供支撑。依托"江西省小微客户融资服务平台"向金融机构推送绿色项目清单，加大项目对接力度。将绿色项目库企业作为发债重点培育对象，要求承销机构主动对接、分类施策。

结合生态文明体制改革需求，创新绿色信贷产品。打通不同领域的改革任务需求，启动金融支持垃圾分类试点、金融支持畜禽粪污处置和无害化处理试点等工作，形成"绿色家园贷""畜禽洁养贷"等信贷产品。推动金融机构广泛开展应收账款、农村"两权"、林权抵质押贷款。

3. 建设多种形态的绿色金融基础设施

完善考核及评价体系。将绿色金融改革创新工作纳入江西省政府高质量发展考核指标体系、污染防治攻坚战考核体系及金融机构支持地方经济发展考核管理办法。建立绿色金融统计制度，摸清底数。江西完成对全省28家银行机构开展绿色信贷工作考核评价，依据考评结果，督促银行机构梳理自身绿色信贷工作薄弱环节，制定整改方案、建立整改台账，持续推进整改计划、有效整改突出问题，切实提升绿色信贷工作质效。

建立标准和公用平台。制定出台《赣江新区绿色项目认定评价办法》《赣江新区绿色企业认定评价方法》《赣江新区企业环境信息披露指引》，构建具有地方特色的绿色金融标准体系。成立江西省绿色金融行业自律机制，推动金融机构将评估企业环境风险纳入信贷管理流程。启动"江西省企业

环境信用评价管理系统"项目建设，加快搭建企业环境信息共享平台，提升金融机构获取客户环境信息的便捷性和准确率。

## 四 江西构建环境治理与生态保护<br>市场体系的基本经验

### （一）通过市场途径培育有活力的市场主体

市场主体应当是有活力的，能够检验市场主体活力的只有市场本身，因此，培育引导环境治理与生态保护市场主体应当通过市场途径。

**1. 在充分尊重市场的前提下，发挥好政府的作用，特别是政府订单在市场中的引导性作用**

在培育和引导相关领域企业的初期，政府订单是这些企业赖以生存发展的关键因素。政府订单也不仅仅体现为直接的企业服务购买，而是更多地呈现为由政府选取有资质的企业授予其特定领域的经营权，从而与企业在环境治理与生态保护领域充分结合。与此同时，必须加强对提供服务企业的监管，其中，尤其要加强对被授予特别经营权的企业的监管，确保其所提供的社会公共服务的数量和质量，确保其所提供的社会公共服务在政府的引导之下。

**2. 通过设立国有资本运营公司，在生态环保市场中形成有力抓手**

充分尊重市场在资源配置中的决定性作用，还可以体现为由政府直接投资，组建环境治理与生态保护领域的企业。这些企业既是独立的市场主体，又是政府实现其环境治理与生态保护目标的工具。借助直接设立的公司，在为其提供订单和授予其经营权以外，政府可以实现对市场主体的培育引导，也可以以其为工具，直接在市场上实现自己的目标。

### （二）构建可运行的市场化制度体系

要从新时代社会主义市场经济体制对环境治理与生态保护市场体系的构

建的高度把握市场化制度体系。不断完善社会主义市场经济体制是改革开放以来特别是党的十八大以来，我国调动广大人民积极性，不断解放和发展生产力的牵引点。从这一高度认识把握环境治理与生态保护市场化机制的建设，有利于找准市场化机制建设的方位和方向；有利于切实发挥市场在资源配置中的决定性作用；有利于环境治理与生态保护市场化机制与其他生态文明机制的衔接。

**1. 重视制度建设，树立市场规范**

美丽是建设社会主义现代化强国的目标和标志之一，环境就是民生，青山就是美丽，蓝天就是幸福。建设人与自然和谐共生的现代化需要持之以恒，而制度正是建设持续推进的基本保障。建立健全自然资源资产有偿使用制度、排污权交易制度、碳排放权交易制度、水权交易制度和用能权交易制度等制度，既使环境治理和生态保护市场主体得到制度支撑，也使社会主义市场经济体制改革在生态文明建设方面得以落实。

**2. 开展试点交易，激发市场活力**

新事物从试点开始是我国改革开放以来经济建设得以成功的基本经验之一。为特定的权益交易制度提供一个试点，既能够有效检验制度设计的完备性，也能够给市场起到示范作用，进而带动更多市场主体参与其中，实现环境治理与生态保护市场化体制的独立运行。

# B.9
# 创新链产业链深度融合发展的
# 湖北实践*

张静 廖佳芸 顾腾**

**摘 要：** 创新链产业链融合发展是构建新发展格局的基础，是统筹我国发展和安全两件大事的需要。习近平总书记多次强调"围绕产业链部署创新链、围绕创新链布局产业链，推动经济高质量发展迈出更大步伐"，深刻揭示科技创新必须与产业发展紧密结合、同向发力、协同联动、互促提高的内在要求。围绕产业链部署创新链，围绕创新链布局产业链。本报告提出湖北要加快构建自主可控产业链体系、促进大中小企业融通创新、构建开放协同创新网络、提高政策可操作性等对策建议。

**关键词：** 创新链产业链 融合发展 湖北

## 一 湖北创新链产业链深度融合发展基础与现状

近年来，湖北一直将创新驱动视为推动产业转型升级的战略核心，以产业高质量发展为着力点，积极推进创新体系构建，着力培育创新主体，不断优化创新环境，推动创新链产业链有效融合。

---

\* 本报告系 2022 年度湖北省软科学重点项目（2022EDA002）的阶段性研究成果。
\*\* 张静，博士，湖北省社会科学院长江流域经济研究所所长、研究员，主要研究方向为区域经济、产业经济；廖佳芸，湖北省社会科学院长江流域经济研究所硕士研究生；顾腾，湖北省社会科学院长江流域经济研究所硕士研究生。

## （一）加强顶层设计，创新引领动能有效释放

一是系统优化创新政策环境。近年来，围绕破除制约创新资源优势向产业发展优势转化的体制机制障碍，紧扣全省创新和产业发展布局，聚焦加强顶层设计、夯实研究基础、实施关键核心技术攻坚、加快传统产业转型升级、推进创新型产业集群发展、加速成果产业化、融合科技金融、汇聚各类人才等方面，湖北省委、省政府先后出台"科创20条""科创22条""高新区高质量发展24条""科技成果转化10条""优化科技营商环境19条""高校院所科技人员服务企业新9条""激励企业开展研发活动11条""中小微企业降成本20条""制造业产业链'链长制'"等相关政策，充分发挥政策引导作用，集聚资源力量助推关键环节、重点产业领域创新能力提升。各相关部门、各县（市）纷纷出台实施方案和配套细则。湖北省人大颁布《湖北省自主创新促进条例》《中国（湖北）自由贸易试验区条例》《湖北省地方金融条例》《湖北省人力资源市场条例》等地方性法规，以地方立法形式予以保障。省级层面建立湖北省推进科技创新领导小组、湖北省制造强省建设领导小组、湖北省重点产业链省领导领衔推进机制等领导小组和工作机制，推动创新生态和产业生态实现历史性变革。

二是区域创新活力不断提升。近年来，湖北区域综合科技创新水平指数稳定在全国第7~8位，位列中部第一。武汉、襄阳、宜昌获批建设国家创新型城市，荆门、黄冈、孝感、黄石等市加快国家创新型城市创建步伐，建设成效正在逐步显现。武汉创新策源支撑功能大幅提升。国内及世界排名不断提升。根据《国家创新型城市创新能力评价报告2021》，武汉全国排名为第6位。根据《全球科技创新中心评估报告2022》，武汉在所有评估对象中居第60位。县域创新驱动活力不断增强。初步形成了国家和省级同创、在建在育共存，示范先行、梯次培育、有序推进的县域创新驱动发展格局。宜都、大冶、仙桃3市入选首批国家创新型县（市）行列，潜江、枣阳、枝江、汉川、天门等省级创新型县（市）入选全国"百强县"。2020年湖北省入列国家"100+N"开放协同创新体系首批建设试点省份。

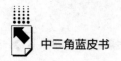
### （二）推动产业创新，产业竞争优势大幅提升

一是制造业新动能不断增强，装备和高技术制造业引领增长。湖北是制造业大省，是全国为数不多拥有 41 个全部工业门类的省份。湖北省委、省政府围绕解决战略性新兴产业发展中存在的体制机制、创新动力、金融支撑、政务环境等问题强化政策保障，2017~2021 年，湖北省高技术制造业占工业比重由 8.0% 提高至 10.9%。光纤光缆、光通信、生物医药、新能源、新材料、高端装备等产业发展势头强劲，湖北省获批国家级新型工业化示范基地 16 家，其中以战略性新兴产业为主导的示范基地占 80.0%。先后获批国家先进存储产业创新中心、国家信息光电子创新中心、国家数字化设计与制造创新中心等国家级创新中心。国家级火炬特色产业基地总数已达 17 家。武汉智能汽车产业创新联盟、武汉氢能产业促进联盟、建材建工行业"碳达峰碳中和"创新联合体和长江游轮游艇产业创新联盟四大产业创新平台正式启动。"芯屏端网"光电子信息、节能与新能源智能网联汽车入选国家先进制造业产业集群，集成电路、新型显示器件、下一代信息网络和生物医药入选国家战略性新兴产业集群。国家创新型产业集群达 10 家，总数位居全国第三、中部第一。

二是传统产业改造升级提速，技术水平和先进产能比重持续提升。2017年，湖北省政府出台"传统产业改造升级 15 条"，整合设立传统产业改造升级资金，重点支持工业企业技改项目、工业试点示范项目、"单项冠军"和"隐形冠军"示范（培育）项目。把沿江化工企业搬迁改造与技术装备和工艺的改进和提升、产业链的配套和延伸、企业布局的集聚和优化相结合，钢铁、水泥、煤炭、电解铝等重点行业实现从总量性去产能向结构性优产能转变，基本完成落后产能应退尽退工作。《支持新一轮企业技术改造若干政策》引导和推动优势传统产业实施更高层次的技改升级工程，湖北省滚动实施"万企万亿技改工程"，传统产业领域科技能力持续增强，重大产品、重大技术装备和重大科学设备的自主开发能力以及系统成套水平明显提高。

三是制造业数字化、智能化转型加快推进。新一代信息技术与制造业发展有机融合不断深化，工业数字化、智能化转型有序推进，工业大数据应用和产业生态初步形成，取得了阶段性成效。落实落细工信部5G+工业互联网发展"512工程"、湖北省"数字经济13条"，建设了9个5G联合创新实验室，引进了中国信息通信研究院中部基地、中国工业互联网研究院湖北分院以及国家工业互联网大数据中心湖北分中心。建成了较成熟的企业级工业互联网平台15个，成立了工业互联网产业联盟湖北分联盟。作为5个国家顶级节点之一，工业互联网标识解析国家顶级节点（武汉）自2018年11月上线以来，标识解析应用覆盖汽车、光通信、新能源、智能装备、食品安全等多个行业，在产品追溯、产业链协同、产品全生命周期管理和智能化服务等方面持续开展应用。湖北在汽车及零部件制造、显示器、化工、医药食品、新能源汽车、轻纺、5G等行业开展国家和湖北省智能制造试点示范项目。

## （三）培育创新主体，科技成果转化动能增强

一是强化企业创新主体地位。开展高新技术企业培育行动。2013年底，湖北省科技厅启动实施"湖北省科技企业创业与培育工程"，通过出台系列政策，积极引导资金、项目、人才、平台等方面资源向科技企业孵化器聚集。2017~2020年继续实施"湖北省科技企业创业与培育工程升级版"。落实高新技术企业"百千万"行动计划，重点推进百家创新型龙头企业做大做强，精准支持千家高新技术企业扩规提能，加快培育万家高新技术后备企业。探索建立"3322"高新技术企业服务机制，进一步优化高新技术企业认定服务。在新能源汽车、移动互联网、机器人等行业组建50多家产业技术创新战略联盟。湖北全省共建有国家级科技企业孵化器75家、省级科技企业孵化器154家，省级以上众创空间372家，数量位居中部第一。2021年湖北省级以上孵化载体新培育高新技术企业超800家，占当年全省新认定高新技术企业总数的20%左右。

二是实施中小及民营企业培育工程。接续推进民营企业培育。民营企业是推动创新、引领产业升级的生力军。湖北省委、省政府率先成立了高规格

的促进民营经济发展工作领导小组，在全国率先实施"123"民营企业家培育工程。先后出台了"促进民营经济发展的若干意见""构建新型政商关系的意见""优化营商环境25条""民营经济27条"等一系列支持民营经济发展的政策。2021年，湖北省民营经济增加值约占地区生产总值的53.7%。以创新为引领持续驱动中小企业转型。围绕新一代信息技术、智能制造、现代生物育种、生物医药等重点优势领域，引导资金、项目、人才、平台、成果等创新资源向科技型中小企业集聚。实施中小企业成长工程，每年安排2200万元专项资金支持企业稳规进规。实施"隐形冠军"企业培育工程。2017年启动支柱产业细分领域"隐形冠军"企业培育工程，入选国家工信部制造业单项冠军的企业数量在中部领先。全面开展专精特新"小巨人"企业孵化培育工作。当下，湖北省已有国家级专精特新"小巨人"企业172家，占全国总数的3.61%，这些企业主要集中在医疗器械、生物医药、光通信芯片产业、汽车及化工产业等行业。近年来，湖北科技型中小企业数量年均增长75%以上。

## （四）赋能各类平台，统筹协同发展持续优化

围绕产业转型升级和动能转换的需求，湖北省已基本建成了覆盖基础研究、应用研究、成果转化、创业培育的"双链融合"平台体系。

一是加快建设重大基础研究平台。围绕建设国家科技创新中心、东湖综合性国家科学中心中长期目标，以东湖科学城、光谷科技创新大走廊为两大支撑，以九大湖北实验室、大科学装置为两大抓手，强化战略科技力量布局。实施重大科技基础设施带动战略。湖北省拥有1家国家研究中心、30家国家重点实验室（居全国第4位）、9家湖北实验室、180余家省重点实验室、4家国家工程研究中心、5家国家工程实验室、37家国家地方联合工程研究中心（工程实验室）、19家国家级工程技术研究中心、69家国家企业技术中心。拥有脉冲强磁场、精密重力测量等重大科技基础设施，建成亚洲首家、我国仅有的高等级生物安全（P4）实验室。坐拥国家先进存储产业、信息光电子、数字化设计与制造创新中心等全国重点创新中心。基础研究平台数量位居全国前列。

二是积极构建产学研合作平台。湖北省依托其重点产业、优势产业，突出基础关键共性技术研发、应用技术创新和成果转化，创新"政府+协会+机构+专家"服务方式，推行"企业+平台+机构"研发模式，推广"企业+创新团队（成果）+基金+园区"转化模式，探索大学校区、科技园区、公共社区三区联动发展模式，推进以企业为主体、以市场为导向、以需求为牵引的"产学研用金"一体化创新及成果转化利用。出台《湖北省新型研发机构备案管理实施方案》等政策文件，强化高校院所创新"基础引领作用"和企业创新"主导主体地位"。2021 年，湖北省新型研发机构总数已达到392 家，主要涉及集成电路、新一代信息技术、智能制造、汽车、生物以及新能源与新材料产业等重点产业领域。

三是着力建设产业创新集聚区。发挥东湖高新区的龙头引领和辐射带动作用，坚持"以升促建"，推动高新区创新发展。在全省高新区内推广东湖高新区先进经验，推动高新区联动发展。目前，湖北省拥有国家高新区总数达 12 家（数量仅次于江苏、广东、山东）、20 家省级高新区，构建了以东湖高新区为主要引领，沿长江、汉江两翼等多点布局的协同发展格局。全国高新区综合评价结果显示，东湖自主创新示范区综合实力排名全国第五，国务院更将其视作新兴产业集群建设典型，予以通报表扬。2020 年，湖北省内国家高新区地区生产总值占全省 GDP 比重达 20%以上。

## 二　湖北创新链产业链深度融合发展存在的问题

在构建新发展格局背景下，湖北创新链产业链深度融合发展仍然有很大的提升空间，产业链供应链自主可控水平还不够高，创新推动产业链核心竞争力提升、支撑效益增加方面还有待加强，支撑创新主体开展创新活动的环境仍有待改善，保障"双链"深度融合的体制机制有待健全。

### （一）产业链水平有待提升

一是高新技术产业势强力弱，传统制造业"智能制造"转型乏力。高新技术产业代表着产业创新发展的总体方向，湖北战略性新兴产业对进口依赖程度高，尤其是"光芯屏端网"、生物医药部分设备、核心零部件、原材料依赖进口，供应链断供风险加大。

传统制造业是湖北省制造业发展的大底盘，各区域、制造业各行业领域、制造业各行业内部等不同层次之间仍存在发展不平衡问题。布局同质化现象较为突出，部分地区缺乏科学规划，存在重复建设、低水平竞争、局部产能过剩等问题。在如何高质量地延伸产业链、如何发挥"空间集聚效应"形成集群化格局方面，仍然是任重道远；在系统推进"智能制造"转型、产品提质增效等方面面临升级压力。传统制造业数字化程度较低，数字开发共享水平还不高。

二是主导产业链面临"高端封锁"与"低端不稳"的双重困难。当前，湖北创造新产业、引领未来发展的科技储备不足，重点产业在全球价值链中的整体地位不高，疫情冲击导致产业链"断链"和产能失速风险较高。湖北省主导产业在优质高端产品有效供给、能源资源利用效率、品牌建设等方面缺乏核心竞争优势。主导产业尚未形成创新网络，更没有形成产业技术创新生态系统。部分领域核心关键技术受制于人，高新技术产业链和高附加值产业环节占有不足。

## （二）企业核心竞争力不高

一是行业龙头企业综合实力不强。2020年湖北省规模以上工业企业数量仅为广东的27.54%、江苏的31.53%、浙江的32.90%、山东的52.80%、河南的80.37%、安徽的83.23%、福建的85.75%、湖南的87.10%。湖北省高新技术企业数量仅为广东的23.90%、江苏的33.58%、北京的34.02%、浙江的53.23%、上海的68.36%、山东的82.03%。部分县（市）高新技术企业数量持续高速增长，但申报企业的质量逐年下降，真正符合高新技术企业标准的企业较少，部分企业存在"带病提拔""突击申报"的情况。制造业龙头企业不多且其引领能力不强，缺少真正意义上的产业链"链主"企业和生态主导型企业。"2021中国企业500强"，湖北仅8家企业上榜，相比 2020 年减少 2 家，排前 100 名的仅有东风汽车 1 家。企业主要分布在钢铁、有色、化工、汽车、商业、农产品加工、建筑等领域，传统制造业所占比重仍然较高，高新技术企业后备梯队不足。

2021 年各省市规模以上工业企业及高新技术企业数量分别见图 1、图 2。

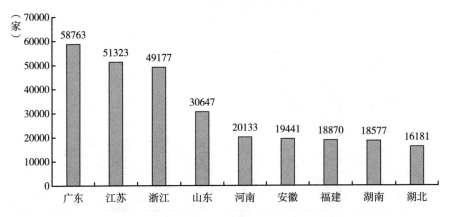

**图 1　2020 年各省市规模以上工业企业数量**

资料来源：《中国统计年鉴 2021》。

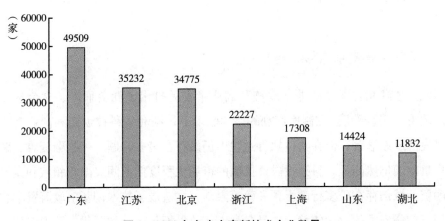

**图 2　2020 年各省市高新技术企业数量**

资料来源：《中国统计年鉴 2021》。

二是民营企业体量不大且缺乏活力。2020 年，湖北规模以上私营工业企业 11238 家，与浙江 40000 家以上及江苏、广东 30000 家以上规模数量有较大差距（见图 3）。拥有自主知识产权、掌握核心技术、具备国际竞争力的私营工业企业偏少。2020 年湖北规模以上私营工业企业中有研发活动的企业占比为 34.12%，而浙江高达 49.13%。"2021 年全国民营企业 500 强"湖北有 16 家入围，浙江有 96 家企业入围。

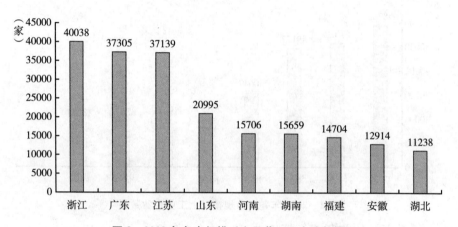

**图 3　2020 年各省规模以上私营工业企业数量**

资料来源：《中国统计年鉴 2021》。

### （三）要素制约影响突出

前述湖北省围绕推进"双链"高质量发展打出了涵盖面广、含金量大的政策"组合拳"。在制度红利的持续驱动下，湖北省科技创新和产业高质量发展成效显著，但在具体执行过程中仍然存在诸多问题。一是融资难、融资贵问题仍然凸显。科技投融资体制的市场化程度低。间接融资领域和直接融资领域仍存在较多行政干预和政策限制，这造成了技术创新对政府资本和银行信贷资本的过度依赖。二是各类人才总量不足、结构不优。从中部到全国范围来看，湖北作为科教大省，其高校和科研机构数量相对较多、规模相对较大，在部分研究细分领域相对具有较强领先性，比较优势显著。高校院所整体创新能力还未因制度红利得以有效释放。人才引进主要由政府主导和推动，企业主体还未很好发挥作用。受区位、政策等方面影响，武汉以外的其他市州技术密集型企业难以引进高层次科技创新人才和高层次企业管理人才。三是创新平台体系仍待完善。在现有创新平台建设中，政企沟通协调不足，创新平台开放共享不足。目前，产业园区、创新创业平台等主要由政府主导建设，县（市）尤其是企业层面的自发合作行为仍然不多。

## 三　促进湖北产业链创新链深度融合发展的重点路径与建议

### （一）加快构建自主可控产业链体系

一是加快实施产业基础再造工程。分类推动优势产业"强链"发展、薄弱产业"补链"提升、跨界产业"延链"融合、新型产业"建链"布局。抓住国家实施战略性新兴产业集群发展工程契机，系统推进"产业+产业链+产业集群"共振发展，支持重点产业链组建先进制造业集群促进机构。推进集成电路、新型显示器件、下一代信息网络和生物医药等重点产业链集群化发展，支持襄阳、宜昌、潜江、黄石等地争创新能源与智能网联汽车、生物医药、先进化工材料等国家级战略性新兴产业集群，加快打造国家级战略性新兴产业集群建设高地。

二是加快推进制造业数字化转型。以创建"国家数字经济创新发展试验区"为契机，以争创国家级智能制造试点示范项目、国家制造业与互联网融合试点示范项目为引领，以工业互联网标识解析国家顶级节点（武汉）为平台，以智能制造为主攻方向，加快数字技术在研发创新、生产加工、仓储物流、营销服务过程中的智能化升级。引导湖北省重点产业链集群全面展开数据流动、资源配置、需求响应、应用协同的数字化产业集群建设。推广普及智能化装备及信息管理系统，大幅增加数字化车间及智能工厂数量，着重推进产业链标识解析二级节点布局建设，引育服务全链条的工业互联网平台，加快建设国家工业互联网示范区。加快向服务型制造发展转化。在数字、信息及智能化技术日益普及的当下，支持发展、打造以个性化定制、远程运维、共享制造等为代表的"制服融合"的新业态、新模式。

三是完善产业链安全保障体系。建立完善产业链安全监测和预警机制，构建产业链供应链安全预警指标体系。以湖北省工业互联网安全监测与态势感知平台等为依托，针对重点行业、骨干企业产业链开展全覆盖式摸排，全面厘清产业链上、下游核心企业、产品对外依存度，实时更新、全方位分析供应链图谱，对断链点和风险点位置进行合理预测，为分行业供应链战略设计及精准施策提供科学的依据与支撑，以便及时开展补链、修链和风险排查工作。聚焦产业链重点领域和关键环节，充分发挥企业的主体地位优势，完善核心生产资料的备份、预储、调配等体系，着力提升应急产品生产能力。支持建设新型产业联盟，建立协同运作机制，推动供应链各组成部分明确合理分工、紧密合作互补，实现收益共享、风险共担，进而增强全链条的综合抗风险能力。

## （二）促进大中小企业融通创新

一是识别培育"链主"领军企业。建立健全"链主"企业识别机制。针对各类产业链的不同特点，建立定量评价和定性评估相结合的遴选标准体系，建立"链主"企业示范库、培育库、候选库；支持"链主"企业结合自身技术、市场等相关需求，引育配套企业，通过原材料供应、加工订货、技术指导、技术援助、提供贷款方便、服务外包等方式与中小企业开展专业化协作，打通研发设计、生产制造、集成服务等产业链条；支持"链主"企业联合上、下游"专精特新"中小企业建设国家和省级制造业创新中心，打造多领域覆盖、产学研结合、多层次协作的创新基地，构建龙头企业领衔突破产业核心技术，中小企业应用、赋能和拓展产业创新链条的集群创新机制。

二是增强产业链细分领域竞争力。启动新一轮中小企业专业化能力提升工程，增强中小企业协作配套能力。建立完善"小升规"扶持、"专精特新"培育、专业化"小巨人"孵化等分类培育机制和"微成长、小升高、高壮大"梯次培育机制。鼓励企业深耕细分领域，走专业化、差异化发展路线，聚力产业链关键环节零部件产品高质量研发、生产，提升核心竞争力。支持中小企业创新攻坚克难、突破技术瓶颈，综合提升管理水平，积极参与直接融资，精准定位拓展市场，塑造一批专精特新"小巨人"企业和掌握关键核心技术、市场占有率高的"单项冠军"企业。搭建中小企业与高校院所对接合作平台。围绕中小企业发明专利、技术成果转化与推广、人才培育等需求，有针对性地开展线上培训、线下服务。

### （三）构建开放协同产业创新网络

一是优化产业创新空间布局。深化重点地区产业创新引领。精准把握区域发展不平衡不充分问题，发挥"一主两翼"城市群协同功能，坚持武汉龙头带动，携手宜襄所长，支持通过城市间规划引导、政策协同、产业联盟、创新联盟等形式构建城市群产业创新网络。促进武汉科技创新资源向全省辐射，实施一批跨区域重大科技项目、重大产业项目，引导其他地市在武汉建设异地孵化器、飞地园区、伙伴园区。以重大科技项目实施和平台建设为牵引，高标准建设光谷科技创新大走廊。探索"研发孵化在外地、产业化在本地"的"逆向创新"模式。支持国家高新区、有条件的省级高新区建立专业化功能区，构建集"研发、转化、投资、孵化"等于一体的多元创新空间，实现空间互联、设施互通和创新互动。提升园区共建水平。支持湖北省国家高新区和部分有条件的省级高新区整合托管周边产业互补的邻近园区，以"一区多园"形式探索构建股份合作、连锁经营、委托管理、扶贫帮扶和对口支援等产业合作模式，健全园区地区生产总值核算、税收分成等相关机制，构建共赢共享、责险共担的稳定协作体系，缔造集中连片、协同互补、联合发展的产业创新共同体。

二是建设跨区域产业创新共同体。进一步深化湘鄂赣产业创新合作。面向"十四五"，携手订立《长江中游城市群科技创新共同体建设行动计划》。针对科教、人才、产业等方面研究制定一系列利好政策，重点围绕跨区域的调控目标设定、重大基础设施的统一布局、重要科技创新资源的开发共享、高新技术产业的空间布局、重要配套和扶持措施的统一等体制机制，建立完善跨区域协调机制。创建统一的区域性创新券服务平台，为创新券交易全过程提供网络化、一体化的便捷高效服务。针对现代核心产业关注的重点领域和关键环节，组织实施一批"咽喉"技术联合攻关项目。尝试打造跨区域"政产学研"协同机制。以区域优势产业为基础，综合考量区域研发领域，聚合区域已有资源，统筹建立部分高水平的新型研发机构。优化长江中游城市群区域产业园区共建模式，加快建设一批跨省合作园区。尝试在以武汉、长沙为代表的部分地区推进"创新飞地"建设，在实践中不断发展完善"创新飞地"在产业、税收等方面协作共享的新模式。加强与京津冀、粤港澳、长三角等园区合作共建，建立产业转移跨区域合作机制。

### （四）增强政策可操作性

一是加强"两链"融合顶层设计。建立健全科技创新与产业发展协同对接机制。聚焦湖北省产业链痛点和创新链堵点，加快梳理并建立与龙头、中小企业功能作用相匹配的多层次、系统化产业资源清单，以及涵盖多科创主体的创新资源清单，精准绘制基于需求驱动、问题导向的覆盖"产品—技术—原理"全链条的产业创新图谱。以新一代信息技术、汽车、大健康等产业链集群为突破口，进一步完善支撑服务体系、决策咨询体系、议事协调体系等工作体系。

二是持续完善创新投入体系。依托重点产业链金融链长制，加快构建多元化、多层次、多渠道的"双链融合"投入体系，推进金融惠企政策与重点产业链融资需求高效对接。加强财政资金统筹，逐年加大财政科技投入力度。发挥省级制造业高质量发展专项资金引导作用，在关键产业链环节和高门槛领域进行集中投入。定向发展科技金融，为高新技术企业及新型研发机构等提供优质信贷服务。建立适应科技创新全生命周期需要的金融服务体系，加强对资金尤其是各类引导资金投向的约束管理。加大应用基础研究投入。探索建立竞争性支持与稳定性支持相结合的基础研究投入体系，加大基础研究财政投入力度，建立持续稳定投入机制。支持企业开展研发活动。政策先行先试，技术指导疏引，评价反馈倒逼，采取多元复合措施策勉企业加强科研创新。实施企业研发投入分段补助政策。加大对私企、民企研发投入的政策倾斜力度。

三是创新各类人才"引用留育"机制。用好用足用活各项人才政策。引导高端人才集聚发展。制定高精尖缺人才目录清单，建立健全高层次人才引用留育政策体系，制定出台相关配套政策并明确高层次人才可享受到的优惠待遇。完善"楚才卡"制度，为高层次人才提供医疗保健、社会保险、子女入学、随迁配偶、安居置业、工作许可证办理等"金卡"服务。实施差异化人才培育政策。加快构建区域性人才联合教育培训体系。整合大专院校、科研院所、知名企业等教育资源，通过企业委托、与企业共同培养、设立产学人才培养计划等，打造一批人才联合培训基地。培育"高精尖+工匠型技能"供需匹配的人才梯队，搭建以骨干企业、科研院所为代表的多主体创新合作平台，建设一批产教融合和科教融合的生产实训基地。推进区域人才柔性交流。加强各县（市）人才政策衔接，探索专业技术职务聘任职业资格互认、毕业生实习创业互补流动、互派科技管理干部等人才流动新模式。构建高精尖和急需紧缺人才高级职称考核认定机制，构筑评价绿色通道。加快建立制造业职业工人技术评定通用评价体系，推动标准化、跨地区认证。

四是完善成果转移转化应用体系。以汉襄宜国家科技成果转移转化示范区获批为契机，以湖北省高新技术成果转化项目扶持资金为牵引，聚焦重点产业链集群领域，强化关键核心技术和产业需求导向，构建"原始创新、技术研发、成果转化、孵化产业化"全链条的成果转化体系。聚焦全国科技成果转移转化政策创新和落实问题，打造创新聚集区和辐射区。加强部门协同，建立健全促进成果转化的考核评价机制和政策落实机制。加强省市县多级联动，实现转化载体平台建设、技术市场配套政策等协同。优化成果转化全流程服务体系。依托湖北省科技成果转化和技术转移基地（教育部认定），创建事业化管理与市场化运营相结合的新型技术转移机构，建立收益

与业绩直接挂钩的特色机制。强化知识产权服务载体建设。围绕学校优势学科，依托高校技术转移中心或公司增设产业知识产权运营中心，在集成电路、智能制造、网络与通信、生物医药、新材料等专利密集型产业领域推进知识产权运营交易工作。培育壮大科技成果转化专业服务团队。加快构建由高等教育、职业教育和继续教育互补的多层次专业化技术转移人才培养体系。探索建立与促进科技成果转化相适应的职称评价制度，着重关注"技术转移、成果转化和产业化"过程中相关参与人员的专业技术职称评聘工作。

# B.10
# 湖北省绿色村镇发展模式
# 与建设策略研究

## ——以三峡库区为例

叶青清*

**摘　要：** 本报告归纳梳理了湖北三峡库区三县一区绿色村镇的建设现状与发展模式，对所研究地区的绿色村镇建设的典型案例进行了整理，分析了绿色村镇发展模式的成功经验，针对库区绿色村镇建设中的关键问题做了简要分析，进而提出湖北省绿色村镇建设的实施策略与对策建议。

**关键词：** 绿色村镇　三峡库区　湖北省

　　湖北省第十二次党代会提出：让绿色低碳成为高质量发展的普遍形态。绿色发展是低能耗、高效率、集约节约、可持续的经济增长和社会发展方式，绿色化与生态化贯穿经济活动的全过程。在湖北三峡库区作为长江经济带的重要生态屏障，同时又是移民安置区、生态脆弱区、地质灾害多发区的现实背景下，如何实现百姓富、生态美的有机统一，推进绿色村镇建设，实施乡村振兴战略，布局"双碳"新赛道，实现绿色低碳发展，成为当前三峡库区绿色村镇发展亟待解决的现实问题。因此，研究湖北三峡库区绿色村镇建设对湖北省和长江经济带生态环境保护、全面激活库区村镇经济活力等意义重大。

---

* 叶青清，博士，湖北省社会科学院长江流域经济研究所助理研究员，主要研究方向为区域经济与城镇化发展。

# 一 湖北三峡库区绿色村镇建设现状

湖北三峡库区绿色村镇建设既是长江经济带"共抓大保护，不搞大开发"的内在要求，又是解决三峡生态脆弱性问题的现实选择，更是库区实现乡村振兴的必然举措。一方面，从世界范围来看，气候变化已成为人类目前共同面临的最大挑战，我国作为自然灾害较为严重的国家之一，走绿色发展的道路刻不容缓，必须将发展方式和模式转移到依靠绿色产业驱动上来。另一方面，湖北三峡库区是长江生态的重要一环，其绿色村镇建设对长江经济带生态健康发展具有重要意义。

传统的高投入、高污染、高产出的发展模式，不仅会破坏三峡水库这个我国最大的战略性淡水资源库，同时会对三峡移民安置区的生产生活造成较大的影响。三峡库区面临保护与发展的矛盾，而绿色村镇建设依托库区村镇优良的生态环境、低碳的生活方式，以及本地食物和本土材料等更具有绿色低碳发展的基础和优势。低碳规划设计、清洁能源使用、建筑减碳、废弃物低碳处理及循环农业等合理的规划设计及探索实践，能够推动村镇生产、生活、生态各场景的协调配合，进而满足三峡库区绿色可持续发展的需要。

## （一）三峡库区村镇空间分布特征

由于三峡库区山区较多、河流密集，该地区农村居民点整体分布零散、集聚程度低，村庄分布呈现山区密集特征，主要集镇呈现由"长江及其支流沿岸向两侧递减"的空间分布特征。在村镇空间分布上，三峡库区三县一区逐渐形成以中心城镇为核心、重点镇为支撑，沿主要沿江交通轴线发展的城乡空间格局。

### 1. 秭归县

秭归县系典型的山区地貌，沟壑纵横，山高坡陡、地势起伏大。秭归县乡村人口呈现出城区所在地茅坪镇、长江沿岸村庄人口数量相对较多，西南山区的磨坪乡、梅家河乡和东北山区的屈原镇人口数量较少的特征。具体表现为两点。一是居民点分布总体呈现出围绕交通干线集中分布的特征，部分地区居民点稀疏与交通干道覆盖率不高有一定相关性。二是居民点主要分布在海拔900米以下的区域，占居民点总面积的95.5%。大部分居民点位于缓坡地段，坡度越缓的地段，居民点越密集。秭归县江北农业收入较高，江南工业、服务业收入水平较高。第一产业收入最高区域分布在水田坝乡，低收入村庄则分布在西南山区和东北山区；全县第三产业收入较高区域集中分布在长江及其支流沿岸，尤其是县城茅坪镇；第二产业除县城外，呈现出分散化分布特征。

## 2. 夷陵区

夷陵区的各级城镇和自然集镇大多位于该地区的各条主要交通线上，其分布主要表现为点轴式发展的布局模式。夷陵区东部是现代产业集聚区，是全区行政、经济文化、商贸中心，是城乡统筹发展的龙头、工业发展重点区域。夷陵区中部是都市休闲旅游区，该区的建设重点在于积极探索特色化旅游、特色化农业加工及区域商贸港口物流产业相结合的发展之路，同时解决移民安置致富、长江生态保育带保护、生态灾害治理等问题。而夷陵区西部为生态林业绿色屏障区，为生态敏感区，应加大退耕还林力度，保护西部山区生态保育带，鼓励生态敏感地区和地质灾害易发地区的人口向东部丘陵地区集中、向城镇集中。

## 3. 兴山县

兴山县村庄用地密布，受地形影响，空间碎片化特征明显。城镇建设用地也同样受到地形地貌的限制，布局集聚度不高。居住用地基本符合规划预期，新增居住用地主要位于城区。工业用地开始转型，飞地发展成效显著，峡口工业园集聚县域工业企业，高铁建设促进城区物流业发展。近年来，兴山县城区建设发展迅速，骨架已被全面拉开。因郑万高铁建设，城区用地跨河发展受阻，县城用地存量告急，城镇与产业布局亟须整合优化。

## 4. 巴东县

巴东县山地资源较多，有"八山一水一分田"之称，其按照低海拔、中海拔和高海拔三类村庄，形成了立体化的乡村发展格局。巴东县城镇发展空间格局旨在重点提升中心城镇与副中心城镇的集聚能力，以县域中心城镇

和副中心城镇为核心，重点镇为支撑，一般镇（乡）为节点，中心村（社区）为基础，构建城乡协调发展空间体系，打造"双核"引领、"三带"统筹、"多点"支撑的城镇发展格局。

### （二）绿色村镇生产生活情况

#### 1. 村镇公共服务设施配置

村镇公共服务设施配置是绿色村镇规划建设的重要内容，近年来，三峡库区三县一区不断改造升级其公共服务基础设施配置，使得村镇居民生产生活状况有较大的改善。

教育设施配置方面，近年来，三县一区持续加大对教育资源基础设施的投入。夷陵区的教育教学设施配置走在县区前列，并朝着现代化、数字化、智能化方向发展。

医疗卫生设施建设方面，目前三峡库区三县一区村镇医疗卫生设施逐步得到完善，村镇医疗卫生设施配置分为三级：综合医院、乡镇卫生院、村卫生院医疗卫生设施。实现了村镇人口尤其是贫困人口都有基本医疗保障。

文体娱乐设施建设方面，高山运动是三峡库区三县一区发展的一大特色。例如，巴东县提倡大力建设文旅公共设施，打造了独具巴东山水及文化特色的"两节三赛"节庆品牌，打造了独具巴东特色的文化旅游和良好的文体娱乐设施。秭归县土家族文娱设施发展迅速，文娱方面公共服务配套设施逐步完善。秭归县石柱村投资 300 余万元修建占地面积 2532.27 平方米的民族文化活动中心，该活动中心于 2016 年 11 月建成并正式投入使用，极大地丰富了党员群众文化生活。

#### 2. 村镇垃圾与污水处理设施建设情况

村镇垃圾具有种类多、数量大、可储存再生利用等特点，三县一区十分重视村镇生活垃圾的处理，对于村镇垃圾的处理积极倡导垃圾分类，增加垃圾中转场、垃圾回收站的数量和提高其利用效率。

##### （1）垃圾处理与废弃物资源化

在垃圾处理方面，巴东县深入推进城乡生活垃圾无害化处理全达标工作。在乡镇垃圾治理方面，巴东县收运设施 11 个乡镇垃圾中转站已于 2020 年 5 月 20 日竣工、完成验收工作并移交乡镇管理运行。各乡镇、行政村通过购买社会环卫保洁服务、自行组建保洁队伍等多种形式开展农村生活垃圾收集、转运、处理。在厕所革命方面，完成了全部目标。

夷陵区在垃圾处理方面，已建立并投入运行垃圾填埋场 6 座，总设计处理能力 529 吨/日，各分厂垃圾无害化处理率 100%。

（2）污水处理设施与使用情况

2020 年，在污水处理方面，夷陵区项目管理中心所属 11 个污水处理厂共处理污水 2413 万吨，夷陵区城镇污水处理率为 96.6%，乡镇污水处理率为 75%。

### （三）村镇生态环境质量情况

#### 1. 空气质量

2021 年，三峡库区三县一区空气质量整体良好，空气质量优良天数均在 300 天以上，空气优良率均在 85% 以上，呈现出库区良好的空气质量和生态环境（见表 1）。

**表1　2021 年三峡库区三县一区空气质量情况**

单位：天，%

| 县（区） | 整体空气质量 | 有效监测天数 | 空气质量优良天数 | 优良率 |
|---|---|---|---|---|
| 秭归县 | 良好 | 366 | 345 | 94.3 |
| 兴山县 | 良好 | 365 | 350 | 95.9 |
| 夷陵区 | 良好 | 366 | 312 | 85.2 |
| 巴东县 | 良好 | 364 | 341 | 93.7 |

资料来源：《2021 年度秭归县环境质量状况公报》《2021 年度兴山县环境质量状况公报》《2021 年度夷陵区环境质量状况公报》《2021 年度巴东县环境质量状况公报》。

#### 2. 水环境质量

三峡库区三县一区水环境质量整体情况较好，水质监测结果均达到国家 Ⅲ 类标准，城镇饮用水水源地水质达标率均为 100%。

2020年，三峡库区三县一区水环境监测站对全县（区）主要河流设置监测断面，对其水质进行监测。主要河流监测断面中，水质均符合《地表水环境质量标准》（GB 3838—2002）Ⅱ、Ⅲ类标准限值，水质状况总体良好。集中式饮用水水源方面的采样监测显示：三县一区饮用水水源质量情况优良，水质达标率为100%。

### （四）村镇生态环境修复情况

#### 1. 建立自然保护区

三峡库区三县一区在绿色村镇建设过程中生态环境的修复取得了较好的成果。例如，兴山县积极创建万朝山自然保护区、规范开展自然保护区珍稀植物群落和珍贵物种保护、开展沟谷地带常绿阔叶林保护、开展林业科研监测和生态宣教工作、建立长江禁渔监管执法机制；加强山区联合防控能力，依法处置危害生物安全的违法行为。

#### 2. 农田绿地修复

三县一区山地多、平地少，农田面积小、空地荒地较多、土地利用率低，所以农田修复和土地整治工作尤为重要。近年来，三峡库区大力实施农田整治、坡改梯、抛荒复垦等工程，累计建成高标准农田9.69万亩，有效防控水土流失面积64.6平方公里。

### （五）绿色村镇建设方式和结构分析

#### 1. 绿色村镇房屋住宅情况

从建筑风格上来看，峡江民居和土家吊脚楼是三峡库区绿色村镇房屋的主要风格。其中，最富特色的属峡江民居建筑群落。土家吊脚楼的建筑材料有木、土、石三种。其中，木是吊脚楼建筑中的主要用料。例如，秭归县归州镇万古寺绿色村镇建筑是典型的峡江风格，建筑主要沿山而建，建筑高差较大，由于村庄地形等原因，部分建筑分布于山林内，自然村分布较为零散，呈传统村庄肌理。村庄内建筑经过新建和改造，新旧建筑有明显的差异。村庄内还存在较多赤膊墙建筑，存在少量破损房、泥房等，还有大量彩钢棚等违章建筑。

### 2. 绿色村镇建筑节能、节地技术

由于三峡库区独特的区位特征加上技术和资金的限制，库区村镇的建筑材料的节能技术应用程度较低。在节地层面，各县（区）大多采用了住宅布局集约化、楼栋布局结构化和户型单体化的方法。

### （六）清洁能源利用与节能情况

由于三县一区生态的脆弱性，节能和清洁能源的开发与利用对各县（区）的绿色可持续发展至关重要。

### 1. 太阳能利用技术

近年来，随着绿色发展理念的不断深入，三县一区太阳能清洁能源技术应用率大幅提高，节能效率持续提升。例如，秭归县郭家坝镇积极倡导使用清洁能源，多开发利用太阳能等可再生能源，推动文家岩光伏发电项目实施，使得太阳能等清洁能源在全镇居民日常生活中的普及率有所提升。自2020年，巴东县通过国家开展"国网阳光扶贫行动"帮扶建设光伏扶贫电站，经过两年时间，已建立光伏扶贫电站121座，资金达32311万元。

### 2. 生物质能源利用技术

秭归县充分利用秸秆这类生物资源，减少秸秆焚烧对环境的损害。大力推广秸秆粉碎还田、秸秆粉碎后做有机肥源、秸秆过腹还田。在主要乡镇杨林桥、两河口推广秸秆粉碎机粉碎玉米秸秆等作为异位生物发酵床的垫材，腐熟发酵后作为有机肥还田，共推广10台（套），覆盖面积5000亩。同时积极探索柑橘修剪枝条粉碎还田机制，引进枝条粉碎机2台（套），覆盖面积500亩，柑橘修剪枝条粉碎后在田间堆沤腐熟直接还田，减少焚烧现象。全县秸秆可收集量12.46万吨，其中夏收农作物秸秆3.58万吨，秋收农作物秸秆8.88万吨。

### 3. 风能利用技术

风能是三峡库区较为丰富的清洁能源，但三峡库区三县一区对风能的利用率不高，利用水平较低，还需要逐步提高。以巴东县为例，巴东县不断加

强与中船海装新能源有限公司、湖北能源等企业的合作，实现风电项目突破性发展，力促更多风能发电站项目核准落地。兴山县也不断强调发展绿色产业，倡导绿色居住，大力提升对风能、太阳能等绿色能源的使用比重。鼓励绿色出行，加大对风能的开发力度。

4. 水资源利用情况

三县一区水资源利用呈现出总体利用率不高、城乡利用率差距较大的明显特征。

即使三峡库区内降雨量十分可观，但由于技术的限制，雨污分离技术和"雨水—中水"回用系统在县（区）推动水资源发展中的运用很少，有些地区甚至刚起步。

### （七）村镇绿色产业结构

三县一区村镇主导产业包括种植业、畜牧业、旅游业等。种植业包括柑橘产业、茶叶产业、中药材产业，其中，柑橘、茶叶产业为三县一区的两大支柱产业。近年来，三县一区立足自身产业优势，大力发展生态农业，以绿色发展理念持续推进农业产业转型升级，有序推动农产品质量升级，为建设国家现代农业产业园提供有力支撑。

除传统的种植业外，近年来，农业与乡村融合的农文旅融合产业也逐步成为三县一区的重点支柱产业。立足三县一区优良的自然生态资源，充分发挥三峡库区峡江文化、屈原文化、农耕文化、柑橘文化、红色文化等文化资源优势，打造"生态文化"品牌。

## 二　湖北三峡库区绿色村镇发展模式典型案例

"十三五"期间，湖北三峡库区坚持打好脱贫攻坚战，全面实施乡村振兴和新型城镇化双轮驱动战略，重点依托生态旅游产业，优化乡村产业结构，逐步调整人口收入结构。以城乡融合发展与农文旅融合发展为重点发展方向，以旅游为媒介，扩大城乡消费需求。

三峡库区三县一区在建设过程中，各村镇依托其特色产业走出了各具特色的绿色村镇建设道路，形成了绿色村镇建设典型发展模式。例如，秭归县的水田坝乡、九畹溪镇和归州镇，兴山县的古夫镇，夷陵区的乐天溪镇，巴东县的野三关镇等。

## （一）三峡库区三县一区绿色村镇典型案例

### 1. 全业全域旅游模式：九畹溪镇——湖北旅游名镇

九畹溪具有独一无二的区位优势，形成了长江黄金水道、国省道及芝茅二级公路等立体式进出通道。石柱土家族村作为全县唯一的土家族村，有着浓郁的民族特色，有高亢激越的山歌、赶毛狗的习俗等，饱含巴土文化数千年来所积淀的风韵和魅力。九畹溪镇政府按照"漂流名镇、丝绵茶乡"的文化旅游主题定位，根据《秭归县九畹溪镇旅游产业发展规划》与《秭归县九畹溪镇三大重点区域专项规划》，编制了九畹溪镇全域旅游"三廊四区五节点"的规划，谋划布局全域旅游发展，依托国家 AAAA 级景区九畹溪风景区的龙头带动作用，以屈原文化为灵魂，以峡谷风光、文化遗迹、地质奇观为基础，捆绑整合其他优质资源，将九畹溪镇打造成湖北的旅游名镇。

### 2. 生态农业发展模式：归州镇——峡江橙香小镇

近年来，归州峡江橙香小镇的培育和建设工作被持续推进，小镇颜值不断提升，小镇特色不断聚集，小镇品牌逐步形成。柑橘产业是归州的支柱产业，更是归州的特色产业。全镇 80% 以上居民从事柑橘种植、销售、运输、包装的工作。为进一步提炼柑橘的内在价值，在柑橘产业上实现一、二、三产业的深度融合，归州在柑橘产业链的延伸上下足了功夫，先后成立柑橘高档洗果企业 10 余家。产地和企业合作，彻底改变了以往的柑橘传统销售模式，同时，整合多方资源，在归州建立了核心示范试验区，带动归州柑农增收，把归州镇打造成为以柑橘特色产业为主的农业发展型特色小镇。

### 3. 农旅融合发展模式：乐天溪镇——农旅融合小镇

乐天溪镇坚持产业转型与绿色发展相结合，乡村振兴活力增强。以"康养+研学+休闲+文化"模式高质量发展融合产业，金刚山醉三峡农旅融

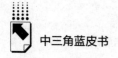

合景区、大家庭生态农业观光园、三峡生态文化艺术创意园、三峡灵芝文化产业园等一批绿色优质产业项目发展如火如荼，民宿产业日趋壮大，渔舟唱晚、兰心谷语等精品民宿受到市场青睐。乐天溪镇发挥临江抱坝优势，一体化推进全域旅游，差异化布局业态发展，着力发展生态康养、研学教育、特色农业、港口物流等绿色产业，打造环坝现代旅游服务业增长圈。聚焦农旅融合旅游创建目标，抓好资源利用，全面优化营商环境，拓宽拓深旅游资源的全业态，助力推动"一区四镇"规划实施。

4. 生态康养发展模式：古夫镇——生态文旅小镇

古夫镇按照古昭南"大县城"一体化发展战略，结合其夫子文化资源和"两水三山四库"自然资源，以高质量发展与高效提升为中心促进村镇转型发展。古夫镇依托现有旅游资源，按照高山半高山避暑休闲、低山河谷生态观光、山上山下协同发展的思路，采取"核心景区+特色景观+重点旅游村"的布局模式，大力发展全域旅游，打造"一核两圈""一廊三山"的生态文旅小镇。

### （二）绿色村镇建设经验借鉴

1. 树立绿色发展理念

绿色发展理念是永续发展的前提条件，也是满足人民美好生活需要的重要内容，建设绿色村镇必须树立绿色发展理念。历史经验表明，生态兴则文明兴，生态衰则文明衰。只有绿色发展才是人类与自然和谐共处的方式，将绿色发展理念贯穿绿色村镇建设的全过程，是三峡库区绿色村镇转型发展的必由之路。

2. 加强规划设计引领

规划设计是发展的蓝图，为有序发展指明方向，建设绿色村镇应有适宜的规划指导和引领。实践表明，村镇规划的缺位或执行不到位容易导致村镇无序建设，由此带来很多负面影响，并遗留很多历史问题。上述各典型村镇绿色发展模式经典案例所在地区能构建起良好的村镇环境，离不开好的规划设计。因此，在绿色村镇建设中，应充分学习贯彻党中央及省市关于村镇建设的精神要求，编制本地规划，注意规划衔接，发挥规划设计在绿色村镇建设中的引领作用。

### 3. 加强特色产业支撑

产业发展是绿色村镇建设的基础，只有获得稳定可持续的发展能力，才能为绿色村镇建设提供资金支持。绿色村镇建设内容丰富，包含基础设施、绿色建筑、绿色能源、生态环保和绿色意识等，稳定且可持续的资金投入是绿色村镇建设的关键一环。依托村镇自身特色，构建富有地区特色的产业体系是绿色村镇建设的关键突破口。

### 4. 构建宜居人居环境

良好宜居的村镇人居环境是绿色村镇建设的目的，也是绿色村镇建设的重要内容。上述典型绿色村镇是在地区经济有一定发展后，进而加强人居环境改造，或是通过优化人居环境获得发展优势，从而提升人民幸福感。因此，在绿色村镇建设中，需要在垃圾治理、水环境保护、村镇容貌、农村厕所、绿化等重点领域多点发力，构建生态宜居的生活环境。

### 5. 提升公共服务质量

人是村镇建设最关键也是最重要的因素，村镇建设也是为人服务，村镇建设要切实解决人民对教育、医疗、就业、安全等公共服务的关切和需求问题。如果说基础设施是绿色村镇建设的硬件，那么公共服务则是绿色村镇建设的软件，相比而言，完善公共服务的难度更大。因此，在绿色村镇建设中必须以绿色发展为引领，树立以人为本的理念，加大资源投入，提供更为优质的公共服务。

## 三 推进湖北三峡库区绿色村镇建设的建议

### （一）湖北三峡库区绿色村镇建设实施策略

#### 1. 树立减量思维，渐次有序推进绿色村镇建设

湖北三峡库区绿色村镇建设要遵循以民为本、减量思维、因地制宜、循

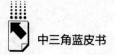

序渐进、补短强弱的总体建设思路，按照一套体系、三个阶段、四类多品的建设格局开展绿色村镇建设工作。根据绿色村镇建设总体思路，结合湖北三峡库区三县一区实际情况，针对绿色村镇建设教育体系、载体设施、社区体系、监管体系提出合理化建设方案，并对绿色村镇建设的载体设施进行具体阐述，包括分类建设绿色村镇垃圾无害化处理设施；建设绿色村镇污水处理设施；建设绿色村镇低碳能源供给设施；建设绿色村镇生活供水设施；有序适度修缮建设绿色节能住宅；建设打造"绿色村镇+产业"互动发展模式等具体举措。

2.关注村镇特色，因地制宜推进村镇差异化发展

湖北三峡库区绿色村镇建设应依托村镇绿色资源禀赋及区位优势，驱动村镇绿色发展。一是持续推进村镇差异化发展。根据湖北三峡库区村镇人口分布、区位条件、资源禀赋和发展趋势，结合绿色村镇现状评价等级结果，对绿色乡镇类型进行划分（见表2）。二是关注村镇特色，拉动绿色经济。湖北三峡库区各个村镇由于地理区位、资源禀赋相似，社会发展脉络相似，发展表现出较强的同质性。因此，要充分挖掘村镇自身资源潜力与独特优势，形成具有特色的村镇亮点，打造特色品牌，避免重复相似的发展加剧恶性竞争。

表2　湖北三峡库区三县一区绿色乡镇类型划分

| 县（区） | 城郊融合类乡镇 | 特色保护类乡镇 | 生态宜居类乡镇 | 集聚提升类乡镇 |
|---|---|---|---|---|
| 巴东县 | 信陵镇 | 野三关镇 | 茶店子镇 | 大支坪镇 |
| | — | 沿渡河镇 | 溪丘湾乡 | 金果坪乡 |
| | — | 官渡口镇 | 水布垭镇 | 绿葱坡镇 |
| | — | — | 清太坪镇 | — |
| | — | — | 东瀼口镇 | — |
| 兴山县 | 古夫镇 | 昭君镇 | 峡口镇 | 榛子乡 |
| | — | 黄粮镇 | 水月寺镇 | 高桥乡 |
| | — | — | 南阳镇 | — |

| 县（区） | 城郊融合类乡镇 | 特色保护类乡镇 | 生态宜居类乡镇 | 集聚提升类乡镇 |
|---|---|---|---|---|
| 夷陵区 | 小溪塔街道 | 龙泉镇 | 鸦鹊岭镇 | 邓村乡 |
| | — | 太平溪镇 | 樟村坪镇 | 黄花镇 |
| | — | 乐天溪镇 | 分乡镇 | 下堡坪乡 |
| | — | 三斗坪镇 | 雾渡河镇 | |
| 秭归县 | 茅坪镇 | 两河口镇 | 九畹溪镇 | 泄滩乡 |
| | — | 水田坝乡 | 沙镇溪镇 | 磨坪乡 |
| | — | 归州镇 | 杨林桥镇 | 梅家河乡 |
| | — | 郭家坝镇 | | |
| | — | 屈原镇 | | |

城郊融合类乡镇主要为三县一区各县（区）政府驻地所在乡镇；特色保护类乡镇一般旅游资源丰富、民族文化氛围浓郁、田园风光秀美、通达条件良好，可将改善农民生产生活条件与保护自然文化遗产统一起来，加强传统村落整体风貌保护，并在保护基础上进行适度开发，发展特色旅游业，如昭君镇、屈原镇；生态宜居类乡镇一般属于依山傍水、自然风光秀丽、生态良好、环境优美、交通便利、人口集中、发展条件较好、村容村貌整洁、长效管护机制健全地区，如九畹溪镇；集聚提升类乡镇一般为规模小、较分散、经济欠发达的地区。

推动村镇产业加快发展是绿色村镇可持续发展的关键之举以及重要支撑，一个地方有产业，就能带动就业，发展经济，带来人气。绿色村镇建设必须避免"千村一面"，应根据各地区的特色，进一步丰富绿色村镇的形式和内涵。

在"城郊融合类、特色保护类、生态宜居类、集聚提升类"四种类型乡镇之下，再按照"一村一业""一村一品"业态，根据产业业态，对四种类型下的乡镇下辖村庄进行进一步的划分。

### （二）湖北三峡库区绿色村镇建设对策建议

#### 1. 规划引领，大力推进绿色村镇建设

一是科学编制绿色村镇专项规划。由县级统筹，以镇为规划单元，按照

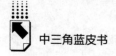

"严控增量、盘活存量、特色鲜明、留住乡愁"原则，依据区域、区位和地形地貌、资源禀赋，邀请实力雄厚的技术团队，因地制宜，科学编制绿色村镇专项规划。同时，要特别注意绿色村镇专项规划与地区土地利用总体规划、详细规划、其他专项规划的有效衔接，确保专项规划在上位法支撑下具有可操作性。二是强化县城功能，提升县城品质。按照"科学合理、重点突出、因地制宜、量力而行"的原则，围绕规划、建设、管理三大环节，融入绿色低碳县城建设理念，科学设置县城、中心镇建设安全底线、建设密度和强度，合理限制城镇民用建筑高度，大力推进绿色低碳交通系统建设；对照湖北三峡库区村镇群众需求，重点实施一批民生项目，提升县城品质，增强人民群众的获得感、幸福感。三是完善绿色村镇专项规划实施监督体系。严格执行规划，坚持先规划、后实施，不得超出专项规划范围实施绿色村镇建设。

2. 思想破冰，加快县城绿色创新发展

以县城为载体的就地城镇化是我国城镇化的重要特色，目前，县域城镇化发展虽已取得较大成就，但县城建设仍需转变思维，改变建设方向，持续推进县城绿色低碳转型发展。考虑到三峡库区独特的地理区位与自然环境，生态保护刻不容缓。一是严守县城建设安全底线。湖北三峡库区属全省和长江中下游地区重要的生态屏障空间，地质结构复杂，环境脆弱敏感。因此，县城建设应避开自然灾害多发地区，同时，选址在安全性、适宜性强的地段进行新建筑的建设。二是控制县城建设密度和强度。三峡库区县城多处山区，山多地少，人地矛盾突出。因此，县城建设应疏密有度、错落有致、合理布局，既要防止盲目进行高密度、高强度开发，又要防止摊大饼式无序蔓延。三是开阔视野，打造绿色村镇建设新平台，实现高质量发展。三峡库区三县一区要自觉把自身的发展融入全省战略。一方面，全面对接"宜荆荆恩"城市群，通过建设库区之外的"飞地"，拓展发展空间，突破生态环境容量生态红线的制约，壮大绿色村镇建设的经济基础，增强库区资源环境承载力。在县（区）内部，同样可以采取类似举措，例如，巴东县就把"经济中心"布局在库区之外、高速公路和铁路交通便捷的野三关镇。另一方面，针对县城土地资源紧缺、人口稠密的问题，鼓励其通过整合周边几个镇建立"组合镇"，例如，兴山县的"古昭南"，巴东县的跨江发展，共同承担县城的第二产业发展、商贸物流、行政管理、教育医疗等职能。

3.补短强弱，有序推进绿色村镇各类设施建设

湖北三峡库区经济发展基础比较薄弱，山区面积大，各类基础设施和基本公共服务设施成为未来其绿色村镇建设的瓶颈。因此，三峡库区各县（区）要围绕村镇的短板，从绿色教育、绿色设施、绿色社区三个方面入手，有序推进绿色村镇各类设施建设（见表3）。

表3 湖北三峡库区三县一区绿色村镇设施建设一览

| 类型 | 建设要求 | 主要内容 |
| --- | --- | --- |
| 绿色教育 | 合理布局学龄前儿童教育场所 | 以镇为单元,按需布点,特别在农村适龄儿童较为集聚的区域,建设必要的学龄前儿童教育场所,解决农村学龄前儿童的学前教育和基本托育问题 |
| | 适度建设"小规模学校" | 按需建设"小规模学校",采取小班制或者分校模式,配置专职老师或采取中心学校轮流授课方式进行教学。采用简易环保材料,降低建设成本,完善每所"小规模学校"教学条件,确保适龄儿童就近入学 |
| | 建设绿色村镇人才培训学校 | 以镇为单位,适度超前建设一所或者多所乡村振兴人才学校。针对绿色村镇建设需要,结合本地区发展规划,合理确定人才培训学校选址及建设规模,建设特色鲜明的人才培训学校 |
| | 建设绿色村镇文化教育基地 | 建设三峡库区移民历史档案馆,建设绿色村镇文化传承基地,建设绿色村镇田园生活体验基地 |
| | 建设绿色村镇科普宣传驿站 | 每个村内,选址在文化广场或休闲活动场所等人员较为集中的地区建设绿色村镇科普驿站 |
| 绿色设施 | 分类建设绿色村镇垃圾无害化处理设施 | 有序推进农村垃圾分类,建立垃圾回收补偿机制。实施垃圾分类处置,对可腐烂(堆肥)垃圾,采取生物发酵制肥方式对其进行就地资源化处理,或者在有条件的村镇将其作为沼气原料进行减量化处理。对于不可腐烂(堆肥)垃圾,采取集中回收处理 |
| | 建设绿色村镇污水处理设施 | 分类推进农村生活污水治理;因势利导,生态化处理污水;持续推进厕所革命 |

续表

| 类型 | 建设要求 | 主要内容 |
|---|---|---|
| 绿色设施 | 建设绿色村镇低碳能源供给设施 | 加强电力能源设施建设管理;坚持发展农村沼气等生物能源;探索构建多元化能源供给模式 |
| | 因势就势建设绿色村镇生活供水设施 | 部分具备条件的地区可以水库、湖泊和池塘为供水水源;部分区域可以地下水、泉水为供水水源;部分区域可以水井、水窖等分散供水工程为饮用水水源 |
| | 有序适度修缮建设绿色节能住宅 | 严格执行建房标准;以新修旧,如旧补新,严控新增;建设绿色节能环保住宅 |
| | 打造"绿色村镇+产业"互动发展模式 | "绿色村镇+农副产品";"绿色村镇+文创";"绿色村镇+旅游";"绿色村镇+碳汇" |
| 绿色社区 | 建设村级党组织和社会服务组织活动场所 | 建设村级党组织、村委、党员活动中心和社会组织活动场所。在行政村建设社区服务中心。继续做好大学生村官、驻村第一书记入村工作,积极吸纳推荐年轻优秀人才进入村委会,为其提供必要的住宿、学习、办公场所 |
| | 为孤寡老人建设社区养老服务场所 | 以镇为单位,集中建设村级养老服务设施,设置日间照料和短期托养的养老床位。在靠近城镇的城郊乡镇,充分利用乡镇已有的基础设施,可以采取居家养老服务模式,以上门服务为主要形式。构建卫生所、卫生院、县医院的三级医疗服务,确保老人可以得到及时的就医服务 |
| | 完善绿色村镇民生领域服务设施 | 完善卫生医疗设施;完善文体娱乐设施;完善集贸市场设施;推进乡村绿色殡葬 |

#### 4.借力借势,依托集体经济支撑绿色村镇建设

集体经济既可为绿色村镇建设提供资金支持,也可成为绿色村镇建设主体。具体实施过程中,要针对村镇实际情况,按照村镇发展类型划分合理推进集体经济的发展。

湖北三峡库区三县一区绿色村镇集体经济发展具体举措见表4。

表4　湖北三峡库区三县一区绿色村镇集体经济发展具体举措

| 村镇类型 | 具体举措 |
|---|---|
| 资源开发型 | 凭借土地、山水、田园等特色自然资源,开发增收项目,实现村级集体经济稳定增长 |
| 物业经营型 | 引导、扶持村集体利用集体所有的非农建设用地或村留地,兴建标准厂房、专业市场、仓储设施、职工生活服务设施等,通过物业租赁经营等方式,增加村集体收入 |

**续表**

| 村镇类型 | 具体举措 |
|---|---|
| 资本盘活型 | 对村集体闲置的会堂、厂房、祠堂和废弃学校等设施,通过公开拍卖、租赁、承包经营、股份合作等多种方式进行盘活,增加村集体收入 |
| 资本运营型 | 将村集体历年积累的资金、土地补偿费等货币资产,通过参股经营等方式转为经营资本,获取股金、利息和资产增值等资本运营收入 |
| 村庄经营型 | 充分利用美丽乡村建设成果,大力发展美丽经济,拓展集体经济发展空间,打造村域景区、农家乐、民宿经济等,把"绿水青山"变成"金山银山" |
| 产业发展型 | 把加快村级集体经济发展与推进农业两区建设、提升现代农业发展水平相结合,与块状经济发展相结合,在促进产业发展中增加村集体收入 |
| 生产服务型 | 围绕村域产业化经营,创办多种形式的村级经营性服务实体,为农户提供生产资料、农业机械、病虫害防治、技术咨询等服务,或开展联结龙头企业和农户的中介服务,或兴办农产品等专业批发市场,通过开展购销服务增加村集体收入 |
| 村落建设型 | 以历史文化村落、中心村建设为载体,通过保护开发、宅基地整理复垦等途径,增加村集体收入 |
| 土地股份合作型 | 通过村集体领办土地股份合作社,推动农业适度规模经营,着力提高劳动生产率和土地产出率,实现土地经营收益最大化 |

### 5. 多措并举,建设绿色美丽宜居宜业新村镇

绿色是湖北三峡库区三县一区村镇的"底色",建设绿色村镇就是要把"底色"擦亮,在保护中开发,在开发中保护。一是发挥龙头企业牵引带动作用。以三县一区本地龙头企业为中心,支持龙头企业及其上、下游和配套企业发展,拓展产业链条,推动地区经济发展,进而支撑村镇建设,提高村镇绿色发展水平,即"一点带动,产业支撑,绿色建设"。二是实施产业集群驱动发展战略。通过集聚行业内企业及其关联合作企业、专业化供应商、服务供应商和相关机构等,打造区域专业化优势,形成行业高地,进而支撑村镇建设,提高村镇绿色发展水平,即"聚焦一业,集群发展,产业支撑,绿色建设"。三是大力推进康养旅游发展。充分发挥三县一区气候和生态优势,改造或新建绿色康养社区,积极发展康养旅游产业,而康养旅游产业的发展又支撑绿色村镇建设,形成绿色村镇和康养旅游协同发展局面,即

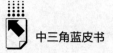
"发挥优势，绿色建设，康养旅游，产镇协同"。四是生态保护促发展。坚持绿色发展理念，发挥自然生态优势，以绿色村镇建设推进绿色产业发展，用绿色产业支撑绿色村镇建设，形成绿色村镇和绿色产业协同发展局面，即"生态优先，绿色产业，产镇协同"。

**参考文献**

《环境保护部关于印发〈全国生态脆弱区保护规划纲要〉的通知》，中国政府网，2008 年 9 月 27 日，http：//www. gov. cn/gongbao/content/2009/content_ 1250928. htm。

闫春华：《生态脆弱区乡村绿色发展路径探析》，《沈阳工业大学学报》（社会科学版）2022 年第 3 期。

储云、季翔、唐苏敏：《乡村振兴背景下绿色宜居村镇建设策略研究——以安徽省宣城市桃花潭镇为例》，《工业设计》2021 年第 12 期。

仇保兴：《从绿色建筑到低碳生态城》，《城市发展研究》2009 年第 7 期。

王凯：《中国城镇化的绿色转型与发展》，《城市规划》2021 年第 12 期。

# B.11

# "双循环"格局下湖北县域经济
# 高质量发展的新思路

操玲姣 *

**摘　要：** 全域协同发展，差距在县域、潜力在县域、关键在县域。在推动"双循环"和共同富裕的形势下，湖北要始终抓住科教优势，始终抓住武汉国家中心城市的产业基础优势，始终抓住国家乡村振兴战略机遇，围绕构建"一主引领、两翼驱动、全域协同"区域发展布局，因地制宜，分类引导，强化财政扶持，大力发展民营经济，巩固特色优势，推动数字赋能，促进县域经济高质量发展。

**关键词：** "双循环"格局　县域经济　湖北省

　　"双循环"格局下，县域经济的高质量发展显得尤为重要。近年来，党中央出台了一系列推动县域经济发展的政策。《关于县域创新驱动发展的若干意见》提出了县域发展中创新的重要性，随后科技部启动了创新型县（市）建设。县域连接城市和乡村，县域经济的发展离不开乡村的振兴，《乡村振兴战略规划（2018~2022年）》出台，该规划要求在全国大力推动乡村振兴，实施脱贫攻坚计划，2020年，脱贫攻坚取得了全面胜利。《关于加快开展县城城镇化补短板强弱项工作的通知》，要求加快补

---

* 操玲姣，博士，武汉市社会科学院区域经济研究所副研究员，主要研究方向为区域经济、城市经济。

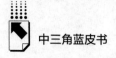

上县城城镇化的短板弱项。① 县域经济发展是全国重大区域战略布局，也是湖北县域高质量发展的宝贵历史机遇。

# 一 县域经济的主要功能定位

在中国的行政系统中，县域经济具有独立职能，具有一定的财政权限，有独立的物理边界，是以市场为导向，以县级政权为调控主体优化配置资源，功能完备并具有地域特色的区域经济系统。② 县域经济是承载中国经济发展民生保障的重要载体，是承接制造业产业转移的重要平台，也是城市经济与乡村经济融合发展的重要生态纽带，还是国家粮食安全稳定发展的基石。

## （一）民生保障功能

县域经济首先是民生经济。县域是吸纳农业转移人口的重要载体，县域经济发展必须以民生经济为核心。一方面，县域人口数量占比大，是经济发展的基础。2021 年底，我国城镇常住人口为 9.1 亿人，1866 个县及县级市，约 2.5 亿人，县及县级市城区人口占全国城镇常住人口近 30%。③ 另一方面，县域人口保持着较大的增长态势，我国新型城镇化提出了"以人为核心"，将人口的城镇化放在首位，随着大城市人口的日益膨胀，"大城市病"成为城市发展的痛点，同时，大城市高质量发展过程中，将重心转移到传统产业的高端环节、创新产业以及未来产业的发展，传统制造业逐渐向县域迁移，越来越多的人口逐渐流动到大城市周边的县城，县域成为城镇化的重要承载平台。县域城镇化是中国新型城镇化的主要方式，县域是农民变成城市市民的主要承载地，到 2025 年，到县城就业安家的农民规模将不断扩大。

---

① 林火水、张协嵩：《新时期县域经济转型方向与路径研究》，《福建商学院学报》2020 年第 4 期。

② 刘小龙：《中国县域经济论纲》，《中共云南省委党校学报》2003 年第 2 期。

③ 思雨：《推进县域城镇化建设 促进城乡的融合发展——国家发展改革委规划司有关负责人解读〈关于推进以县城为重要载体的新城镇化建设的意见〉》，《中国食品》2022 年第 10 期。

因此，县域的公共服务完善、基础设施建设的重要性也日益凸显，县域的基础设施、民生保障功能要不断提升。

## （二）生产配套功能

县域经济在承接大城市制造业转移过程中发挥重要作用。根据产业发展的梯度理论，工业化发展中后期，城市发展的产业逐步转型，向制造业的高端领域迈进，生产性服务业、商务商贸服务业成为大城市的主导产业，传统制造业逐步向中小城市转移。县域经济是城市经济与乡村经济的连接点，在产业梯度转移的过程中，大城市拥有人才、服务集聚优势，负责微笑曲线的两端，主要保留研发、设计和商贸、服务等功能，将大量增加就业的制造功能转向县域，促进了互利共赢。而县域拥有土地、租金和用工等成本优势，这为其承接城市产业外溢提供了机会。总体来看，县域已经成为我国制造业配套发展的主要承载地。

## （三）生态经济功能

推动生态功能县（区、市）绿色发展是重大的国家战略。生态环境问题日益受到国家的重视，在县域经济发展的过程中，涵养生态是其中的重要一环。根据国家主体功能区规划，首先要明确县域发展的定位，县域经济的发展要平衡开发资源和环境保护的关系，一方面要充分利用生态资源，推动县域经济的发展，促进人民生活水平的提升，大力发展文化生态旅游业、经济林业、茶业等绿色产业；另一方面要保护好生态资源，不对其过度开发，竭泽而渔。这就要求县域经济的发展要重视绿色产业，将产业生态化，生态产业化，两者兼顾，蹚出一条"绿水青山就是金山银山"的新路。

## （四）粮食安全功能

粮食事关国运民生，粮食安全是国家安全的重要基础。县域不仅仅是制造业转移的承载地更是农业粮食生产的供应地，承担了发展工业和农业的双重责任。首先，也是最重要的，粮食是战略物资，粮食安全是中国一直非常重视的战略安全，将接近 14 亿人的口粮交给国际市场，势必影响国家的安全，保持粮食的自给自足是中国的优良传统，也是国家发展的战略需求，中国必须自力更生，自给自足。其次，当前甚至未来一段时期，国际形势风云变幻，国际市场波动也难以预料，有没有可供巨大人口基数的粮食也未可知。因此，县域经济中粮食生产的 18 亿亩耕地红线不容突破，县域经济承担着维护粮食安全的功能。[①]

## 二 "双循环"格局下县域经济发展的新特征

### （一）县域经济已成为新发展格局的核心载体

要畅通内循环，县域经济的畅通是关键。从供给上来看，县域制造业已经成为中国制造业重要的组成部分，2021 年县域经济总量占到了全国的40%，随着传统制造业逐步向县域转移，未来县域经济发展空间更大，县域经济供给体系较为全面，农业、工业、服务业体系完备，随着经济数字化发展，"5G+互联网"科技的布局，一、二、三产业融合发展的趋势越来越明显，县域经济发展将步入快车道。从需求上来看，国家大力推动实现共同富裕，推动市场一体化发展，这将有力地激活县域经济巨大的消费市场，从而促进各个生产领域的大力发展，形成良性循环。

### （二）县域经济高质量发展是共同富裕的基础支撑

农村居民人均可支配收入是新时期县域现代化和共同富裕的物质基础和基本指标。国家下大力气推动实施乡村振兴战略的一个目的就是解决农村和城市发展的差距问题，解决我国经济发展不充分、不平衡的矛盾。县域位于城乡两头的交叉地带，具有独特的辐射带动作用。一方面，县域经

---

① 范毅、王箭旭、张晓旭：《推动县域经济高质量发展的思路与建议》，《宏观经济管理》2020 年第 9 期。

济能够吸纳农业剩余劳动力，带动农民就业，为县域制造业发展提供劳动力支撑，同时，也能增加农民收入，激活县域层面发展活力。另一方面，县域提供了与大城市最为接近的商贸、餐饮、娱乐、住宿等生活性服务业，弥补了乡村旅游的短板，带动了生态旅游、民俗文化旅游的发展，为农村经济注入了新的活力和动力。这些将有力地促进县域经济高质量发展，带动共同富裕。

### （三）数字经济的渗入为县域经济高质量发展提供新动能

数字经济赋能传统产业，将有力促进县域制造业改造提升和新兴产业发展。一直以来，传统农业的发展受到分散经济的制约，无法形成规模收益，另外，信息闭塞导致市场失灵，农业发展举步维艰。在以新型工业革命，以5G、数据中心、工业互联网、物联网等为代表的新技术的刺激下，农村的智能基础设施得到了较大的改善，农村电子商务的兴起，改变了农产品的销售渠道和销售模式，"三农"问题得到了解决。

## 三 湖北县域经济发展的现状

### （一）发展基础①

总体实力稳步增强。截至 2020 年，湖北省县域经济生产总值达25464.9 亿元，占到了全省经济总量的 58.7%。"十三五"以来，为了弥补县域经济发展的短板，湖北省采取了一系列措施，从"一县一品"到产业链"链长制"、从扩权赋能到强县工程，促进县域经济取得了较快的发展。2020 年 GDP 大于 300 亿元的县域有 36 个，占比达到 46%。2022年的全国百强县中，湖北百强县数量排名第五，仙桃、潜江、宜都、枣阳、汉川、大冶、枝江、天门等 8 个县（市）上榜，上榜数量连续 3 年递

---

① 资料来源：《湖北省县域经济发展"十四五"规划》。

增，位居中西部第一，取得了不错的成绩，夯实了湖北县域经济突破发展的基础。

产业结构不断优化。2015 年，湖北县域经济的三次产业结构为 16.4∶44.9∶38.7，到 2020 年湖北县域经济的三次产业结构为 15.5∶39.7∶44.8，第三产业提升了近 6 个百分点。湖北开始出现了一些特色绿色蔬菜基地和果业基地，逐步重视产品的品牌化发展，从产值比重来看，轻工业比重不断上升，重工业比重不断下降，这在一定程度上优化了工业结构。随着农业科技的进步，一、二、三产业不断融合发展，深加工、精加工水平不断提升，县域经济结构也不断优化。

创新活力不断提升。创新是县域经济发展的活力源泉也是县域经济发展的巨大动力。湖北县域经济的创新活力主要凸显在三个方面，首先，依托国家、省市战略，大力推动对内对外开放发展，人员流动频繁，交流日益活跃，形成了创新创业发展的良好氛围。其次，受到武汉科技创新中心的辐射，产业飞地、科创飞地模式开始出现，县域经济开始重视联合科研机构、高等院校的力量，成立企业技术中心。目前，湖北县域的省级企业技术中心达到 213 个。最后，依托本地资源禀赋，大力发展特色产业，引进龙头企业，建设产业技术研究院，大力发展新型研发机构。比如，建立了蕲艾、薯芋等一批农产品产业技术研究院。

生态发展持续推进。坚持大保护，不搞大开发，持续推动沿长江生态环境保护。"十三五"以来，湖北对长江岸线各类码头进行综合治理，对一些影响生态环境的码头坚决取缔，实现码头集约化运营。对 405 家沿江的化工企业、144 家危化品企业实施"关改搬转"。围绕"农民要效益、市民要放心、环境要绿色"，大力打造全国农业绿色发展示范区。大力推动长江流域畜禽粪污综合治理、农作物秸秆资源化利用，使农村的人居环境得到显著的改善。丹江口市、保康县尧治河村获评"绿水青山就是金山银山"实践创新基地。

城乡一体化发展不断推进。深入实施强县富民工程，通过大力发展产业促进就业水平的提升，建设公共服务项目，推动农村公共服务水平的提升；

实施结对子帮扶，不断缩小城乡的贫富差距，达到共同富裕的目的。抓住国家实行乡村振兴战略的机会，推进城乡公共服务一体化发展，推进城乡基础设施互联互通，弥补农村基础设施短板，不断增强乡村的吸引力和致富能力，促进县域脱贫攻坚取得全面胜利。武汉市东西湖区、黄陂区和宜昌市夷陵区成为共同富裕的样板。受益于疫情防控时期国家的大力支持，湖北省新型城镇化也取得了显著的进步，2021 年湖北省常住人口城镇化率比 2020 年提升了 1.2 个百分点，接近全国平均水平 64.72%，湖北省成为城镇化率提升幅度最大的省份。乡村的人居环境、养老环境、生活环境都有了较大幅度的改善，城乡一体化水平也不断提升。

### （二）存在的问题

总体来看，湖北县域经济总量增长较快，但县域经济仍然是湖北的短板，资源环境与生产要素之间的矛盾、发展方式粗放的问题未有大的改善，县域经济发展仍然存在一些突出问题。

综合实力有待提升。湖北县域经济产业仍然是以农业种植业为主，现代化水平较低，很多仍然采用传统粗放的种植方式，龙头企业少、产业创新能力弱等，农产品附加值较低。2021 年，江苏有 17 个县（市）经济总量超过千亿元，浙江有 10 个，湖北县域中只有 1 个经济总量超过千亿元。经济百强冲刺县赤壁、应城，离百强县门槛值 680 亿元仍有超过 150 亿元的差距，"十四五"期间突破难度较大。

产业结构趋同、产业布局不尽合理。就武汉城市圈县域来说，整体第三产业发展略好于第二产业，产业结构为 11∶38∶41 的"三二一"结构。产业类型方面，武汉城市圈的产业主要以装备制造业为主，高新技术产业和现代服务业除武汉市外较少。产业构成方面，9 个城市产业构成雷同，多为传统基础产业，资源依赖、能源依赖特征较为突出，存在较大程度的同质化竞争挑战，产业升级能力决定了县域能不能持续享受中心城市产业发展红利。

2020 年武汉城市圈县域产业发展概况见表 1。

表1　2020年武汉城市圈县域产业发展概况

单位：亿元

| 类别 | 武汉市 | 咸宁市 | 黄石市 | 鄂州市 | 黄冈市 | 孝感市 | 仙桃市 | 潜江市 | 天门市 |
|---|---|---|---|---|---|---|---|---|---|
| 第一产业 | 402.18 | 217.49 | 115.79 | 99.20 | 438.29 | 343.14 | 96.51 | 83.45 | 90.25 |
| 第二产业 | 5557.47 | 628.72 | 797.80 | 435.03 | 749.83 | 860.66 | 358.02 | 367.81 | 749.83 |
| 第三产业 | 9656.41 | 678.46 | 727.73 | 471.00 | 981.43 | 989.75 | 373.39 | 313.97 | 981.43 |
| 产业结构 | 3：36：62 | 14：41：44 | 7：49：44 | 10：43：47 | 20：35：45 | 16：39：45 | 12：43：45 | 11：48：41 | 20：35：45 |

资料来源：湖北省统计局网站（武汉市、咸宁市、黄石市、鄂州市、黄冈市、孝感市、仙桃市、潜江市、天门市2021年统计年鉴）。

忽视中小企业的发展。中小企业以其发展灵活、风险较小的特征，在县域经济中发挥较大的作用，在县域经济中，能够与互联网电子商务有效结合，可以有效提升县域经济的核心竞争力。当前阶段，湖北要发展县域经济，离不开中小企业的大力发展。但是中小企业在政府服务和金融部门融资的过程中，往往又容易受到歧视，造成融资贵融资难，中小企业发展举步维艰。这就容易错失县域经济发展的机遇。

资源环境压力大。在碳达峰、碳中和的要求下，县域经济传统的发展方式亟待转型。一方面，县域经济结构转型压力大，产业体系亟须绿色转型，粗放的高耗能的发展方式在县域经济中占有主要地位，发展方式在县域经济中的转型还需要一个过程。另一方面，县域经济同质化和产能过剩问题较为严重，部分地方政府为了谋求局部利益或者自身的短期利益，过度开发资源，不作为、乱作为的现象时有发生。

科技人才匮乏。政府越位、缺位的问题依然存在，部分政府部门没有始终将创新摆在工作的第一位，仍然延续传统发展路径与模式，这导致政策执行与落地存在偏差。人口外流加剧了县域人才资源"困局"，湖北一直是科教大省，在校大学生资源丰富，但人才资源未能很好地转化成创新创业资源，缺乏创新创业载体，缺乏新型研发机构，造成大量科技人才、高端人才流失。

# 四 湖北县域经济高质量发展的对策建议

在推动"双循环"和共同富裕的形势下，湖北要始终利用好科教优势，始终利用好武汉国家中心城市的产业基础优势，始终抓住国家实施乡村振兴战略机遇，提升县域经济整体实力和竞争力。

## （一）强化分类引导，优化县域经济发展定位

强化生产配套功能。充分发挥武汉的辐射带动功能，打造以光电信息产业、现代服务产业和高端装备制造业为主的高端产业链条，形成以武汉为研发和物流中心，周边县域为制造业生产基地的布局模式。紧密围绕"宜荆荆恩"城市群、"襄十随神"城市群内县域地区的支柱产业和优势产业，发展配套性强、辐射面广、专业化程度高的消费产品和服务市场。

强化维护粮食安全功能。推动一、二、三产业大融合，实现农产品价值大提升。大力推进江汉平原等国家农产品主产区农业现代化发展，推动秦巴山、大别山等山区特色农产品和药材形成规模效应，带动农业和农产品加工业实现跨越式发展。以农业产业化助推县域经济高质量发展，推动湖北省由农业大省向农业强省转变。

强化民生保障功能。大力推动基本的公共保障服务发展，以城乡一体化发展为契机，推动县域公共服务一体化发展，强化县域基础设施建设，数字化建设，不断增强县域经济的承载能力。

强化生态经济功能。对主体功能区中有生态功能的县域，要大力推进生态产业化，在保护生态环境的同时，积极利用好生态资源，加强生态产品的开发，高度重视生态旅游产业发展，不断挖掘当地的文化资源，大力推动文旅融合发展。在以人为核心的城镇化前提下，对人口流失严重的县域，严格控制建设用地，引导其产业转型发展，寻找替代产业，强化绿色生态功能。

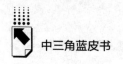

## （二）强化财政扶助，加快实施"强县工程"

拓宽适合县域经济需要的资金渠道。首先，大力实施"山川协作"，充分发挥结对子帮扶的作用，发挥政府对县域经济的财政、税收以及项目等帮扶作用，引导民间投资，拓展县域经济资金渠道。其次，设立县域经济投资基金。在基金创设上，采用共同出资、引导基金、投资入股等多种方式，引入基金的运作和管理公司，对基金进行专门化管理和运作，减少行政干预，提升管理效率。

整合县（区）政府财力资源，让县域经济在整合中壮大。首先，成立土地储备开发中心，严格规范土地使用和流转程序。其次，梳理政府资产，加大对政府资产的管理力度，提高资产运行效率。最后，盘活现有资产存量，根据企业发展前景，实行对外招商引资或整体出售。

整合行政效能，降低行政成本。进一步规范行政事业部门运行制度，充分利用互联网搭建行政事业综合运行平台，集中有限财力保证发展县域经济的重点支出。

## （三）发展民营经济，加快培育县域市场主体

湖北省政府要设立专门特色产业发展基金，举全省之力，引导支持具有市场战略眼光和能力的人积极创业，成为创业的示范者；引导更多的境内外客商来鄂投资兴业，成为创业推动者。

推动"产业导师+辅导员+联络员"机制向县域拓展，积极推动科研、大专院校等专业人才去县域择业、就业、创业，成为创业的生力军。大力推动农村富余劳动力、城镇下岗失业人员、征地拆迁居民、失地农民等就业困难群体以创业促进就业，促进县域经济突破发展。

持续推动乡村振兴战略，让回乡经济、下乡资本成为县域经济升级发展的新生力量，不断提升乡村的深加工、精加工能力，推动三类产业融合发展，不断提高农民收入，逐步实现共同富裕。

### （四）巩固特色优势，拓展县域产业辐射空间

筑牢创新链。主动在中心城市设立"科创飞地"，吸收中心城市科创资源为本地产业升级的创新力。大力推动武汉高校和科研院所深度合作，通过教授回乡"千人计划"工程，聘请特色产业发展技术院士专家顾问等模式，共同开展科技合作和产研协作，抢占技术高地。实施园区基础设施数字化改造示范工程，发展新模式新业态，打造新场景，突破同质化竞争，激发县域内生动力。

拉长产业链。按照"51020"产业体系的要求，引导县（区、市）产业积极对接，打造县域现代产业集群，延长产业链条，大力推行"链长制"，提升产业的竞争力。加强园区载体建设，大力支持"产业飞地"，围绕特定产业链条吸引相关企业和服务组织集聚。大力发展特色产业基地，鼓励村集体兴办产业基地、专业合作社，带动群众发展特色产业。

升级价值链。设立特色产品展销中心，把握"直播带货"窗口期，推动线上线下双轮驱动，创新市场网络和营销体系。大力推动形成"一县一品""一业一品"，形成一批如"潜江小龙虾""赤壁青砖茶""蕲春蕲艾""黄陂全域旅游"等的特色品牌。逐步将质量优势、品牌优势转化为市场优势。

### （五）推动数字化赋能，营造良好县域经济发展环境

推进数字化赋能。深化扩权赋能强县改革，使县域经济有更大的自主权力。建设新型基础设施，发展智慧县城，扩大教育资源供给并完善医疗卫生体系，促进学校、医院、图书馆等资源数字化。

推动数字政务，提升治理效率。推进"互联网+政务服务"，通过数字政务建设有效提升行政管理的透明度和效率，让企业能够得到最大的发展空间。

推动产教融合，做好职教文章。全面提升人力资源素质，鼓励支持县域拓展职业办学，推动产学研一体化发展。结合产业发展方向，打造多层级、多元化职教体系，构建集城镇、产业、职业、人才于一体的产教融合共同

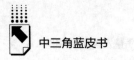

体，支持劳动力向技能人才转化，聚集返乡技能型人才，以技能型人才的规模化供给塑造产业招商竞争力。

## 参考文献

郭爱君：《"双循环"格局下县域经济发展的新思路》，《人民论坛》2021年第2期。

厉夏：《新型城镇化背景下县域经济发展路径研究———以湖北省为例》，《湖北科技学院学报》2019年第1期。

周广亮、王桥：《基于新型城镇化的河南县域经济发展路径探析》，《企业研究》2017年第4期。

宋菲菲、宋亚平：《县域经济的内涵、特征和高质量发展——以湖北为例》，《湖北社会科学》2020年第2期。

宋志秀、宋俊怡：《供给侧结构性改革背景下湖北县域经济转型升级研究》，《财经界》（学术版）2016年第36期。

闫恩虎：《当前中国县域经济发展定位探析》，《发展研究》2019年第11期。

范毅、王笳旭、张晓旭：《推动县域经济高质量发展的思路与建议》，《宏观经济管理》2020年第9期。

郑永年：《中国地方治理危机及其体制根源》，《联合早报》2016年11月22日。

《习近平指导兰考县委常委班子专题民主生活会》，中国网·新山东网站，2014年5月10日，http://sd.china.com.cn/a/2014/syjdt_0510/180499.html。

《湖北省县域经济发展"十四五"规划》，湖北县域经济发展研究中心网站，2022年2月18日，http://hbcounty.whpu.edu.cn/info/1008/1158.htm。

# B.12
# 长沙工程机械产业高质量发展调研报告[*]

湖南省社会科学院（湖南省政府发展研究中心）课题组[**]

**摘　要：** 在加快构建现代产业新体系背景下，长沙工程机械产业现已成为
　　　　国内规模最大、实力最强、技术水平最先进的工程机械研发制造
　　　　产业，形成了独具特色的产业发展五大亮点与六大经验。虽然长
　　　　沙工程企业持续提升竞争力及市场份额并取得了显著成绩，但由
　　　　于国际形势风云突变，仍面临逆全球化"回头浪"侵扰、行业
　　　　同质化恶性竞争、创新人才和关键技术存在短板、激励与考核机
　　　　制不优、数字化升级不足的问题。因此，在长沙工程机械产业发
　　　　展的关键时期，必须以供给侧结构性改革为主线，大力实施
　　　　"三高四新"战略，以推动湖南工程机械产业高质量发展。

**关键词：** 工程机械产业　高质量发展　长沙

为深入贯彻落实习近平总书记考察湖南重要讲话指示精神和党中央决策
部署，大力实施"三高四新"战略，加快构建现代产业新体系，奋力打造

---

　*　本报告系 2020 年国家社科基金课题"新时代高质量发展的理论逻辑与实践向度研究"
　　（20BKS043）的阶段性研究成果。

**　课题组组长：邓子纲，湖南省社会科学院（湖南省政府发展研究中心）产业经济研究所所
　　长、研究员。课题组成员：陈旺民、廖卓娴，湖南省社会科学院（湖南省政府发展研究中
　　心）产业经济研究所助理研究员；王凡，博士，湖南省社会科学院（湖南省政府发展研究中
　　心）经济研究所副研究员；胡守勇，湖南省社会科学院（湖南省政府发展研究中心）社会学
　　研究所副所长、研究员；刘雄，中南大学博士研究生；李广，九三学社湖南省委员会参政议
　　政处干部、助理研究员。

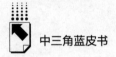
国家重要先进制造业高地，<sup>①</sup> 湖南省社会科学院课题组对湖南省工程机械产业进行了专题调研。课题组深入省直有关职能部门及重点园区，对三一重工、中联重科、山河智能、铁建重工等四大龙头企业及相关中小企业进行了实地调研。在参考兄弟城市工程机械产业发展思路的基础上，提出了推进长沙工程机械产业高质量发展的对策建议。

## 一 长沙工程机械产业发展的基本现状

长沙工程机械产业是湖南的一张闪亮"名片"，是湖南省倾力打造的三大世界级产业集群之一。当前，湖南已成为中国规模最大、实力最强、技术水平最先进的工程机械研发制造基地。省会长沙是"工程机械之都"，工程机械产业集群总产值超过 2500 亿元，产品覆盖全球 180 个国家和地区，拥有三一重工、中联重科、山河智能、铁建重工 4 家全球工程机械行业 50 强企业。2021 年 3 月，长沙工程机械产业集群获得"国家先进制造业集群竞赛"决赛优胜者称号，这标志着长沙工程机械产业集群迈入了国家先进行列。

从 2020 年企业销售情况来看，三一重工营收略低于徐工集团，但盈利能力较强，研发投入力度较大（目前研发支出占比超过了全球前三企业），2020 年混凝土机械和挖掘机销量均实现了全球第一。照此趋势持续发展，三一重工有望在不久的将来冲刺国内行业首强，越过徐工集团跻身全球前三。

尽管从纵向来看，经过几十年的发展，长沙工程机械产业取得了历史性成就，在国内也有较大的优势，但与全球领先企业相比，发展差距依然不小。三一重工作为国内龙头企业之一，与全球工程机械领先企业仍存在一定差距。就 2020 年市场占有率而言，三一重工目前低于卡特彼勒约 5 个百分点（规模约相当于一个中联重科）。此外，三一重工产品海外市场占有率远低于小松产品海外市场占有率及卡特彼勒产品在中国的市场占有率（见图

<hr />

① 《打造"国家重要先进制造业高地"的"湖南答卷"》，"中国新闻网"百家号，2021 年 9 月 17 日，https：//baijiahao. baidu. com/s？id=1711158913466994749&wfr=spider&for=pc。

1）。在行业集中度不断提升、强者越强的光环效应和趋势下，企业要想获取全球领先的规模、品牌及竞争优势，必须加快打造世界顶级企业进程，强化核心竞争力，尽早缩减自身与全球领先企业之间的差距。

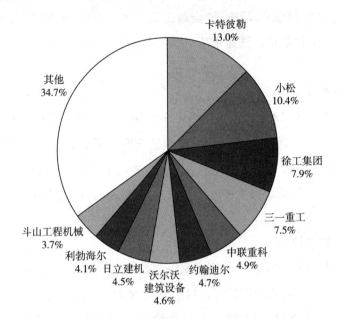

**图1　2020年全球工程机械制造商市场份额10强占比情况**

资料来源：KHL。

# 二　长沙工程机械产业发展的五大亮点与六大经验

## （一）长沙工程机械产业发展的五大亮点

### 1. 产业集聚度很高

湖南是中国最大的工程机械产业基地，全省150家规模企业、300多家配套企业，80%以上集聚在省会长沙及周边城市。其中长沙拥有三一重工、中联重科、铁建重工、山河智能等大中型主机企业，以及200多家配套企业。

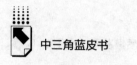

### 2. 产业规模最大

长沙工程机械产业规模从 2010 年起，连续 11 年保持全国第一。2020年长沙工程机械企业主营业务收入和利润总额分别达 2555 亿元和 354 亿元，营业收入占全国总量的 27%。"全球工程机械制造商 50 强"长沙有 4 家（三一重工、中联重科、铁建重工、山河智能），其中三一重工、中联重科进入 5 强。

### 3. 产品种类最全

长沙能够生产 12 个大类 100 多个小类 400 多个型号规格的产品，所生产的产品种类占全国工程机械产品种类的 70%。长沙混凝土机械、建筑起重机械、挖掘机械、桩工机械、环卫机械、掘进机等产品产销量位居全国第一，其中混凝土机械、液压静力压桩机、大直径硬岩掘进机等产品产销量位居世界第一。

### 4. 创新能力较强

长沙工程机械行业拥有 6 家国家级企业技术中心，4 家国家级工程技术研究中心，1 个国家重点实验室，11 个企业院士工作站，龙头企业每年研发投入超过主营业务收入的 5%。长沙相继研制出世界最长臂架的混凝土泵车、世界最大工作幅度的塔式起重机、世界最强起重能力的轮式起重机、世界最大步履式旋挖钻机、世界最大吨位的履带起重机等一批高水平的工程机械产品。在港珠澳大桥、"华龙一号"等国内重点工程和福岛核难、智利矿难等国际重大事件中，长沙工程机械企业发挥了重大作用。

### 5. 商业模式较活

长沙工程机械企业大胆创新业务模式，三一重卡借助互联网销售平台，52 秒卖出 2000 辆军亮版重型卡车，创造了重卡行业互联网销售神话。在收购并成功运营意大利 CIFA 和德国普茨迈斯特等国际著名品牌企业后，在美国、巴西等地建设研发生产基地过程中，长沙工程机械企业产品已销到全球160 多个国家和地区。中联重科打造"928 嗨购节"等一系列直播活动，一次活动即斩获总金额超过 32 亿元的订单，突破工程机械行业直播销量、流量双纪录。山河智能凭借先导式创新，在工程装备、特种装备和航空装备三个方面实现了差异化高速健康发展，目前成为世界支线航空租赁 3 强、具有国际影响力的知名企业。2021 长沙国际工程机械展览会吸引了全球工程机械 50 强 32 家参展参会，参展企业 1450 家，现场成交额突破 400 亿元。

### （二）长沙工程机械产业发展的六大经验

#### 1. 聚焦特色拳头产品，做专业化精品化差异化发展引领者

一批"爆款"产品站稳市场是长沙工程机械产业崛起的重要因素之一。中联重科在建筑起重、环卫车辆等领域连续多年占据国内市场份额第一；三一重工的桩工机械和履带起重机为国内第一品牌；山河智能在桩工机械、凿岩设备、智能挖掘机械等产品技术领域努力开拓，形成数十个品种规格的、具有自主知识产权的产品；铁建重工坚持开发填补行业空白的产品，成功研制了隧道掘进机、钻爆法隧道装备等 50 多项全球、全国首台（套）装备。此外，山河智能作为中国通航产业的开拓者，在载人轻型飞机以及无人机领域研制出一系列具备显著差异化竞争优势的产品，填补了多项国内行业空白。

#### 2. 专注产品质量提升，做实施质量强国战略的忠实实践者

三一重工在学习国际先进管理经验的基础上，创立了"五步卓越法"质量体系管理法，还通过质量管理信息系统（QIS）的逐步搭建与完善，实现质量信息数据的 100% 线上流转、分析、预警。中联重科自 2000 年首次通过质量管理体系认证以来，一直重视基础体系建设，推动市场与厂内主要质量问题的解决，提高问题整改覆盖率与完成率。山河智能通过追求高精度的设计、科学的技术研究、翔实的数据积累，确定最佳的设计方案与生产工艺；推行 JIT 精益化生产模式，减少浪费，降低成本，以过程质量控制创造价值。

#### 3. 强化关键技术攻关，做工程机械行业核心技术的掌控者

三一重工、中联重科、山河智能等企业都有自己的国家级或省级技术中心，并且建立了具备机、电、液核心技术自主开发能力的高素质工程技术专家组成的企业研究开发队伍，不断研发一系列新产品。中联重科作为行业标准的制定者，先后主导、参与制定修订逾 400 项国家和行业标准，主导、参与制定修订 17 项国际标准。公司拥有 6 个国家级科研创新平台，研发投入

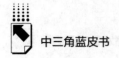
占公司营业收入比重达 5.38%，2 次荣获国家科技进步奖，2 次荣获国家专利金奖，累计申请专利 10825 件，其中发明专利 4147 件，有效发明专利数量位居机械设备行业第一，专利综合实力位居工程机械行业第一。

**4. 倾心打造服务品牌，做客户全方位保姆式服务的保障者**

中联重科聚焦服务能力提升，解决客户核心诉求，一直致力于"金牌"服务团队的打造，并开展全国万里行及各类因地制宜、因人制宜的服务品牌建设活动，为客户提供多样化的增值服务，持续推进服务品牌建设，提升客户满意度和忠诚度。三一重工通过提供整体解决方案、承包经营、设备入股等方式，探索"生产+服务"的新模式，大力推进由工程机械到"工程机械+"的转型。山河智能始终坚持"为客户创造价值"的行为准则，售后服务网点覆盖全球，配备完善的区域备品配件仓库，拥有一支技术过硬、经验丰富的营销服务团队和 24 小时在线的 400 电话呼叫中心，为客户提供保姆式服务。

**5. 注重"四新"融合迭代，做资源要素集约集聚的示范者**

几大龙头企业在进一步稳固主营业务的同时，大力发展煤炭机械、港口机械、风电设备、石油装备、PC 成套装备、环保设备、新材料、工业互联网、重卡、金融保险等新业务。并且成立众创孵化器有限公司，重点孵化和培育人工智能、大数据、军民融合等项目。山河智能在新材料领域拓展业务，投资建设"贵州大龙年产 10 万吨负极材料与石墨超高提纯应用项目"，推动高端石墨生产设备产业化，快速形成负极材料产能。三一重工逐步成立了三湘银行、久隆保险，与三一汽车金融共同打造三一金融版图，并面向工程机械行业提供贷款、租赁、保险、信托等服务，进一步打通产业链上、下游。

**6. 优化全球战略布局，做工程机械产业链供应链的维护者**

通过"借船出海"的方式，在海外设立研发制造基地和海外制造工厂，加大海外并购力度，以海外并购来建构稳定的供应链。通过"当地代理+总部+当地员工"的形式拓宽销售网络，减少经营风险，快速响应客户服务需求。同时深耕"一带一路"市场，中联重科最早响应"一带一路"倡议，建设中联重科中白工业园，打造丝绸之路经济带上市场覆盖东欧及中亚地区的研发、制造基地。三一重工超过 70% 的海外销售额均来自共建"一带一路"国家和地区，在 24 个共建"一带一路"国家中市场地位排名第一，并在印尼和泰国成立 3 家合资子公司。

## 三 长沙工程机械产业发展面临的突出问题

长沙工程机械企业取得了显著成绩，企业竞争力及市场份额持续提升。尽管如此，由于国际形势的风云变幻，当前湖南省工业经济形势依然严峻，工程机械产业在发展过程中仍面临一些亟待解决的问题。

### （一）逆全球化"回头浪"侵扰

受中美贸易摩擦和疫情的影响，国外部件的货期相对延长，部分物料（如芯片等）供货严重紧缺。同时反全球化愈演愈烈，给整个工程机械行业的零部件保供带来威胁，也影响工程机械行业的国际化事业。如，目前三一重工采购美国进口品牌软件的有 12 家，物料 198 种共 3.25 亿元。加上全球新冠肺炎疫情仍未有明显好转趋势，全球的经济和制造产业链无法在短时间得到恢复，海外市场需求明显减少，加之汇率波动和债务风险等其他因素影响，行业将面临更加激烈的竞争。

### （二）行业同质化恶性竞争

自 2018 年起至今，国内工程机械行业高速发展，但伴随着的是恶性竞争愈演愈烈，低价格、低成交条件订单极其普遍，同质化竞争严重，行业得不到良性发展，秩序受到破坏。加上全球新冠肺炎疫情仍未有明显好转趋势，全球的经济和制造产业链无法在短时间得到恢复，海外市场需求明显减少，加之汇率波动和债务风险等其他因素影响，行业将面临更加激烈的竞争。

### （三）创新人才和关键技术存在短板

行业在产品产业、科技创新等方面逐步攻入"无人区"，这对人才的要求越来越高。目前产业核心人才非常匮乏，尤其是数字化与智能制造、国际

化、研发创新人才，比如，三一重工各类高端人才缺口已达 3000 余人，铁建重工的外籍人才和有海外背景的中国籍人才非常缺乏。同时，对产业内共性技术和关键技术研究不够，尤其是液压、电控、动力系统等关键技术、关键零部件受制于人，不易掌握市场竞争的主动权，这制约了长沙工程机械产业在国内国际市场上的竞争。

### （四）激励与考核机制不优

有关部门在对企业的激励和考核模式上，偏重以规模大小谈贡献，以见效快慢论经营质量，对领跑企业的前瞻性基础研究关注不够。一些具备技术创新能力的行业骨干企业因得到的支持力度太小，所以相应的重点研发项目要在短时间内从基础研究一直做到产业化有些困难，一些高端产品的制备、工程应用与产业化等核心技术得不到有效突破。同时，知识产权保护不力的问题依然是制约成果转化的重要因素。

### （五）数字化升级不足

当前，发展智能制造、抢占全球未来产业制高点已成为行业共识。中央明确提出，要坚持"智能化、绿色化、高端化"。但目前湖南省行业的数字化水平还不是很高。具体表现在：经营模式虽实现了线上线下相结合，但离数字化、系统化营销管理差距还比较大，产品的电动化、智能化和无人化水平还不高。

## 四 推进长沙工程机械产业高质量发展的对策建议

当前，长沙工程机械产业正处于打造世界级产业集群的关键时期，必须以供给侧结构性改革为主线，大力实施"三高四新"战略，推动湖南工程机械产业高质量发展。

### （一）"抱团打天下"，加快构建工程机械产业高质量发展生态体系

#### 1.加快建设合作共赢的产业竞合生态

建立集群内企业联盟，鼓励龙头企业对上、下游企业开放资源，与中小

企业建立稳定合作关系，构建创新协同、产能共享、供应链互通的新型产业发展生态。通过兼并收购的方式与相关企业优势互补、交叉持股或强强联合，通过资本运作实现快速扩张。

**2. 重点实施产业链根植生长计划**

绘制"产业链"全景图，实施世界级"隐形冠军"企业培育工程。通过有针对性的引进和本地培育，推动延链、补链与壮链，提高产业集群的本土配套化率，增强产业链、供应链黏性，提升产业链竞争力和抗风险能力。支持参与全国供应链创新与应用示范创建，培育一批制造业现代供应链示范企业。

**3. 实施领军企业"登峰"和"独角兽"企业培育工程**

为联盟中的中小企业发展绘制规划图和施工图，引导产业链中小企业走上专业化、精细化、特色化、新颖化的发展道路，构建"龙头企业—瞪羚企业—高新技术企业"的创新型企业培育梯队体系。

## （二）"创新谋未来"，加快在关键核心技术研发中取得突破

**1. 联合高水平研发人才与科研团队攻关核心技术**

通过具有吸引力的政策引领性人才项目，集聚一批前瞻性产业技术创新人才与研发团队，围绕攻克"卡脖子"技术和关键零部件本土配套开展攻关行动。在研发领域，需重点围绕三维贯穿、极速开发、闭环管理（需求闭环、质量闭环、变更闭环）、协同研发（全球协同研发、内外部联盟研发）等方面进行设计。

**2. 加大对企业研发的扶持力度**

延长"研发费用在据实扣除基础上，再按照75%税前加计扣除"的税收优惠政策，或者提高研发费用加计扣除比例至200%～250%，适当提高企业研发投入新增部分的财政奖补比例，由10%提高到15%，更大力度的支持企业的科技创新。

**3. 加强长株潭范围内的研发平台整合**

利用长株潭高等院校、科研机构、企业研发中心等单位的科研仪器和服务资源，构建工程机械产业创新资源共享平台。鼓励构建新型的集群式创新

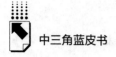
模式，即集群内的大量小型企业通过专业化分工、学习和模仿、独立开发、联合开发等途径，逐步形成一个灵活高效的区域创新网络，提升集群协同创新能力，打破相关领域技术垄断。

### （三）"数字赢天下"，推动产业体系的智能化升级改造

#### 1. 加快数字赋能步伐

对标世界一流企业，通过全价值链数字化运营、智能排产、工业 AI、数字孪生、全流程智能物流、工业互联网大数据平台等多维度结合，推进工程机械行业企业数字化转型。推进湖南省工程机械的"灯塔工程"，对架构、场景、模式、标准等进行全面总结和提炼，形成可对外复制的标准范式，实现快速推广，打造领先的数字化应用场景。重点围绕销售与运营计划（S&OP）、生产计划协同、自动化改造、IoT 融合等方面展开，实现少人式生产、协同式生产、柔性式生产、精益式生产、绿色式生产、预测式生产等目标。

#### 2. 建设全省统一的工业互联网生态平台

加强产业集群的数字化改造、网络化协同、智能化升级，建议重点支持三一树根互联项目和中联重科的 ZValley OS 项目，推进工业互联网技术创新中心以及国家工业互联网域名标识解析二级节点建设。建设和推广工业互联网平台，带动全省制造业的数字化升级，发挥产业链供应链联动优势，整体提升产业数字化水平。

#### 3. 加快推动长沙工程机械电动化转型

2021 年两会以来，"碳达峰、碳中和"概念不断升温，在新一轮产业变革的背景下，工程机械产品的节能减排形势尤为严峻。为此要加快编制河南省工程机械及公共领域车辆电动化行动计划，推进工程机械电动化，开展示范工程加速推广应用。建立相关标准法规引导技术发展，巩固长沙工程机械产业核心零部件的领先地位，要制定政策鼓励商业模式创新，从而引导产业快速发展，在国际竞争中抢占制高点。

#### 4. 打造长沙工程机械的绿色智慧工厂

加强大型化、一体化、智能化以及绿色和清洁低碳发展。强化企业转型

升级项目的谋划储备和统筹布局，从产业链角度让业务布局更合理，减少因布局分散造成的长距离运输等不必要的能耗，加速节能增效等创新技术和工艺的商业化。

## （四）"开放抢先机"，加快探索新发展格局下"走出去"新路子

### 1. 加大企业数字化"走出去""引进来"力度

重点围绕获客管理、客户画像、销售预测与漏斗管理、客户交互、合同管理、订单交付管理、营销大数据分析、智能服务等方面展开。做好全球数字化销售和服务的谋划布局，积极拓展海外市场份额，以共建"一带一路"国家和地区为重点，发挥中非经贸博览会、湖南自贸区、RCEP 等平台优势，强化重要资源、技术、产品、服务多元化供应和国际产能合作。

### 2. 构筑亚太供应链管理节点

有效对接和利用全球资源，构建亚太供应链共同体，更好融入全球产业链供应链。大力支持龙头企业开展跨地区战略合作，加强与第三方市场合作，加强对海外优质企业的兼并重组，推动境外投资向研产销全链条拓展，加速融入全球供应链、价值链和创新链，鼓励领航企业积极在全球布局研发设计中心，支持企业在全球投资布局供应链管理中心。

### 3. 不断提升本土品牌国际影响力

继续办好长沙国际工程机械展，鼓励积极建设工程机械中外合作园区，吸引更多的全球高端要素、高端制造技术，支撑促进企业发展。鼓励通过多种方式在国际市场宣传工程机械产业集群品牌。龙头企业加大技术、产品、应用、服务的海外推广力度，带动湖南省工程机械产业相关产品及服务走向全球市场。

## （五）"基础定乾坤"，加快打造世界级产业集群的保障体系

### 1. 通过统筹布局、政策保障、规划引导等手段，持续供给工程机械产业集群发展所需的各类资源

建议省市相关政府部门及时掌握集群内企业水、电、气等生产要素保障

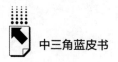

信息，协调生产要素，提高工业经济运行组织程度。根据工程机械企业资源集约利用综合评价结果，实行差别化要素保障政策，全力破解土地要素瓶颈，通过工业用地定向招拍挂的方式，解决头部企业用地问题。建议成立湖南省工程机械产业基金、培育天使基金、风投基金，推动省市金融机构支持产业链核心企业牵头开展供应链金融创新，构建立体化产业金融生态。

2. 强化人才引进，制定长沙工程机械人才引进等政策

实行国内外人才成建制的"团队式"引进、核心人才带动的"雁阵式"引进、国内外人才来去自由的"两栖式"引进、校企合作的"借脑式"引进方式。编制发布行业重点人才图谱，加快引进一批国际顶尖科学家、前沿领军人才和高层次人才团队，对全球顶尖人才领衔的团队或项目实行"一事一议、特事特办"。积极探索海内外专家柔性引进机制、定向联系引进机制，鼓励企业在全球建设"人才飞地"。

3. 积极争取国家实验室、国家重大科技基础设施在湘布局

指导支持龙头企业申报国家级工业设计研究院、研究中心等创新平台，带动整个产业和行业研发创新能力和制造水平提升。建议设立工程机械产业领导小组，借鉴脱贫攻坚的组织领导与考核评估模式，强化各方力量推动。

4. 加快出台鼓励长沙装备制造龙头骨干企业配套产品省内采购的奖励政策

对省内装备制造业各产业链条上影响力大、带动性强的企业配套率提升给予奖励。

5. 加大市场化改革力度

逐步完善知识产权、数字网络、标准认证、检验检测、绿色制造、成果转化与产业化治理等服务体系。构建以领先技术为核心的"公司+联盟"体系、以顶尖技术人才为中心的精准技术服务体系以及以共享为重点的成果转化与产业化体系，加速工程机械领域创新成果大规模商业化应用进程。

# B.13
# 南昌中小企业发展现状及对策研究

魏博通[*]

**摘　要：** 中小企业是促进创新发展、实现产业转型升级和推动经济总量不断攀升的重要基础。南昌的中小企业经济发展韧性强劲、社会保障作用突出、创新发展动力十足、推进工业化作用显著，但面临要素环境制约比较严重、惠企政策还未完全落实到位、科技创新能力仍然比较薄弱、创业发展环境仍不健全的问题。进一步提升政府部门的服务质量和效能，着力改善环境降低企业成本，逐步打破企业融资难、融资贵的瓶颈，为企业创新发展营造更好的环境，为大众创业创造良好的发展环境，是促进南昌中小企业可持续发展的关键。

**关键词：** 中小企业　创新发展　南昌

中小企业作为国民经济的微观经济实体，是推动创新发展、创造就业机会的重要载体，是增加财政收入、满足全社会多元化需求、建设现代化经济体系的基础。2020年7月21日，习近平总书记在主持召开企业家座谈会时强调，要千方百计把市场主体保护好，为经济发展积蓄基本力量。[①] 南昌作为中部省份江西的省会，承载着实现全省创新发展，推进产业转型升级，推

---

* 魏博通，南昌大学经济管理学院副教授、硕士生导师，主要研究方向为区域经济、产业经济。
① 《习近平主持召开企业家座谈会强调　激发市场主体活力弘扬企业家精神　推动企业发挥更大作用实现更大发展》，人民网，2020年7月21日，http://cpc.people.com.cn/n1/2020/0721/c64094-31792277.html。

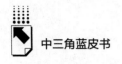

动经济总量持续提升的历史重任，中小企业能够健康发展，是完成这一历史重任的关键。

# 一 南昌中小企业发展概况

## （一）经济发展韧性强劲

近年来，由于国家政策推动和着力实施"大众创业、万众创新"发展战略，南昌的中小企业实现了快速发展，不仅总量规模不断扩大，并且已初步构建了门类齐全、分布广泛的经济体系，成为国民经济发展的基础力量。到2021年底，南昌市中小企业达到4323家，比上年增加了400家。其中，规模以上工业中小企业1666家，比上年增加了160家；限额以上批发零售业中小企业1461家，比上年增加了206家；限额以上住宿餐饮业中小企业255家，比上年增加了34家；规模以上服务业中小企业941家，比上年增加了164家。中小企业数量占规模以上企业总数量的比重达到94.64%，中小企业成为市场主体中最重要的组成部分、企业群体中最活跃的微观实体。2021年虽然受到疫情和复杂多变的国内外环境的影响，中小企业成本压力增大，经营困难加剧，但南昌市坚决贯彻落实党中央、国务院和江西省委、省政府的决策部署，出台了一系列政策措施，帮助中小企业纾困解难，中小企业仍然实现了较快发展，成为稳定宏观经济，推动高质量发展的"压舱石"。2021年，规模以上工业中小企业实现营业收入3808.9亿元，同比增长25.2%。实现利润总额295.3亿元，同比增长27.3%。限额以上批发零售业中小企业实现营业收入3621.1亿元，同比增长26.3%，实现利润总额41.6亿元，同比增长33.3%。限额以上住宿餐饮业中小企业实现营业收入29.7亿元，同比增长28.0%。规模以上服务业中小企业实现营业收入671.7亿元，同比增长18.0%，实现利润总额43.2亿元，同比增长15.7%（见表1）。

表1　2021年南昌市中小企业主要指标数据

| 指标名称 | 法人单位数（个） | 营业收入（亿元） | 利润总额（亿元） | 平均用工人数（万人） | 资产总额（亿元） |
|---|---|---|---|---|---|
| 中小企业 | 4323 | 8131.4 | 378.0 | 36.9 | 5044.5 |
| 　中型企业 | 660 | 3688.0 | 222.7 | 16.9 | 2469.2 |
| 　小微企业 | 3663 | 4443.5 | 155.2 | 19.8 | 3413.6 |
| 规模以上工业企业 | 1721 | 7723.9 | 449.6 | 36.9 | 6810.8 |
| 　中小企业 | 1666 | 3808.9 | 295.3 | 21.1 | 2551.4 |
| 　中型企业 | 151 | 1582.0 | 173.7 | 9.0 | 906.5 |
| 　小微企业 | 1515 | 2226.9 | 121.6 | 12.1 | 1644.9 |
| 限额以上批发零售业企业 | 1506 | 4634.9 | 73.5 | 8.2 | 2394.2 |
| 　中小企业 | 1461 | 3621.1 | 41.6 | 4.1 | 777.9 |
| 　中型企业 | 337 | 1862.8 | 27.0 | 2.6 | 906.2 |
| 　小微企业 | 1124 | 1758.3 | 14.6 | 1.5 | 710.1 |
| 限额以上住宿餐饮业企业 | 257 | 41.0 | −1.0 | 1.7 | 95.5 |
| 　中小企业 | 255 | 29.7 | −2.1 | 1.2 | 90.4 |
| 　中型企业 | 23 | 11.2 | −1.3 | 0.4 | 48.8 |
| 　小微企业 | 232 | 18.6 | −0.8 | 0.7 | 41.5 |
| 规模以上服务业企业 | 1084 | 1188.0 | 88.6 | 19.4 | 8646.9 |
| 　中小企业 | 941 | 671.7 | 43.2 | 10.5 | 1624.8 |
| 　中型企业 | 149 | 232.0 | 23.3 | 4.9 | 607.7 |
| 　小微企业 | 792 | 439.7 | 19.8 | 5.5 | 1017.1 |

注：规模以上服务业统计范围为交通运输、仓储和邮政业，信息传输、软件和信息技术服务业，房地产业（不含房地产开发），租赁和商务服务业，科学研究和技术服务业，水利、环境和公共设施管理业，居民服务、修理和其他服务业，教育、卫生和社会工作，文化、体育和娱乐业十大行业门类。

资料来源：根据调研资料整理。

## （二）社会保障作用突出

中小企业相对于大企业来说是轻资产运营，资本密集程度低，劳动密集程度高，吸纳就业的能力强，是名副其实的"就业蓄水池"。中小企业数量众多，分布领域广泛，提供的工作岗位多，在缓解就业压力、改善民生、促进社会和谐发展等方面所起的作用非常突出。到2021年，南

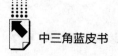

昌市中小企业的资产总额为5044.5亿元，仅占规模以上企业的28.11%，但从业人员却有36.9万人，在规模以上企业中占到55.74%。其中，规模以上工业企业有从业人员21.1万人，在各领域中发挥着就业主渠道的作用。其次是规模以上服务业企业，有从业人员10.5万人，在增加就业机会上发挥着主导作用。限额以上批发零售业企业和住宿餐饮业企业从业人员规模较小，分别只有4.1万人和1.2万人，但在稳就业保就业上起着基础保障作用。中小企业在实现社会比较充分就业，提高人民生活质量方面功不可没。

### （三）创新发展动力十足

中小企业是科技创新的重要源泉，新业态、新模式的主要载体，大量的新技术、新产品、新服务和新商业模式都来源于中小企业。随着以移动互联网、大数据、云计算、物联网为代表的新一代信息技术的发展和大众创业、万众创新的蓬勃兴起，中小企业的创新活动更加频繁，分布领域更加广泛。为了强化企业的创新发展主体地位，南昌市建立了"科技型中小企业—高新技术企业—创新型领军企业"的梯次培育机制，对企业研发进行普惠性补助，对培育入库企业进行财政奖励，对科技重大专项进行立项支持。到2021年，科技型中小企业、高新技术企业、创新型领军企业培育库中的企业总数已经达到4713家，其中，科技型中小企业2360家，在南昌创新载体中居于主导地位，成为创新发展的根本动力。

### （四）推进工业化作用显著

在工业化的过程中，建立以大企业为核心，大中小企业融通发展的基本格局是优化产业生态、提升产业链供应链稳定性和竞争力的关键。南昌始终坚持产业发展的核心地位，围绕龙头企业完善和延伸产业链，加大对市场前景好、成长性和创新性较强的中小企业的培育力度，中小企业实现了量的增加和质的提升，成为工业化发展的重要引擎。2021年，规模以上工业企业营业收入7723.9亿元，比上年增长20.7%，其中，中小企业营业收入

3808.9 亿元，比上年增长 25.2%，比全市高出 4.5 个百分点；规模以上工业企业利润总额 449.6 亿元，比上年增长 4.8%，其中，中小企业利润总额295.33 亿元，比上年增长 27.3%，比全市高出 22.5 个百分点。

## 二　中小企业发展存在的主要问题

中小企业好，南昌经济发展才会好，中小企业强，南昌经济发展才会强。虽然改革开放以来，尤其是党的十八大以来，南昌中小企业在政策推动和市场经济的孕育下实现了快速发展，但其数量较少，实力偏弱，在地区经济中创造的产出和贡献的税收显著低于全国平均水平。从目前来看，以下问题是制约中小企业发展的主要因素。

### （一）要素环境制约比较严重

在法律法规和政策推动下，中小企业外部发展环境不断得到优化，已由过去对政务环境、法治环境的诉求为主，转变为对生产要素环境的诉求为主。由于要素环境的制约，企业生产经营成本日益增加，这成为发展中最为突出、最为核心的问题，主要表现为融资成本、用工成本、交通成本、原材料成本上升。

融资难、融资贵的问题依然十分突出。一是准入门槛高导致了融资难。直接融资能够促进资金供给方和需求方直接对接，不仅方便、快捷，也能有效降低融资成本。但一方面，由于直接融资准入标准高，大部分中小企业可望而不可即。另一方面，中小企业普遍规模较小，技术和管理水平较低，又多处于竞争性行业，产品的同质性较高，容易受到市场价格波动的影响，因而经济效益比较差，抗风险能力比较弱，这就导致银行向中小企业贷款的意愿不高。而且，在现有融资方式和融资渠道下，银行系统面向企业融资需要有抵押物，但大部分中小企业缺乏抵押资产，有效担保又不足，所以无法获得贷款，影响了企业的正常生产。二是信用贷款和民间借贷导致了融资贵。有些企业有技术、市场前景好，直接融资比较容易，但考虑到直接融资会分

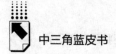

散公司股权，影响公司长远发展，将来股权撤出时也会造成资金压力，因而想找银行贷款，但由于其属于轻资产行业，可抵押的有形资产很少，只能申请信用贷款，但银行认为信用贷款风险高，就要求高额的利息和手续费，这导致企业根本承受不起。更多的企业是由于无法从资本市场和金融机构获得生产经营所需的资金，才不得不从小贷公司和民间借贷，以解燃眉之急，从而造成了融资贵的结果。

招工难、用工贵的矛盾加剧。长期以来实行计划生育政策抑制了人口增长，导致老龄化严重，新增劳动力减少，同时，国民经济长期持续快速增长创造了大量就业机会，二者叠加造成了中小企业普遍面临用工荒和用工成本不断上涨的问题。除此以外，教育体系与人才需求不匹配，导致综合型人才以及技术型人才严重短缺，很多用工单位即便给出丰厚的待遇，包括五险一金、包吃住、有休假等，甚至主动招揽求职者，向其讲解福利待遇、发展空间等，还是很难招到人，即便招到了，也不稳定。企业为留住人才增加薪酬、社保、医保等，导致用工成本不断攀升。

物流成本居高不下。近几年，江西省通过降成本、优环境，努力加大在物流、基层交通设施等方面的投入，降低企业的物流成本，收效显著，但物流成本总体仍偏高，直接或间接影响了企业的竞争力。物流成本高主要在于运输手段单一，货物运输主要依靠汽运，多式联运的物流体系尚未建成。货找不到车，车找不到货，物流行业信息化程度不高、信息不对称，没有实现运力与货源的有效对接，这也是当前物流成本居高不下的重要原因。

原材料成本上升较快。虽然全球疫情形势仍旧严峻，但随着世界经济的缓慢复苏，煤炭、石油等基础能源价格呈现上升趋势，加上当前乌克兰局势严峻和国内市场供需不平衡等多重因素影响，部分大宗商品价格大幅上涨且高位震荡运行，这还通过产业链传导到钢铁、橡胶、铝合金等中间产品，导致企业原材料成本出现了较快上升。由于终端产品价格上涨速度不及原材料，企业利润空间受到明显压缩。受原材料价格上涨影响，企业提高产品销售价格，但用户难以接受，企业销售受阻，利润降低，资金周转变得困难。

## （二）惠企政策还未完全落实到位

虽然南昌市近年来出台了很多与中小企业相关的优惠政策，而且这些优惠政策已经通过政府权威机构、专业媒体发布，甚至相关的政策措施细则就挂在政府机构的网站上，但是通过对中小企业的调研，发现信息的到达率、知晓率和利用率都很低，很多受访企业，尤其是小微企业表示对这些政策"不了解和不太了解"。之所以会出现这种状况，主要有以下几方面原因。

一是企业没有聚焦信息发布的源头。在南昌市中小企业服务局成立之前，市发改委、工信局、科技局、财政局、金融办等很多部门都出台过扶持中小企业发展的政策，政出多门，信息多头发布，企业从合适的平台甄别出有价值的信息比较困难。为了能够对中小企业集中服务，提高效率，南昌市成立了中小企业服务局，并建立了官方网站，集中收集、统一发布与中小企业相关的政策信息。但是因为中小企业服务局刚成立不久，很多中小企业尤其是小微企业不知道，更没有到官网关注相关信息，所以才对优惠政策"不了解和不太了解"。

二是政策信息用语太过于"官方"，不接地气。大量的中小企业负责人囿于自己的视野、知识和认知能力，对政府文件特定的"话语体系"感到十分头疼，看了半天，不知所云，很多情况下只能知难而退。有些优惠政策不附上具体的操作过程，让企业无从下手。

三是基层宣传方式相对单一。大多数只通过在窗口张贴海报、放置宣传册、播放宣传片进行宣传，缺乏将真金白银的政策告知创业者个人和小微企业的主动性和积极性，这导致存在部分创业者个人和小微企业"只知有政策、却不了解政策"的情况。

## （三）科技创新能力仍然比较薄弱

一是创新动力不足。大部分中小企业比较容易满足现状，缺乏差异化竞争、创新进取的精神。部分科技型中小企业由于受科技创新资金投入不足的困扰，既无力投资于产品的研究开发，又无力聘用优秀的科研人员，所以在

创新上畏首畏尾，不能完全放开手脚施展抱负。由于受到经济发展水平、产业配套环境、职业前景、发展机遇等的影响，南昌目前还没有成为创新人才的荟萃之地，创新的生态还没有形成，因此中小企业普遍创新氛围不浓。

二是创新投入不足。中小企业发展规模较小，自有资金不足，再加上投融资渠道不畅，导致其创新投入非常有限。南昌市中小企业研发经费投入力度不仅小于合肥、武汉、长沙、郑州等中部省会城市，即便在江西省内，也低于鹰潭、景德镇，这与南昌市所处的地位和发展愿景极不匹配。

三是创新的高层次人才稀缺。南昌不仅创新人才总量较少，结构性人才短缺的问题也非常突出，主要表现为高层次人才匮乏，缺乏行业领军人才、尖端人才、一流工程师、优秀技术工人。由于资源与环境条件不足，高层次人才、特殊人才、中高级技工引进面临较大困难。人才队伍也不稳定，好不容易培养出来的人才很容易流失。

四是高端创新平台匮乏。高端科技创新平台是提升基础研究和原始创新能力、创造重要科技成果的重要载体。南昌市的高端研发平台数量偏少、层次不高、人才匮乏，这直接影响了中小企业创新能力的发挥。目前，南昌市的国家级科技研发平台只有9家，而在2018年，武汉、长沙、合肥分别就已有57家、25家、24家国家级科技研发平台。虽然南昌市自2018年起大力合作引进了10家新型研发机构，取得了很大成效，但合肥、武汉已分别有新型研发机构30家、16家。而且，南昌市引进的新型研发机构普遍存在体制机制不活、核心人才团队少、产业联系不紧密、成果转化不多的问题。

五是企业创新能力不足。2021年，南昌高新技术企业数量1950家，只有武汉的22.94%，长沙的37.5%，合肥的43.06%。同时，缺少行业领军巨头企业。根据胡润百富《2021全球独角兽榜》，中国有301家独角兽企业，其中长沙3家，武汉2家，合肥1家，郑州1家，南昌暂无上榜企业。

## （四）创业发展体系仍不健全

一是创业教育体系不健全。一些年轻人有闯劲、敢冒险、思维活跃，且具有扎实的专业知识，但因为得不到系统、科学的教育和相关培训机会，创业能力无法得到有效提升，因而失去了创业的积极性。

二是创业的政策扶持仍然不够。由于政策宣贯不到位，部分创业者个人和小微企业对扶持政策不了解。在贷款支持上，由于考虑到市场风险的影响，很多创业者无法申请到金融机构的信用贷款。虽然有个人创业担保贷款，但由于受到担保资金的限制，很多创业者无法获得创业担保贷款的支持。

三是创业的指导比较缺乏。个人创业的项目需要融入区域经济中和地区政策、产业发展、技术水平有效对接，政府部门应该在诸如政策、市场、产业配套环境、技术等方面为其提供一些信息支持，但是南昌市在这方面提供的服务还比较欠缺。

四是创业企业供求信息不畅。创业企业和大专院校、研究机构以及其他社会服务部门各自为政，缺乏沟通，导致信息不对称，在一定范围内出现了学生就业难、企业招工难，有投资意向的找不到项目人，有技术立项的找不到投资者的情况，从而导致就业创业和用人脱节。

# 三　促进中小企业发展的对策建议

## （一）进一步提升政府部门的服务质量和效能

一是上下联动，增强协同作战合力。要强化市促进中小企业发展工作领导小组的领导核心作用，统筹兼顾、协调联动市县两级中小企业服务工作体系。定期和不定期相结合，对中小企业发展的具体情况进行分析和研判，切实为中小企业纾困解难，助其蓄力发展。

二是着力提升政府服务质量。以提升"便民惠企事项网办率"为突破口，推动政务服务事项网上可办率达到90%以上，力争全程网办率达到80%以上。在中小企业中进一步深入开展企业特派员活动，扩大帮扶企业的覆盖面，更好地帮助企业解决生产经营过程中遇到的问题。持续深入开展"大走访、大帮扶"活动，加快构建"发现问题、反馈问题、跟踪问题、解决问题"的全流程服务体系。

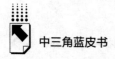

三是逐步建立中小企业样本数据库。要抓住经济普查、中小企业发展环境评估等带来的机遇，利用现代信息技术手段，一点一滴收集统计资源，逐步建立中小企业样本数据库，促进形成了解中小企业动态运行状况的基础和依据。

四是努力将向企业进行政策宣贯做到位。改变政策信息用语过于"官方"的弊病，对政府文件特定的"话语体系"进行变更，"翻译"成简短、易读、易懂、可操作性比较强的《中小企业信息速递》文本。根据对中小企业的调研，其最喜欢的信息获取方式是邮件和短信。建议开设统一的中小企业电子邮箱系统，该系统对所有合法注册且有连续纳税记录的中小企业开放，向其及时发送政策文件、政策解读信息。建立面向所有中小企业的短信发布平台，确保企业家第一时间收到相关提示。

## （二）着力改善环境降低企业成本

一是努力降低企业税费负担。要按照《中共南昌市委关于转作风优环境的意见》《南昌市优化营商环境三年行动方案（2021~2023年）》的要求，要求各地区把《南昌市关于进一步降低企业成本30条政策措施的实施细则》中退税减税降费政策落实到位，以"真金白银"为中小企业纾困减负，给企业带去"及时雨"、吃下"定心丸"。

二是努力降低企业的人工成本。随着未来劳动力供给的逐渐减少和国民经济发展对劳动力需求的增加，用工短缺和人工成本高企的问题会越来越严重。从目前来看，解决这一问题要从以下两方面做出努力。第一，采用财税补贴的方式鼓励有条件的企业运用现代信息技术和智能装备进行生产，这样既能通过资本对人工的替代，实现人力的节省，解决用工短缺的问题，还能通过提高劳动生产率为员工提供高收入解决人工成本高企的问题。第二，鼓励企业只对部分核心岗位和有编制的员工给予优厚的薪酬福利待遇，辅助性岗位通过非全日制用工（小时工）、劳务工、实习生等用工形式来实现，一些不太重要的工作，则通过劳务派遣、人才外包等方式解决用工的需求。同时支持企业创新用工方式，引导在生产经营上存在暂时困难、稳岗意愿强的企业与符合产业发展方向、短期内用人需求量大的企业开展"共享用工"。

三是努力降低企业的物流成本。围绕南昌申报国家物流枢纽项目，深入推进多式联运示范工程，加强公路、铁路、水运、航空等各种交通方式间的衔接，打造便捷高效的物流基础设施网络，努力提升物流组织效率。大力促进"互联网+"高效物流的发展，利用国家多式联运公共信息平台推进多式联运信息共联共享，发展"互联网+"车货匹配、运输协同、城乡配送等，努力破除物流行业长期存在的"信息孤岛"，实现运力与货源的有效对接。按照降成本的实施细则进一步降低铁路运输价格，扩大高速公路差异化收费试点，降低口岸作业成本，扩大进出口货物运输"三同"试点。

### （三）逐步打破企业融资难、融资贵的瓶颈

改革开放至今，由于国民经济持续高速增长，资本积累已经比较雄厚，社会资本供给也较为充裕。但是由于资本是追求回报的，项目的投资一般是有风险的，所以对于中小企业来说，融资难的问题永远都会存在。要从宏观上解决这一问题，只能在尊重客观规律的基础上，按照"分类指导，量体裁衣"的基本方针，针对不同的企业采取不同的方式方法。首先，对那些规模较小，实力较弱，技术水平较低的企业，政府部门可以在现有的政策框架下，通过减税降费，帮助改善外部环境，提高造血功能的方法来提升它们的融资能力。其次，要积极引导发展条件较好的中小企业与大企业融通发展，促使中小企业通过提升自身的实力和改善现金流从市场争取到股权融资和贷款支持。最后，对那些符合新一轮工业革命发展潮流和产业政策支持的企业，在生产和经营上暂时有困难的，政府部门可以通过安排扶持中小企业发展资金，提供普惠金融等方式来解决它们融资难的问题。

融资贵既和投资项目风险大、金融机构要求的补偿性回报比较高有关，也和现阶段中国要素禀赋中资本还不是特别丰富有关。所以，解决融资贵的问题一方面有赖于中国今后必须保持经济的中高速增长，只有这样才能带来越来越丰富的资本，从而带来资本价格的不断降低；另一方面有赖于创新生

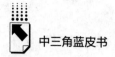

态的不断改善和企业创新能力的不断提升。资本总是更加青睐具有硬核科技的企业，只有这些企业逐渐在中小企业族群中占据主导地位，融资贵的难题才能真正缓解。

从目前来看，要具体解决南昌市中小企业融资难、融资贵的问题需要从以下几方面着手。一是建立政银企融资战略合作体系。围绕银企双方信息交流不畅，资金供需渠道难以打通，企业"融资难、融资贵"的症结，政府部门要有针对性地"牵线搭桥"，通过加强行业企业白名单推广工作，加大金融机构信贷产品宣传力度，创办"银企沙龙对接交流会"，建立市级领导联系金融机构制度，打通政银企信息不对称的痛点难点，不断把银企合作引入深层次、全方位的发展轨道。二是营造灵活高效融资服务环境。为了解决企业反响比较强烈的融资门槛高、审批慢、效率低的问题，南昌市政府要组织各部门与金融机构进行数据对接，利用大数据技术提高融资审批效率。要和金融机构合作建立中小企业互联网信贷平台，将原来需要多个审批的环节进行优化，改为客户自助申请、系统自动审批，使用手机 App 就可实现贷款的快速申请和支用。三是促进金融机构降低担保门槛。结合"诚信南昌"信用体系建设成果，依托大数据风控技术，促进金融机构实行更加灵活的授信、用信模式。结合企业资金需求，创新流动资金贷款及还款方式，对经营正常而临时转贷困难的中小企业，可以直接转贷，从而减少转贷成本。推动银行扩大抵押物、质押物范围，探索以"抵押+保证+股权质押""房产抵押、收费权质押及自然人连带责任保证担保"等方式解决企业抵押物不足和融资难的问题。四是推动金融机构创新金融产品。积极组织财政、工业、农业、商务等部门与金融机构对接，积极鼓励金融机构进行产品创新，特别是要在中小企业关注的权利类质押金融产品和纯信用的企业流动资金贷款产品上下功夫。创新多元融资模式，促进政府设立的产业发展引导基金与金融资本、社会资本有效融合，以解决企业融资难、融资贵的问题。

## （四）为企业创新发展营造更好的环境

一是进一步强化企业的创新主体地位。加快实施科技型企业梯次培育计划，构建"科技型中小企业—高新技术企业—创新型领军企业"的梯次培育机制，努力提高企业的创新发展水平。继续实施企业研发经费投入后补助政策，完善现有政策，让政策更有针对性、更精准激励和支持企业加大研发投入。

二是大力发展国家级、省级创新平台。鼓励和支持企业与高校、科研机构联合共建创新平台，支持具备较好创新基础的企业积极申报省级工程研究中心。加快推动具备条件的省级创新平台升级为国家级创新平台，力争做到全市国家级工程研究中心（实验室）、国家企业技术研究中心、国家地方联合工程研究中心数量和质量有较大提升。

三是加大高端科技人才引育力度。继续大力推进"双百计划""洪城计划"等高端科技人才计划的实施，办好 2022 年"洪城计划"创业大赛，引进和培育一大批高层次科技创新人才和高层次科技创新团队。继续积极支持推荐高层次科技人才申报国家级、省级重大科技计划项目，大力引导、培育、集聚各类高层次科技人才服务南昌的经济社会发展。

四是聚焦重点产业加强关键核心技术研发。聚焦移动智能终端、LED、VR 产业，探索发展 5G、新型显示、物联网等新兴电子信息产业，每年设立科技重大专项，努力突破关键及共性技术难题。实施"揭榜挂帅"制科技项目，筛选重点产业"卡脖子"的关键核心技术难题，面向全国发布榜单，吸引国内顶尖创新团队揭榜。按照远近结合、梯次接续的思路前瞻性地部署一批重大科技专项，突破一批关键核心技术，取得一批具有引领性、突破性的重大科技成果。

五是推进产学研深入合作。以谋划和建设中国（南昌）科学岛为契机，聚焦产业与科技的结合点，打造集"产学研金服用"于一体的区域科创高地和产业引领平台。鼓励企业与大专院校、科研院所建立多种形式的合作关系，构建产学研协作创新模式。推进科技金融深度融合，完善科技金融服务和政策，探索新设立科技成果转化引导基金，进一步扩大"洪城科贷通风险补偿资金池"规模，提高合作银行和风险损失补偿资金池的风险容忍度，持续做好科技保险工作，为科技企业创新降低风险。

### （五）为大众创业创造良好的发展环境

一是进一步完善创业教育体系。要降低创业教育门槛，让有意愿的潜在创业者都能够获得受教育的机会。要加强政府、学校、企业和社会的横向联系，通过整合各种社会资源，以系统性思维推动创业理念与人才培养目标融合，构建符合新时代发展的创业教育新模式。要紧紧围绕创业人才培养的特点和规律，统筹推动课程体系、实践体系、孵化体系、评价体系的改革创新，并将其有效融于创业教育实践中。

二是加强创业扶持政策的宣传。目前，向创业者提供创业担保贷款是帮助创业者获取资金支持，提高创业者积极性和使创业者树立信心、决心的核心政策。但是政府对该政策宣传不到位，导致社会公众对该政策的知晓度不高。除依托相关部门、金融机构网站等多种网络媒体和线下网点进行政策宣传以外，还要进商圈、进基地、进园区、进校园，与企业、群众等重点群体进行"点对点"政策解读和宣传引导，只有这样才能取得良好的宣传效果。

三是加强对创业者的创业指导。主要是通过线下线上答疑授课，让创业者们了解南昌的经济基础、产业布局、政策优惠、技术发展等方面的信息，给予他们创业方向的指导。定期举办线下论坛讨论交流等活动，给创业者们搭建交流的平台，让他们分享自己的创业经验，相互启发、取长补短，增强创业者的创业能力和使创业者树立创业的信心、决心。

四是努力畅通创业企业的供求信息。引导创业企业和大专院校、研究机构以及其他社会服务部门建立长效沟通交流机制，打破信息壁垒，解决学生就业难、企业招工难，有投资意向的找不到项目人，有技术立项的找不到投资者的结构性难题。

# B.14
# 武汉建设内陆开放中心城市、打造国际化大都市研究

秦尊文　路洪卫　聂夏清*

**摘　要：** 武汉建设内陆开放中心城市、打造国际化大都市是贯彻落实习近平新时代中国特色社会主义思想的重大方略，是在湖北建设全国构建新发展格局先行区中的重大担当，是做实国家中心城市和长江经济带核心城市的重大举措。武汉建设内陆开放中心城市、打造国际化大都市拥有良好的基础，经济外向度稳步提升、对外通道建设加快、国际交流日益密切。武汉要充分利用其良好基础，努力打造具有全球影响力的创新枢纽、国际性综合交通物流枢纽、国际碳市场和碳金融中心，建设蜚声国内外的制造强国高地、更具国际影响力的"三造"（造桥、造坝、造楼）高地、国际交往中心、国际化人才特区，不断优化国际投资环境，积极实施"走出去"战略，努力建成内陆开放中心城市和国际化大都市。

**关键词：** 内陆开放中心城市　国际化大都市　国家中心城市
　　　　　长江经济带核心城市

习近平总书记强调："中国坚持改革开放不动摇。中国越发展，就越开

---

\* 秦尊文，博士，湖北省社会科学院原副院长、研究员，主要研究方向为区域经济、城市经济；路洪卫，湖北省社会科学院财贸研究所所长、研究员；聂夏清，湖北省社会科学院长江流域经济研究所硕士研究生。

放，中国开放的大门不可能关闭。"① "中国扩大高水平开放的决心不会变，中国开放的大门只会越开越大。"② 作为国家中心城市和长江经济带核心城市的武汉，在落实湖北省委"建设全国构建新发展格局先行区"的决策中，正努力建设内陆开放中心城市、打造国际化大都市。

## 一 武汉建设内陆开放中心城市、打造国际化大都市的背景

（一）建设内陆开放中心城市、打造国际化大都市是武汉贯彻落实习近平新时代中国特色社会主义思想的重大方略

2013 年 7 月，习近平总书记在武汉调研时三次提到"复兴大武汉"。2015 年 3 月，经国务院授权三部委联合发布的《推动共建丝绸之路经济带和 21 世纪海上丝绸之路的愿景与行动》明确要求武汉建设内陆开放型经济高地。2016 年 3 月，中共中央政治局审议通过的《长江经济带发展规划纲要》要求"发挥上海、武汉、重庆的核心作用"，长江中游城市群要"提升城市群综合竞争力和对外开放水平"。2016 年 12 月，根据国务院对《促进中部地区崛起"十三五"规划》的批复，国家发展改革委出台《关于支持武汉建设国家中心城市的指导意见》，提出"加快建成以全国经济中心、高水平科技创新中心、商贸物流中心和国际交往中心四大功能为支撑的国家中心城市"。其中，国际交往中心是内陆开放中心城市和国际化大都市的必备条件之一。2018 年 4 月，习近平总书记在武汉发表重要讲话："应该统筹沿海、沿江、沿边和内陆开放，实现同'一带一路'建设有机融合，培育国际经济合作竞争新优势。"③《中华人民共和国国民经济和社会发展第十四个

① 《高虎城：中国越发展就越开放——深入学习贯彻习近平同志关于全面深化改革的重要论述》，人民网，2013 年 12 月 9 日，http://theory.people.com.cn/n/2013/1209/c40531-23782225.html。

② 《中国开放的大门只会越开越大——2018 年国务院大督查综述之五》，中国政府网，2018 年 9 月 23 日，http://www.gov.cn/xinwen/2018-09/23/content_5324700.htm。

③ 夏静、张晶：《湖北：中部崛起的战略支点》，《光明日报》2013 年 10 月 17 日。

五年规划和 2035 年远景目标纲要》指出，"坚持实施更大范围、更宽领域、更深层次对外开放，依托我国超大规模市场优势，促进国际合作，实现互利共赢，推动共建'一带一路'行稳致远，推动构建人类命运共同体"，并设置专章对建设更高水平开放型经济新体制做出部署。2021 年 7 月，中共中央、国务院发布《关于新时代推动中部地区高质量发展的意见》，提出"坚持开放发展，形成内陆高水平开放新体制""加快内陆开放通道建设""打造内陆高水平开放平台""持续优化市场化法治化国际化营商环境"。2022 年 2 月 6 日，国务院批复《长江中游城市群发展"十四五"实施方案》，要求"协同打造内陆高水平开放平台"。2022 年 6 月 28 日，习近平总书记在武汉考察时强调："必须完整、准确、全面贯彻新发展理念，深入实施创新驱动发展战略，把科技的命脉牢牢掌握在自己手中，在科技自立自强上取得更大进展，不断提升我国发展独立性、自主性、安全性，催生更多新技术新产业，开辟经济发展的新领域新赛道，形成国际竞争新优势。"①

加快推进中部地区高水平开放进程，有利于我国构建全方位陆海内外联动、东西双向互济的高水平开放格局；长江经济带兼具沿海沿江沿边和内陆区位，在全国高水平开放中发挥着十分重要的支撑和带动作用。武汉建设内陆开放中心城市、打造国际化大都市，就是发挥自身优势、承担国家责任，就是在促进中部地区崛起中做"支点"、在推动长江经济带高质量发展中当"龙腰"，因此建设内陆开放中心城市、打造国际化大都市是武汉贯彻落实习近平新时代中国特色社会主义思想的重大方略。

**（二）建设内陆开放中心城市、打造国际化大都市是武汉在湖北建设全国构建新发展格局先行区中的重大担当**

武汉在历史上是引领中国开放风气之先河的城市，建设内陆开放中心城市具有深厚的历史底蕴。汉口自 1861 年正式对外开埠后，到 19 世纪末 20 世

---

① 《加快实现高水平科技自立自强——学习贯彻习近平总书记关于科技创新重要论述系列评论之一》，人民网，2022 年 7 月 11 日，http://finance.people.com.cn/n1/2022/0711/c1004-32471520.html。

纪初，其对外贸易总额已经超越天津、广州，常年占全国 10% 左右，汉口成为仅次于上海的全国第二大港口。据不完全统计，当时仅外国驻武汉领事机构就达 20 家。1919 年孙中山在《建国方略》里设想，把武汉城市规模定为"略如纽约、伦敦之大"，这便是"大武汉"一词的由来。1983 年，武汉大学教授李崇淮提出武汉市"两通起飞"战略构想：通过交通、流通，把武汉建设成为"内联华中、外通海洋"的经济中心。1992 年 7 月 30 日，武汉经国务院批准成为沿江对外开放城市，享受沿海开放地区的一系列优惠政策。

2012 年 6 月，湖北省第十次党代会提出"大力支持武汉建设成为立足中部、面向全国、走向世界的国家中心城市和国际化大都市"。2017 年 6 月，湖北省第十一次党代会明确要求"提升武汉国际化水平和要素集聚、创新引领、高端服务功能"。2022 年 6 月，湖北省召开第十二次党代会，强调"加快打造内陆开放新高地"，明确"支持武汉建设国家中心城市和国内国际双循环的枢纽"；湖北省委主要领导到武汉代表团参加审议党代会报告时，要求湖北跳出武汉谋划推动武汉发展，以"武鄂黄黄"为核心加快推动武汉都市圈发展，不断提高武汉的经济集聚度和城市竞争力，使武汉在长江中游城市群中更好发挥辐射引领作用，成为引领湖北、支撑中部、辐射全国、融入世界的重要增长极。因此，打造国际化大都市，是湖北省委在 2012 年就对武汉明确提出的要求；武汉建设内陆开放中心城市，就是在落实省委"加快打造内陆开放新高地"决策中当先锋、打头阵，体现出其重大责任担当。

## （三）建设内陆开放中心城市、打造国际化大都市是武汉做实国家中心城市和长江经济带核心城市的重大举措

"内陆开放中心城市"为武汉首提，具有开创性意义。在新发展格局下，武汉作为中国经济地理中心，有基础、有条件建设"内陆开放中心城市"，这既是国家中心城市的功能性补充，也是国际化大都市的基础性支撑。

"国际化大都市"为 1915 年苏格兰城市规划师帕特里克·盖迪斯（Patrick Geddes）首提。国际上公认的成为国际化大都市的条件涉及 8 个方面：政治影响力、经济影响力、服务业比重、金融中心等级、大公司总部聚

集程度、国际组织数量、外籍人口比重、文化软实力。只有那些具有超群的政治、经济、科技实力,并且和全世界或大多数国家建立政治、经济、科技和文化交流关系,有着全球性影响力的国际一流都市,才能成为国际化大都市。目前"够格"的国际化大都市除了纽约、伦敦、东京三个"世界城市",还有巴黎、芝加哥、新加坡等为数不多的城市,而我国内地最有国际影响力的或者非常接近"国际化大都市"标准的只有北京和上海这两个城市。

武汉距离"国际化大都市"标准还较遥远,但一直在努力。1992 年 12 月,武汉市第八次党代会首次提出建设"开放型、多功能、现代化的国际性城市";2011 年 12 月,武汉市第十二次党代会提出"复兴大武汉",将武汉建设成为立足中部、面向全国、走向世界的国家中心城市;2013 年以来,武汉市政府先后印发的两期《武汉市国际化水平提升计划》提出要建成"在全球范围内具有一定竞争力和影响力的国际性城市"的目标;2017 年 1 月,武汉市第十三次党代会提出建设"国际化大武汉";2018 年,武汉市明确了建设"国际化大武汉"的目标和任务;2020 年 12 月,武汉市委进一步提出"十四五"时期经济社会发展的主要目标就是加快建设国家中心城市、长江经济带核心城市和国际化大都市;2022 年 1 月,武汉市人民政府官网发布《武汉市国际化水平提升"十四五"规划》,从打造国际化交流合作新平台、筑造国际化经贸往来新高地、营造国际化宜居宜业新环境、塑造国际化现代城市新形象等方面,进一步部署提升武汉市国际化水平。

建设内陆开放中心城市、打造国际化大都市是武汉做实国家中心城市和长江经济带核心城市的重大举措,是武汉提升城市能级和综合竞争力的必由之路。

## 二 武汉建设内陆开放中心城市、打造国际化大都市具有良好基础

### (一)经济外向度稳步提升

2021 年武汉外贸克难奋进、再上台阶,进出口总额 3359.4 亿元,同比

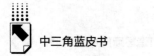
增长 24%，创下近 10 年最好成绩，城市经济外向度由 5 年前的 13% 提升至现在的 19%。跨境电商、市场采购、外综服、海外仓等多种外贸新业态实现创新融合发展，跨境电商进出口额持续倍增，武汉在商务部对全国 105 个跨境电商综试区评估中被评为"成效较好"。截至 2021 年底，武汉累计设立外商投资企业突破 7500 家，武汉世界 500 强企业达 309 家，居中部首位；在境外投资设立企业超过 360 家，"走出去"网络覆盖 50 多个国家和地区。2022 年 6 月 9 日，国务院办公厅发布《关于对 2021 年落实有关重大政策措施真抓实干成效明显地方予以督查激励的通报》，在推动外贸稳定和创新发展方面，武汉市被列为全国 10 个成效明显城市之一。

### （二）对外通道建设加快

2021 年 2 月，武汉市入选交通强国建设试点，成为至今唯一获批此试点的省会城市。目前，武汉初步建成链接全球航空运输大通道、通江达海水运大通道、外畅内联陆运大通道，建成多层次综合交通枢纽。中欧班列（武汉）已经开行 29 条稳定的跨境运输线路，覆盖欧亚大陆 34 个国家、76 个城市，重箱率居全国首位，"联通欧洲、覆盖中亚、衔接日韩、连接东盟"的国际多式联运服务网络初步形成。武汉新港成为中部最佳"出海口"，江海直达、江海联运航线得到巩固完善，连通东盟四国、日韩、中国台湾等 7 个国家和地区。武汉成为中部地区开通国际航线最多的城市，天河机场实现 7×24 小时常态化通关，在中部六省率先获批实施 144 小时旅客过境免签。

### （三）国际交流日益密切

武汉紧扣服务国家总体外交大局，2018 年中印两国领导人东湖非正式会晤、英国时任首相特蕾莎·梅访汉，2019 年 9 月德国时任总理默克尔到访武汉；成功举办了第七届世界军人运动会、上合组织民间友好论坛、中国—东盟数字经济发展合作论坛、中非创新合作大会等重大国际活动；举办了世界集邮展、中国国际友好城市大会、世界飞行者大会、世界大健康博览会等国际性活动，国际化活动载体的层次水平不断提升。目前，武汉共有外国驻武汉领事馆 4 个（法、美、韩、英），另外，中俄已联合宣布设立俄罗斯联邦驻武汉总领事馆，国际友好城市 28 个，国际友好交流城市 88 个，境外驻武汉代表机构 22 家。自 2012 年起，武汉实施外籍人士"家在武汉"工程，成功引进 8 名诺奖得主和 44 名外籍院士，国际人才自由港建设初见成效。

## 三 武汉建设内陆开放中心城市、打造 国际化大都市的建议

### （一）打造具有全球影响力的创新枢纽

2018 年 4 月 26 日，习近平总书记考察武汉东湖国家自主创新示范区时指出：新发展理念，创新是第一位的。① 2022 年 6 月 28 日，习近平总书记再次到武汉考察时强调："科技自立自强是国家强盛之基、安全之要。"② 要牢记习近平总书记教导，加快将武汉打造成国际性创新枢纽。

2018~2021 年，武汉在世界知识产权组织发布的《全球创新指数报告》中，排名由第 43 位逐步提升到第 38 位、第 29 位、第 25 位，上升势头强劲。武汉是联合国教科文组织确定的"设计之都"，是全球创新网络的重要节点。东湖高新区是全国创建"世界一流高科技园区"十家试点园区之一。前不久，经报国务院审核，武汉被批准成为继北京、上海、粤港澳和成渝之后的全国第 5 个科技创新中心。武汉要加强前沿创新布局，全面推动东湖科学城建设，推进 7 个湖北实验室实体化运营，加快重大科技基础设施和国家重点实验室建设，积极创建湖北东湖综合性国家科学中心。融入全球创新网络，建立多层次、网络化、开放型技术交易市场和转化平台，努力打造面向国际的科技成果交易中心。提升辐射全球的资源配置能力。深度融入"一

---

① 《武汉创新指数位列全球第 25 位》，湖北省人民政府网站，2022 年 6 月 6 日，http：//www. hubei. gov. cn/hbfb/szsm/202206/t20220606_ 4162897. shtml。
② 《努力在科技自立自强上取得更大进展——习近平总书记湖北武汉考察重要讲话引发热烈反响》，中国青年网，2022 年 6 月 30 日，https：//news. youth. cn/sz/202206/t20220630_13810170. htm

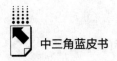

"带一路"，大力发展开放合作的创新型企业，建设虚实结合的创新平台，构建链接世界的全球服务网络枢纽，推动打造辐射全球、面向未来的高水平开放型产业体系。

### （二）打造国际性综合交通物流枢纽

2021 年 2 月，中共中央、国务院印发《国家综合立体交通网规划纲要》，明确将武汉建设为国际性综合交通枢纽城市。同年 8 月，交通运输部印发《关于武汉市开展内陆开放型综合运输大通道建设等交通强国建设试点工作的意见》。2022 年 7 月，武汉市政府印发《武汉市交通强国建设试点实施方案》。建立健全综合立体交通网将为武汉建设国家中心城市、内陆开放中心城市和国际化大都市提供有力基础设施支撑，将更好发挥武汉承东启西、连南接北、融入"一带一路"和面向世界的功能。

武汉要加强多层次综合交通枢纽建设，加强基础设施"硬联通"、制度规则"软联通"，锚定交通强国试点建设和"国家商贸物流中心"建设两大目标，加快内陆开放型综合运输大通道建设。加强机场国内国际航线衔接，推进机场扩容升级；建设江海直达铁水联运水运通道；建设陆路运输大通道，扩大中欧班列（武汉）服务范围，加快高铁网发展，空运、水运、陆运三线并进，互联互通，建设多层次综合交通枢纽，开辟国际交往新通道。创新是引领发展的第一动力，要以创新驱动为指导大力发展智慧交通和智慧物流，推动交通行业与大数据、互联网、人工智能等新技术融合发展。在碳达峰、碳中和的背景下，武汉要以生态优先、绿色发展为理念加快形成绿色低碳的交通运输方式，推广新能源、智能化、数字化交通装备以实现交通减污降碳，构建绿色交通低碳发展长效机制。同时深化交通运输行业改革，提升立体交通网络治理能力，加快制定综合交通枢纽、多式联运、新业态新模式等标准规范，加强不同运输方式标准统筹协调，积极加入国际交通组织，提升综合交通运输的国际化水平。

### （三）打造国际碳市场和碳金融中心

全国碳市场于 2021 年 7 月 16 日启动，武汉承担了碳排放权的确权登记、分配履约等业务，不仅是全国碳市场体系建设的核心和基础，而且是全国碳资产的大数据中枢。由此，武汉成为我国碳金融中心。可以推出采用标准化合同的远期产品，为国家进一步发行碳期货债券奠定基础。通过碳期货债券支付碳减排领域相关发展费用，再通过减碳技术产品规模化应用的实际降碳效益返还碳期货债券，实现降碳平衡。将计划内专项债券通过碳交易市场获得发展所需资金，支付降碳技术科研产业、碳金融研究、碳指标研究、其他科研研究、计划内一般建设等所需资金，并通过资金支持碳前沿技术研发、前沿产品规模应用、应用降碳标准的明确，对碳期货债券进行返还，形成碳期货发展闭环。同时，我国可用外汇向全球（主要在欠发达国家和地区）购买富余的碳排放指标，这既能有效降低我国过多的外汇储备，又能使欠发达国家和地区获得宝贵的外汇。这样，借助武汉碳交易的先发优势，将武汉打造成为国际碳交易中心，并为我国高额的外汇储备找到一个较宽并且可持续的出口。

### （四）建设蜚声国内外的制造强国高地

武汉是中国近代工业的发源地之一，"汉阳造"曾享誉全国。制造业是武汉立市之本，强市之基，武汉在建设内陆开放中心城市、打造国际化大都市中，不能丢掉根本，要大力发展以高端制造业为代表的实体经济。

要大力实施先进制造业壮大计划、战略性新兴产业倍增计划。抢抓世界汽车产业向中国集聚、国家汽车产能向中西部转移的机遇，加快建设全国性汽车数据、交易、检测、后市场等服务平台，推动中国电动汽车百人会武汉基地建设。加快新一代信息技术、人工智能、生命科学等新技术突破和场景应用，培育发展战略领先的产业创新集群，在引领产业发展的关键技术上取得重大突破，全面提高武汉制造业创新能力。要围绕国家重大需求实施重点突破，如量子刻录机，非传统航空发动机，芯片制造核心设备，无人潜艇、无人舰艇，超级计算机，超大型激光3D打印机，反无人机系统，超级激光武器，新型特殊材料、工业与服务机器人等。

### （五）建设更具国际影响力的"三造"高地

21世纪以来，武汉"三造"（造桥、造坝、造楼）水平，一直处于世

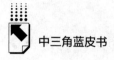

界领先地位。世界建桥看中国，中国建桥看武汉。目前世界排名前十的大跨悬索桥、斜拉桥、拱桥中，一半以上为"武汉造"，此外还包括长江流域已建在建的近200座桥梁。武汉拥有全国最完整的桥梁产业链，以中铁大桥局和中交二航局为代表的"建桥国家队"，设计、建造和监理实力世界领先。应进一步扩大武汉桥梁产业创新联盟影响力，充分发挥桥梁工程企业集聚效应，打造具有国际影响力的桥梁设计建造中心。

依托长江勘测规划设计研究院和长江水利委员会长江科学院在武汉设立的国家大坝安全工程技术研究中心是我国大坝安全领域唯一的国家级创新平台，致力于发展成国内一流、国际知名的现代工程技术研究中心。水库大坝建设管理进入高质量发展新阶段，武汉应不断践行开放服务和招才引智，提升国际知名度，吸引和资助国内外优秀学者和科技工作者与其开展交流合作，激发创新活力，促进科技成果产业化、工程化。2021年由武汉建筑业龙头企业中建三局等牵头在全国率先组建成立绿色建造、智能建造、品质建造"三个建造"科技创新联合体，着力打造建筑科技创新高地。要坚持以"三个建造"科技创新联合体为抓手不断推进建材建筑等传统产业向高端化、智能化、绿色化转型升级，增强国际市场中"三个建造"核心竞争力，持续探索行业前沿引领行业发展路径，推动武汉成为具有国际影响力的"三造"高地。

## （六）建设国际交往中心

首先，要吸引更多国家开设领事馆。经验证明，开设领事馆的都是大区性城市，可以覆盖周边一般性省会城市，同时会带来领事馆派出国很多企业入驻。要加快俄罗斯驻武汉总领事馆的建设工作并开展业务，对已有开馆意向的要紧盯不放，尽早落实。

其次，要吸引更多的外国大企业在武汉设立区域性总部。这些总部管辖范围覆盖了长江中游城市群，为武汉服务周边开放型经济增添了新的平台，今后还需要进一步发展。另外，要发挥国际化商业组织的作用。2014年5月在武汉成立的长江国际商会，是一个以湖北为中心的跨区域平台，要以此为依托加强与各国商界的交流、合作。

再次，建设国际文化交往中心。加强与日韩文化交流互鉴，推进 2023 年"东亚文化之都"申报工作。落实中俄 17 市市长共同签署的《中俄万里茶道申请世界文化遗产武汉共识》，力争早日申报成功。深入推进与毛里求斯中国文化中心联合开展的国家"部省合作"项目，加强与更多共建"一带一路"国家和地区的交流。发挥武汉高教优势，积极打造"留学武汉"品牌。讲好武汉故事，以文化为核心，以"大河对话"为平台，打造国际性大河文化的交流、传播中心。

## （七）建设国际化人才特区

2021 年 2 月，全国首个国际化人才特区落地广州南沙。武汉科教资源全国领先，要争取国家支持，在武汉布局建设国际化人才特区。

近年来，武汉实现了一系列人才政策突破，取得了显著成效。但面对国际人才流动的新趋势，仍需要与时俱进，进一步优化完善引进人才政策，加大引进国际高端人才的力度。围绕国家战略需求，聚焦世界前沿领域，主动设计和发起国际科学项目、大科学研究计划，吸引集聚世界战略科技人才、领军人才和创新团队，面向全球"点对点引才""以才引才"，加大本土人才国际化培育力度，逐步打造梯次鲜明、有机衔接的国际化人才队伍。

## （八）不断优化国际投资环境

中国（湖北）自由贸易试验区武汉片区作为开放创新试验区，承担了在更深层次、更宽领域、以更大力度推进国家全方位高水平开放的历史使命。武汉自贸片区自成立以来，制度创新成效明显，逐步成为湖北深度融入经济全球化的重要载体。深入分析 CPTPP、USMCA 等高水平国际经贸规则体系，结合实际、探索创新，找准武汉自贸片区实施更高水平开放的突破口。充分利用 RCEP 形成新的自贸安排，有效提升与主要贸易伙伴之间的贸易开放水平，助力武汉对外贸易扩容、实现国内外产业链的"强链"和"补链"。

构建国际一流的宜居宜业环境。从城市管理精细化、城乡发展一体化、

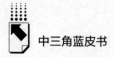

基本公共服务均等化等入手，寻求宜居环境新突破。对标国际一流城市，进一步塑造包容有序、海纳百川的国际化大都市的形象，营造适宜创业、崇尚创业的宽松环境和社会氛围，提供更舒适、便利的生活环境，积极建设国际社区、国际学校、国际医院。推行国际标准、国际规则、国际标识，提升涉外信息传播平台国际化水平。着力打造宜居、韧性城市，从基本保障、品质生活、文化习惯等方面，全面提升外籍人士、在鄂港澳台同胞和海外侨胞的生活品质，提高他们对武汉的认同感和归属感。

### （九）积极实施"走出去"战略

积极实施"走出去"战略是推进武汉建设内陆开放中心城市、打造国际化大都市的必然选择。建筑业作为武汉的传统优势产业，不断发展壮大，2021年具有总承包和专业承包资质等级的建筑业企业完成建筑业总产值12292.21亿元，建筑业已成为武汉最具比较优势的产业，武汉建筑业在房建、高铁、市政、桥梁、轨道交通、水利、设计等多方面全国领先、世界一流。武汉建筑业要进一步发挥联结"一带一路"和长江经济带的节点作用，深入推进中建三局等企业"走出去"战略实施，推进国际产能合作，使武汉成为国际建筑市场中的有力竞争者，不断增强国际竞争比较优势。此外，武汉市与东盟在5G、北斗、物联网、人工智能等数字经济领域已有良好合作基础，在光纤光缆、智慧园区等方面的合作正在积极推进，今后将通过设立武汉东盟数字经济合作研究中心从建立数字交流平台、推进基础设施合作、加强数字医疗合作等方面继续加快与东盟国家合作交流。

2020年6月，农业农村部正式批复建设武汉国家现代农业产业科技创新中心，武汉成为全国第5个获批建设国家现代农业产业科技创新中心的城市。加快农业"走出去"步伐，全面提升"武汉·中国种都"竞争力。2020年武汉实现种子出口2568吨，出口额达796万美元，要进一步扶持种业企业做大做强，沿着"一带一路"输出农作物种子，建立更加完善的农业标准体系，为武汉打造国际交往中心搭建现代农业交往新平台。通过2022年5月在东湖高新区（武汉自贸片区）正式成立的进出口企业服务联盟"走出去"专委会，为进出口企业充分利用国内外市场和资源，开拓更大海外市场存量能力，做大增量能力提供优质开放平台。

## 参考文献

《中华人民共和国国民经济和社会发展第十四个五年规划和 2035 年远景目标纲要》，《人民日报》2021 年 3 月 13 日。

秦尊文：《发挥中部地区的空间枢纽优势》，《区域经济评论》2021 年第 3 期。

秦尊文：《打造五个中心　建设现代化大武汉》，《武汉宣传》2021 年第 1 期。

秦尊文：《"一主"重在塑造"引领型发展"》，《湖北日报》2020 年 12 月 10 日。

秦尊文：《武汉要引领长江经济带发展》，《武汉宣传》2018 年第 7 期。

秦尊文：《"一带一路"与中部崛起》，《中国经济报告》2017 年第 12 期。

刘司可、路洪卫、彭玮：《培育国际消费中心城市的路径、模式及启示——基于 24 个世界一线城市的比较分析》，《经济体制改革》2021 年第 5 期。

冯旺、路洪卫：《基于创新驱动的湖北产教融合探析》，《中外企业家》2018 年第 32 期。

路洪卫：《提升三大功能　对接国家区域协调发展战略》，《政策》2018 年第 5 期。

王成龙等：《武汉做大国际交往"朋友圈"》，《湖北日报》2021 年 3 月 6 日。

喻春娇、王雯洁、殷倩兰：《以高质量对外开放推动武汉国际化大都市建设》，《决策与信息》2021 年第 3 期。

# B.15
# 加快推进武鄂同城化进程的对策研究[*]

湖北省社会科学院课题组[**]

**摘　要：** 2021 年 2 月以来，国家发改委先后批复南京、福州、成都、长株潭、西安都市圈发展规划，各地着力探索都市圈同城化模式。武鄂两地在交通、产业、科技、生态和民生等领域的同城化基础良好，但还存在要素流通不足、重点领域合作短板突出、同城不同策等问题，建议以"三网共建""三链融合""三水共治""四大民生""三大机制"为突破口，加快武鄂同城化进程，打造都市圈同城化典型示范。

**关键词：** 都市圈　武汉　鄂州

## 一　武鄂同城化建设的基础与成效

早在 2016 年，鄂州市政府同武汉东湖新技术开发区管委会就两地协同发展开始会商，近年来，两地高层定期会商机制已形成，每年双方就推进基础设施建设、科技创新、产业协同发展等进行深入沟通。随着武汉城市圈同城化的加速推进，武汉与鄂州在规划、交通、产业、科技、生态、民生六大领域同城化成效显著。

---

\* 本报告系湖北省社会科学院2022年度圈批课题阶段性研究成果。

\*\* 课题组成员：汤鹏飞（主持人、执笔）、张静、陈丽媛、宋哲、刘磊。

## （一）规划同编有序开展

《武汉大都市区交通基础设施规划》《武汉国家科技创新中心光谷科学岛规划》等均将鄂州部分区域纳入统筹范围。武鄂间的市域铁路、天河机场与花湖机场双枢纽等都被纳入武汉"十四五"交通规划中。2021 年 8 月 13 日，《武汉市国土空间总体规划（2021~2035 年）（草案）》提出要依托区域性交通干道、轨道交通等复合交通走廊，培育发展 6 条城镇发展轴，辐射城市圈内包括鄂州在内的多个城市。2022 年 3 月 17 日，武鄂两地签署《武汉鄂州共建武汉城市圈同城化核心区合作协议》，开展了《武鄂同城化发展规划》《梁子湖旅游发展规划》编制。

## （二）交通互联互通持续推进

鄂州市抓住同城化机遇，推动交通基础设施加快融入武汉网络，全方位打造由铁路、城市轨道交通、干线公路、城市道路等组成的多层次交通运输体系，地铁、公交、高铁、城铁将构建起武鄂"一小时交通圈"。

地铁相通。武汉地铁进入鄂州，地铁 11 号线葛店段日均客流量突破 1 万人次、4 条城际连接路贯通、三江港开港、鄂咸高速通车、短咀里湖桥拓宽工程开工等。《武鄂同城化发展 2022 年工作要点》明确武汉地铁 30 号线向鄂州红莲湖、梧桐湖延伸，开通庙岭、鄂城至葛店南站公交线路。

断头路打通。打通短咀里湖桥、未来二路、高新七路等多条市政道路与武汉的硬联通，"断头路"逐步联通。

城际铁路有序推进。加快推进武阳高速、新港高速、武汉城市圈大通道南环线等 3 条主通道建设，打通与武汉东湖高新区 9 条城际区间连接线。

武鄂"航空双枢纽"逐步形成。鄂州花湖机场是亚洲第 1 个、世界第 4 个专业货运枢纽机场，其功能定位为打造国际一流的专业性货运枢纽机场。随着 2022 年 7 月通航，武汉天河机场和花湖机场形成的客货运输"双枢纽"，届时与阳逻港、三江港、吴家山铁路枢纽等交通枢纽一起，共同构建武汉城市圈"铁水公空"多式联运体系。

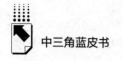

### （三）产业合作互利共荣

同城化的核心落脚点是实现产业高质量的协同发展。鄂州市积极融入武汉市产业发展，大批带有武汉元素的产业园，正在鄂州拔地而起。"研发在武汉、制造在鄂州"和"头部在武汉、链条在鄂州"，以及"主链在武汉、配套在鄂州"的一体化发展格局正逐渐形成。数据显示，2021年，鄂州与武汉对接签约项目40个，占鄂州招商引资签约项目的46.5%，在鄂州注册冠以"武汉"名称的企业超过1000家。

与武汉光谷接壤的葛店开发区的187家规上企业中，与武汉存在产业链上、下游关系的占70%以上。就光电子信息产业而言，葛店开发区抢抓光谷科技创新大走廊建设机遇，与光谷加快共建100平方公里的光电子信息产业聚集区，加快补链、强链、延链，共同促进武汉"光芯屏端网"万亿级产业做大做强。2020~2021年新签约企业15家，总投资175.9亿元。华工激光落户鄂州葛店华工激光智能制造产业园。借智光谷生物医药产业，鄂州大力发展生物医药产业。打造葛店大健康产业园、临空大健康产业园两大产业中心。

2022年，鄂州市将加快推进葛店开发区、临空经济区与武汉东湖高新区联手共建国家级光电子信息产业基地、大健康产业园、光谷鄂州光电产业园。与明理医疗科技（武汉）合作共建明理国际生命健康产业园。加快科创物流大数据产业园建设，推动滨江科技新区与武汉东湖高新区联手共建"园外园"。

### （四）科技合作推动创新发展

武鄂同城化发展，基础在产业，关键在科技创新。在湖北省大力推进光谷科创大走廊建设的背景下，鄂州着力构建"两带两组团"，红莲湖科技园被纳入东湖科学城拓展范围，葛店开发区被纳入光谷科学岛规划统筹范围。2021年，华中科技大学鄂州工业技术研究院获批国家级科技企业孵化器，武汉工程大学青天湖产业技术研究院签约揭牌，鄂州共计新增11家省级校企联合创新中心、5 家省级专业型研究所。组建未来锂电正极材料产业创新联合体。葛店依托湖北三安光电公司打造高效长寿命半导体照明关键技术重点实验室，目前已成立联合实验室，正在加快推动三安光电鄂州创新中心建设。

2022 年，鄂州将推进"32232"科技合作工程。继续与武汉共同举办科技成果转化活动，组织武汉高等院校、科研院所和高新技术企业开展对接技术指导会，安排武汉院士专家、科技副总、博士服务团、科技特派员到鄂州市提供技术支持。推行科技项目"揭榜挂帅"制度，重点打造信息技术、生命科学、智能制造、新能源新材料等新兴产业集群，推动一批科技成果在鄂州落地转化。

人才对接方面，鄂州与武汉多家知名企业开展校企合作，组织开展职业技能培训 10426 人次，发放培训补贴 1156.8 万元。积极邀请在武汉的大学生来鄂州参加实习培训和青年见习等活动。鄂州市劳动就业中心与武汉市劳动就业管理局签订了《劳动就业合作协议》，两市之间建立了就业创业信息共享机制，同时搭建起两市劳务交流服务平台，就业创业协作和资源都实现了共享。

### （五）生态共治达成共识

为加快推进武鄂同城化发展生态环境工作合作，2021 年 11 月 3 日，武鄂两市生态环境部门对接武鄂同城化发展生态环境工作，研究建立大梁子湖共建、共管和共享机制，推进水体水质信息共享和污染源协同管理；推进严家湖流域水环境综合治理工作；共同整治两市交界处市容环境卫生，加强医疗废弃物协同处置；制定武鄂同城化发展生态环境专题工作组三年行动方案和年度工作要点清单。

### （六）民生同保持续发力

推动武汉优质资源、优质服务向鄂州辐射延伸，在更多领域让鄂州市民享受到武汉"同城待遇"。

公共服务"跨市通办"。2021 年 6 月 17 日，武汉市民之家政务服务大

厅启用"武汉城市圈通办综合窗口"。当天,包括鄂州在内的武汉城市圈九城同步开设了"武汉城市圈通办综合窗口",截至2021年11月30日,共319项政务服务事项可"跨市通办",大大提高了流动人才的生活便利性。

推行社保一卡通。2021年10月12日,武鄂两市人社局签订《武鄂人社同城发展战略合作协议》,协议按照"一年破题开篇,两年全面对接,三年初步一体"的工作思路,重点围绕就业创业、社会保障、人才服务、劳动保障监察、社保卡业务5个方面开展对接合作,努力实现政策统一、标准一致、系统对接、数据共享。2022年12月16日,鄂州加载"武汉通"功能的第三代社保卡正式上线,鄂州成为武汉城市圈内首个实现社保卡加载"武汉通"功能的城市。鄂州第三代社保卡不仅可以跨城办理武汉市社保业务,而且实现了地铁和公交刷卡。同时,拥有第三代社保卡的武汉、鄂州两地市民,可以通过手机给"武汉通"续费,或者在社保窗口、地铁站、购物商超等地点现场充值。

公积金异地互认互贷。《鄂州市住房公积金武鄂同城化发展三年行动方案(2021~2023年)》,明确推行住房公积金转移接续和异地贷款,提出建设两市公积金一体化信息共享平台,实现住房公积金管理业务互助、信息互认、政策互鉴、数据互通等工作目标。2022年2月,武鄂两地公积金正式取消了现缴存地缴存6个月的转移限制,实现两地职工即时申请即时办结,住房公积金异地转移接续由此"秒级到账"。从2022年3月19日起,武汉与鄂州两地率先开通公积金互为业务办理窗口,两地采取全程网办、代收代办、两地联办等多种方式实现了公积金服务事项的"一窗办理"。

武汉优质教育资源共享。华夏理工学院在梧桐湖新区落户,湖北幼儿师范高等专科学校、武汉职业技术学院、长江职业学院入驻葛店开发区。2022年继续推进建立武鄂教育联盟,推动武汉外国语学校与鄂州市临空经济区合作办学;推进东湖高新区优质教育资源与葛店开发区等区际、校际交流协作。目前,鄂州市正积极努力推动与武汉共同开展教育集团化办学、优质教育集团跨区域发展、名校资源对其分享等工作。

医疗资源合作。湖北省中医院在葛店设立分院、湖北省中西医结合医院梁子湖院区建成启用；城镇职工社保、医保实现无障碍转移接续，赴武汉就医实行医保异地即时结算。

## 二 武鄂同城化的难点、问题与障碍

### （一）难点：要素流通不足，同城化发展水平待提高

沈丽珍等人在《地理研究》上发表的《流动空间视角下的同城化地区发展阶段划分与特征》中，通过采集全国18个同城化地区城市间的人流、信息流、经济流等动态大数据，测算并比较其要素流动水平。结果显示，武鄂要素流动联系强度为0.0194，位列第十二，处于中游水平，说明武鄂两地要素流动还不畅通。其中，人流联系强度和经济联系强度相对较低，分别位列第十四和第十三。人流联系强度相对较低的原因在于武鄂两地相连的地理优势并没有转化为便捷的通勤优势。经济联系强度较低的原因在于鄂州的产业专业化程度相对较低，武鄂两地产业优势互补不够，市场资源配置效率有待提升。

基于要素流动测度同城化地区分级见表1。

**表1 基于要素流动测度同城化地区分级**

| 等级 | 要素流动<br>联系强度分级 | 同城化地区 |
|---|---|---|
| 超强联系 | 0.1230~0.3472 | 广州—佛山 |
| 强联系 | 0.0513~0.1299 | 深圳—东莞—惠州、西安—咸阳 |
| 较强联系 | 0.0249~0.0512 | 郑州—开封、成都—德阳、厦门—漳州—泉州、太原—晋中、南京—镇江—扬州、长沙—株洲—湘潭 |
| 中等联系 | 0.0107~0.0248 | 长春—吉林、乌鲁木齐—昌吉、武汉—鄂州、汕头—潮州—揭阳、贵阳—安顺、沈阳—抚顺、合肥—淮南、福州—莆田—宁德、兰州—白银 |

资料来源：沈丽珍、陈少杰、汪侠：《流动空间视角下的同城化地区发展阶段划分与特征》，《地理研究》2021年第9期。

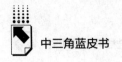

### （二）问题：重点领域合作短板突出，同城化示范效应待提升

规划同编方面，规划落地不足，两地部门间的衔接不够，责任悬空。交通同网方面，"断头路"依然存在，地铁延伸不够，城际公交和城际列车运行频次较低，且高效的物流网和信息网尚未建立。科技同兴方面，武汉创新资源"虹吸效应"明显，合作仍以行政手段推动为主。产业同链方面，两地产业结构差异明显，以冶金、建材为代表的原材料加工制造业为鄂州主要产业，占全市工业比重高达37.5%，产业互补性不强。民生同保方面，现行的户籍制度及迁移政策阻碍同城化进程，教育、医疗、社保等公共服务的待遇和服务水平差距较大。与此同时，武鄂同城化在重点领域任务、关键环节改革创新方面尚未取得标志性成果，在中部地区乃至全国范围的都市圈同城化的示范作用尚未发挥。

### （三）障碍：同城不同策，同城化政策融通待加强

一是常态化工作机制大多停留在联席会议和协商层面，缺乏常态化、系统化的沟通交流机制和监督落实机制；二是两地在招商、税收、人才及社会保障等方面的具体政策差异显著，且在工作机制、业务流程、行业管理和属地管理之间还存在诸多管理体制未理顺；三是城市间"一亩三分地"的利益藩篱尚未破除，尤其在跨区域产业合作上，利益分配方式难以达成一致意见。

## 三　加快武鄂同城化进程的策略

### （一）以"三网共建"为突破口，打造都市圈交通通勤同城化示范区

#### 1. 推动"交通圈"向"通勤圈"转变，全面畅通交通网络

轨道交通方面，推进干线铁路、城际铁路、市域（郊）铁路、城市轨道交通融合，推进武汉轨道交通向鄂州延伸，重点推进11号线经葛店南站延伸至黄州城区、13号线未来科技城站向南延伸经鄂州梧桐湖至黄石临空经济区、30号线延伸至红莲湖、光谷至花湖机场市域通勤轨道交通等重点

项目建设，探索两地轨道交通运营管理"一张网"。

公路方面，以高速公路扩容和加强市际公路衔接为重点，推进疏港公路、吴楚大道、S203等关键连接通道建设，加快推进机场高速、鄂州长江大桥连接线、大广高速新增互通、G106鄂城区泽林至铁山段改造等工程建设，加快消除"断头路"，提升市际公路通达能力。

公共交通方面，全面打造同城化公路客运网络，加快公交一卡互通、票制资费标准一致，实现"一卡通乘、一码通乘、优惠共享"全覆盖。研究通过TOD等方式优化轨道交通站点周边空间布局，以片区产业功能定位、职住平衡要求为基础，在轨道交通已建成或已规划区域，研究通过TOD等方式优化空间布局，提升人口、要素流动效益。

2. 加快"双枢纽"联动，打造高效物流网

全面提升武汉天河国际机场中部国际枢纽地位，加快推进鄂州打造国际物流核心枢纽。推动天河国际机场与花湖机场深度对接，加快"双枢纽"重点交通运输网络建设，打造"通道+枢纽+网络"的物流运行体系，补齐集疏运"最后一公里"短板，创新"航空+高铁""航空+中欧班列""航空+卡车航班""航空+水运+增值加工"等联运发展模式，实行多式联运"一单制"。围绕"双枢纽"大通道发展通道经济，打造经济发展新动能，构建更有活力和竞争力的产业生态。共同加快开放第五及以上航权，共同开展生态智慧机场和智慧物流建设工作。

3. 以新基建为突破口，统筹布局新型信息网

一是统筹新型基础设施建设。按照统一标准建设5G、人工智能、大数据中心等设施，打好数字基建"组合拳"，促进医疗信息共享、人才岗位信息共享、政务服务互联互通、工业互联网平台信息互通等多层面的信息联通，推动两地互动更加扁平化，实现信息流、客流、物流、资金流、数据流更加通畅。

二是以"数字+"应用为突破口，深化武鄂两地全域智慧协同治理。以湖北"1+17+N"政务数据云资源平台和大数据能力平台为基础，加快推进"智慧+"在科技创新、产业发展、"双循环"、新型城镇化、乡村振兴、生态环保、民生保障、安全发展等重点领域的应用，构建全域智慧协同治理体系。

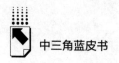

## （二）以"三链融合"为突破口，打造都市圈产业创新协作示范区

1. 围绕三大产业集群布局产业链，打造"非中心城市功能产业疏解转移示范基地"

一是优化和加强产业链的布局和分工引导。以葛店开发区、红莲湖旅游度假区、梧桐湖新区、临空经济区为重点地区，聚焦"光芯屏端网"、大健康、智能制造三大产业集群布局产业链，明确各区域主导产业细分领域，推动产业延链、补链、强链，开展专题产业链供应链对接活动，构建研发在武汉、转化在城市圈，主链在武汉、配套在城市圈的产业发展格局，为武鄂同城化发展提供坚实支撑。

武鄂三大产业链发展重点引导见表2。

**表2 武鄂三大产业链发展重点引导**

| 产业链 | 武汉产业链发展重点引导 | 鄂州产业链发展重点引导 |
| --- | --- | --- |
| "光芯屏端网"产业链 | 光通信设备、光传输设备、高功率超快激光器、光纤激光器等 | 光电子、光装备、光材料等 |
| | 芯片制造、芯片设计等 | 封装测试、芯片材料等 |
| | 显示面板、高端面板屏下传感元件及模组等 | 高清视频等下游应用场景、显示面板材料等 |
| | 时空位置终端、新一代移动智能终端及可穿戴装备等 | 智能终端应用等 |
| | 5G(6G)移动通信、量子信息、物联网、智能终端、软件与信息技术等 | 行业应用软件、数据服务、城市大脑、跨境电商等 |
| 大健康产业链 | 新药创制、医疗器械、微生物、精准医疗与智慧医疗等 | 对转运时效敏感的及时医疗产业（基因、疫苗、血液、器官移植灯火）、与保税功能关联的出口医药和器械产业等 |
| 智能制造产业链 | 智能芯片、大数据存储设备、智能传感器、智能机器人、智能网联汽车、新型智能终端等 | 智慧物流、智能模具、智能机电、激光设备、数控机床等 |

资料来源：以"光芯屏端网"、大健康、智能制造产业链为基础，根据《武汉市国民经济和社会发展第十四个五年规划和2035年远景目标纲要》《鄂州市国民经济和社会发展第十四个五年规划和2035年远景目标纲要》整理。

二是依托 5 个合作共建园区打造"产业疏解转移示范基地"。充分发挥东湖新技术开发区、武汉经济技术开发区、武汉临空港经济技术开发区管理模式、政策制度、产业基础、招商引资等优势，通过合作共建、园外园、飞地经济等方式，推动武鄂两地园区深度融合，率先推进葛店开发区光电子信息产业园、大健康产业园、国家检验检测高技术服务业聚集区、电子商务产业园、临空经济区机械智能制造产业园等五大园区建设，打造武汉产业疏解转移示范基地，探索产业共引、设施共建、政策共济、利益共享的合作新模式。

**2. 依托光谷科技创新大走廊"两大组团"布局创新链，构建区域创新共同体**

加快光谷科技创新大走廊鄂州功能区建设，以"红莲湖—葛店科创组团"和"鄂州机场临空组团"为关键载体，加强两大组团发展的功能引导，统筹布局建设重大创新平台，加快华科大鄂州工研院、华师大鄂州研究院、中国科学院精密测量科学与技术创新研究院、光谷联合科技园建设，争取中国地质大学（武汉）、湖北长江实验室布局鄂州，在武汉建设离岸科创中心，打造区域创新联合体。加快光谷科学岛在鄂州扩容，探索引进省级或武汉平台企业参与光谷东科创岛建设运营，引进武汉光谷优质科创项目及高校科创主体落户，深化产学研合作，共同打造"科创飞地+产业飞地"的"双向飞地"模式。依托鄂州临空经济区建设，承接光谷向东溢出的各类科技创新资源，立足于为光谷提供配套服务，加快培育壮大以"光芯屏端网"为重点的光电子信息产业集群。

**3. 依托"两条创新发展轴"建设人才飞地，联合打造"武鄂制造业创新人才链走廊"**

以"高新大道—吴楚大道"横向创新产业发展轴、武鄂边界连绵线纵向创新发展轴为重点，打造"武鄂制造业创新人才链走廊"。共同建立人才需求对接库，建立"工作在中心城市，服务在区域城市"的"两栖"型人才服务模式。同时，建立两市培训资源共享机制，加强人才的共同培养；建立健全两市共同"招商引资、招才引智"机制，围绕两市重点产业和重点领域，联合开展高层次人才招聘和推介活动，联合举办国内外人才与项目对

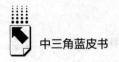

接活动，实现人才同城招引。尽快统一人事政策法规，实行人才职业资格和职称异地互认，让人才在两市自由流动。

### （三）以梁子湖"三水共治"为突破口，打造都市圈生态共保共治示范区

#### 1. 共优水资源

强化梁子湖流域水资源统一管理，联合建立梁子湖流域生态流量管理与保障机制，联合制定保障枯水期生态流量方案，开展常态化监测预警评估。统筹布局梁子湖流域的污水处理厂再生水利用设施和调蓄设施，构建污染治理、生态保护、循环利用有机结合的综合治理体系。

#### 2. 共护水生态

推动成立梁子湖流域生态环境保护管理机构，争取省人大立法出台《湖北省梁子湖湖泊保护规划》及实施细则。共建梁子湖生态环境监管平台，推动实现生态环境标准、环境监测监控体系、环境监管执法"三统一"。发挥梁子湖"化石型湖泊""物种基因库"优势，共同培育梁子湖生态产品公共品牌，探索实施以生态环境为导向的开发（EOD）模式试点项目，共同完善湖泊生态产品价值实现机制。

#### 3. 共治水环境

加快推动武汉、鄂州、咸宁、黄石设立梁子湖流域河湖长制，以四市轮岗方式来统筹协调流域水环境治理等工作。四市联合全面梳理污染源，严格建立梁子湖流域环境准入标准，共同出台流域治理措施。全面实施水质断面监测预警方案，落实"断面长"制，按月公布断面水质状况，制定实施以断面水质为基础的湖泊生态补偿方案。实施联席联巡联防联控战略，完善跨市流域突发水污染事件协调应急处置机制。

### （四）以"四大民生"为突破口，打造都市圈民生同保示范区

#### 1. 教育资源共享

加快推进武鄂教育同城化建设进程，将省会虹吸效应转化为同频共振

效应，实现武鄂教育高质量发展。大胆探索教育优质均衡发展新路径，采取集团互建、资源互享、教研互促、学生互动、名师互教、管理互学等方法，推进"融城"基础教育深度合作，让优质教育资源在两地"流动"起来。探索成立武鄂教研共同体，以教研年会为契机，通过课堂展示、论坛研讨、考察交流、报告讲座等形式，推进两地教研水平共同提升。推动两市整合市在线教育平台资源，利用大数据、人工智能等技术推进优质教育教学资源共建共享。加强产教融合，共建共享实训基地、研学实践基地，两市鼓励职校学生和行业企业员工跨地跨校参加实习实训、技能竞赛和业务培训。

2. 医疗资源共享

一是推动优质医疗资源共享，实现专家号源互通，组织专家团队异地就诊，定期多点执业。二是依托专科联盟促进两市专科协作、远程会诊、资源共享，构建联盟内分级诊疗、共同发展新模式。三是共享医疗专家库，在公立医院巡查、重点专科评审等方面开展合作。四是开展医疗机构结对帮扶行动，互派管理和医护人员。五是落实城市之间检验结果互认，实现实验室检测资源的互动。

3. 养老服务同步

推动养老保险"同城待遇"政策落地，加强社保信息化建设，打通信息壁垒。目前，两市之间工伤保险省级统筹已基本实现，但武汉与鄂州两市经济发展水平不一，要充分考虑鄂州企业缴费能力等实际情况，来安排推进养老保险省级统筹工作。要建立工伤认定和劳动能力鉴定异地委托工作机制，开展工伤事故委托调查，互认调查结果，推动工伤政策依法统一。

4. 政务服务通办

进一步梳理事项清单、统一业务标准、规范办理流程、设置通办专窗、畅通邮政寄递、互通智能终端等，继续扩大高频政务服务事项通办范围。推进两地政务服务业务通、系统通、数据通、证照通、用户通，为两地跨区域办理政务服务事项提供数据信息共享支撑。建立武鄂两地政务服务联席会议和情况通报机制，研究解决协同发展过程中遇到的问题和需要推进的工作；

强化双方在推进"放管服"改革、一体化政务服务能力提升、"互联网+政务服务"等方面的合作与沟通，共同推动两地政务服务改革。

### （五）以"三大机制"为突破口，打造都市圈同城化机制改革示范区

#### 1. 完善同城化政策融通机制

加快推进武鄂同城化立法进程，创新地方立法相互听证制度，在起草、审查等各个阶段着手协调武鄂两地地方立法，消除或减少区域法制间的矛盾和不协调问题。建立武鄂建设用地指标协同管理机制，联合推行工业用地"标准地"改革，推进集体经营性建设用地入市改革。探索项目协同管理机制，统一项目准入标准，按照《企业投资项目核准和备案管理条例》《企业投资项目核准和备案管理办法》《湖北省企业投资项目核准和备案管理办法》等有关规定，制定统一的企业投资项目核准目录，对目录以外的企业投资项目实行告知性备案。

#### 2. 建立统一市场机制

抢抓《中共中央 国务院关于加快建设全国统一大市场的意见》出台的机遇，率先制定妨碍统一市场建设的"阻碍清单"。探索经济区和行政区分离综合改革路径，统筹开展"放管服"改革合作，共造国际一流营商环境。加强企业备案、信用信息管理等行业监管软件系统对接，实现数据互通、信息共享共用。建立武鄂两地共推企业上市的工作联动机制，推动优质企业到境内外上市融资。构建土地、房产、矿产等统一的产权信息网络服务和管理平台，统一信息披露、交易统计和项目推介格式标准，逐步实现产权要素市场"资源同城化、规则同城化、信息同城化"。建立武鄂两地工商行政执法协调机制，建立工作信息交流、行政执法互动、重大案件沟通、热点问题追踪、重大事项共商的平台，在反不正当竞争执法监管、治理商业贿赂、知识产权保护综合监管、市场价格综合监管、打击传销综合治理等方面，增强执法的联动性、统一性。

#### 3. 探索同城化利益协调机制

推动建立跨区域税收分成共享机制，建立合作共建园区的股权分享机

制，探索"存量不动+增量分成"的区域利益分享模式。制定跨区域项目和共建园区的产值统计政策，对于产业转移产生的 GDP 和税收，转出地和转入地均按 100%纳入统计，由市统计部门向省统计部门报告统计结果时再剔除重复部分。推动武鄂两地政府联合设立发展投资专项基金，用于投入重大基础设施建设、生态经济发展、盘活存量低效用地等。

## 参考文献

沈丽珍、陈少杰、汪侠：《流动空间视角下的同城化地区发展阶段划分与特征》，《地理研究》2021 年第 9 期。

李墨：《光谷科技创新大走廊开闸破壁》，《湖北日报》2021 年 9 月 7 日。

王建国：《中西部地区都市圈发展阶段的研判与推进》，《区域经济评论》2021 年第 4 期。

陈平、戴劲松：《为光谷科创走廊建设贡献鄂州力量》，《湖北日报》2021 年 4 月 8 日。

张静、唐晓超：《多维视角下武汉城市圈同城化发展测度与评价研究》，《长江技术经济》2022 年第 1 期。

戴劲松、夏中华、黄朝晖：《规划同编：武鄂共绘一张图》，《湖北日报》2021 年 9 月 2 日。

# B.16
# 中欧班列（武汉）的 SWOT-PEST
# 分析及策略应对

黄 琦 潘方杰*

**摘 要：** 中欧班列是湖北补齐对外开放短板的关键，是湖北推动"一带一路"倡议发展的新力量和"生命线"，对于湖北"双循环"和"新沿海"战略至关重要。当下，俄乌冲突致使中欧班列（武汉）陷入危机，货源不足使中欧班列（武汉）面临被整合的风险，湖北对外开放规模及结构也无力支撑中欧班列（武汉）长远发展。为此，本报告创新运用 SWOT-PEST 模型对中欧班列（武汉）进行精准剖析，并遵循"扬长避短"和"轻重缓急"的原则，首次提出了俄乌冲突背景下中欧班列（武汉）4 种应对策略：危机防御策略 PEST-WT、进攻性策略 PEST-ST、恢复型策略 PEST-WO、增长型策略 PEST-SO。研究结论对俄乌冲突下的中欧班列（武汉）危机应对、品牌建设以及长远发展具有一定的决策参考意义。

**关键词：** "一带一路" 中欧班列（武汉） SWOT-PEST

## 一 引言

中欧班列是我国中部内陆地区补齐对外开放短板的关键，为内陆地区的

---

\* 黄琦，理学博士，湖北省社会科学院长江流域经济研究所助理研究员，主要研究方向为土地利用及信息化、区域经济；潘方杰，武汉工程大学管理学院讲师，主要研究方向为土地资源开发利用与管理、生态环境与地理信息系统应用等。

商品贸易提供了新的通道选择，是推动"一带一路"倡议发展的新力量和"生命线"，对湖北打造国内国际"双循环"的战略链接和实施高水平对外开放"新沿海"战略至关重要。大规模运输物流系统通过长距离连接和溢出，正在产生广泛的地理和经济影响。随着全球化和机动化时代的到来，商品和资源的全球流动要求运输时间不断缩短，而这又必须依靠交通建设来实现对空间的压缩。中欧班列开行以来给亚欧大陆货物贸易提供了新的陆上物流组织模式，为沿线国家的跨境贸易创造了便捷的陆上通道。当前，中欧班列建设普遍存在边境口岸通行能力不足、铁路运输规则中外各异、回程进口货源量少质低和对政府财政补贴过度依赖等问题。中欧班列（武汉）作为运行较早的班列之一，其面临的最大危机就是货源不足和增长乏力，这使其难以支撑湖北西向对外开放战略的稳步实施。交通基础设施对贸易发展的影响历来备受学者关注，中欧班列存在的问题已引起学界关注，学界对中欧班列的研究主要集中在运输组织运营现状、存在问题及策略、对贸易通道与进出口的影响等方面，且绝大多数都与组织运营及策略有关。部分学者的研究较多集中在网络结构与路径优化方面。结合具体班列进行案例分析是学者研究的常用方法，如，部分学者运用 SWOT 方法对中欧班列（武汉）进行分析，指出了中欧班列（武汉）发展的优势、劣势、机遇和威胁。上述对中欧班列问题的研究，大部分以对宏观层面的共性问题剖析为主，缺乏对个性个案的深度剖析，对中欧班列核心问题把握不准，没有与各当地中欧班列运行主体经济发展战略规划有效衔接，导致研究结论建议可操作性、可落地性不强。当下，俄乌冲突突然爆发，这将必须过境俄罗斯的中欧班列推到了风口浪尖上，随着俄乌冲突加剧，西方对俄制裁的层层升级，中欧班列以及中欧班列（武汉）境况堪忧，亟待闻"风"而动，迅速制定应对之策。本报告以中欧班列（武汉）为例，首次将中欧班列（武汉）置于俄乌冲突的大背景下，创新运用 SWOT-PEST 模型分析了中欧班列（武汉）存在的问题，并按照轻重缓急原则提出了中欧班列（武汉）近中远期应对策略，以期为中欧班列（武汉）应对俄乌冲突危机、树立品牌形象以及长远发展提供决策建议。

# 二　SWOT-PEST 分析模型

SWOT-PEST 分析是一种新型的战略分析方法，是结合 SWOT（Strengths、Weaknesses、Opportunities、Threats）分析和 PEST（Political、Economical、Social、Technical）分析的一种综合分析模型，在各领域得到了较为广泛的应用。通过分析研究对象在政治、经济、社会、技术方面的优势、劣势以及面临的机遇、威胁，找出关键影响因素，并提出对策方案。SWOT-PEST 模型分析法作为一种整合创新的策略分析方法，运用整体视角和系统思维对组织进行综合审视，在学术界得到了广泛的应用。在对湖北中欧班列（武汉）进行分析的基础上，可以综合考虑将 PEST 涉及的政治、经济、社会、技术因素的优势、劣势、机遇、威胁列入一个统一矩阵中进行综合分析，从而得到 SWOT-PEST 模型分析矩阵（见表 1）。

**表 1　湖北中欧班列（武汉）SWOT-PEST 模型分析矩阵及路径**

| 因素 | 优势（S） | 劣势（W） | 机遇（O） | 威胁（T） |
| --- | --- | --- | --- | --- |
| 政治（P） | P-S | P-W | P-O | P-T |
| 经济（E） | E-S | E-W | E-O | E-T |
| 社会（S） | S-S | S-W | S-O | S-T |
| 技术（T） | T-S | T-W | T-O | T-T |
| 分析路径 | PEST-S | PEST-W | PEST-O | PEST-T |

# 三　湖北中欧班列（武汉）SWOT-PEST 分析

## （一）湖北中欧班列（武汉）优势分析（PEST-S）

### 1.政策供给体系不断完善

近几年，湖北省政府及各级部门越来越意识到对外贸易通道建设的重要性，作为湖北参与共建"一带一路"的重要抓手的中欧班列（武汉），引起了各界的广泛关注。湖北省政府工作报告多次对中欧班列（武汉）建设进行了谋划，湖北正围绕加强中欧班列（武汉）的顶层设计，完善中欧班列（武汉）发展的政策，从逐步补齐中欧班列（武汉）短板入手，推动湖北中欧班列（武汉）发展成全国知名、世界闻名的货运品牌。《湖北省综合交通运输发展"十四五"规划》明确，充分发挥中欧班列（武汉）等国际班列功能，建立健全运行协调机制，扩大发运规模，积极争取开辟新线路；大力发展国际中转业务，积极申报和建设中欧班列集结中心。《湖北省推动多式联运高质量发展三年攻坚行动方案（2021~2023 年）》明确，推动中欧班列（武汉）与江海直航无缝衔接，优化班列货品类别，扩大班列覆盖范围，巩固回程货源，推进中欧班列（武汉）数量稳步提升。到 2023 年底，中欧班列（武汉）开行数量较 2020 年底增加 400 列以上。上述系列政策，直击中欧班列（武汉）当前发展中痛点、难点，逐步将中欧班列（武汉）从盲从无序发展牵引至规范有序发展的轨道上来，为中欧班列（武汉）的长远发展奠定了制度基础。

## 2. 经济能级水平不断提升

湖北省位于长江中游，自然资源禀赋丰沛，地理位置优越，经济发展水平不断提升。2015 年，湖北地区生产总值达到 30344.0 亿元，之后逐年上升，在 2019 年达到 45429.0 亿元，5 年间增长了 49.71%。虽 2020 年受到新冠肺炎疫情冲击，湖北地区生产总值出现小幅下降，但 2021 年在新冠肺炎疫情防控常态化下，仍实现了快速增长，增加到 50012.9 亿元，超过疫情前的水平。与此同时，湖北交通运输、仓储和邮政业增长值除 2020 年出现下降外，也呈现快速增长态势（见图 1）。社会经济的快速增长，为中欧班列（武汉）的发展创造了一个充满生机的市场环境，有效带动了湖北市场主体对中欧班列（武汉）货运需求，为中欧班列（武汉）发展提供了更大的货源市场。

## 3. 社会开放环境不断优化

近几年，湖北省积极推进武汉、襄阳全国跨境电子商务综合试验区

**图 1　2015~2021 年湖北省主要经济指标趋势**

资料来源：历年《湖北统计年鉴》。

建设，进一步做大做强湖北自贸区以及综合保税区等开放平台，积极对接 RCEP，全球资源整合和配置能力不断增强，进一步提升了湖北外向型经济的能级水平。消费是开放的动力源泉，湖北社会消费品零售总额2015 年达到 14003.2 亿元，2019 年达到 22722.3 亿元，增长幅度达到62.27%。2020 年民众的消费虽受新冠肺炎疫情防控的影响，但仍保持在17984.9 亿元的较高水平。与此同时，湖北吸引外资的水平不断提升，湖北已成为外商投资首选之地。2015 年湖北人均实际使用外商直接投资金额达到 152.91 美元，在 2019 年达到 217.77 美元，5 年间增幅为42.42%。2020 年，受到新冠肺炎疫情影响，湖北人均实际使用外商直接投资金额下降为180.19 美元（见图 2）。目前，随着湖北加快全国乃至世界的区域性消费中心建设步伐，湖北社会消费水平和外资利用规模稳步提升和扩大，开放水平不断提升，这将有力推动中欧班列（武汉）货运市场进一步壮大。

**4. 班列运营模式逐步创新多元**

根据汉欧国际官网信息，为满足货运市场多样化需求，目前中欧班列（武汉）公共班列、定制班列、拼箱业务三大类模式逐步形成，初步覆盖了

**图 2　2015～2020 年湖北省对外开放水平趋势**

资料来源：历年《湖北统计年鉴》。

货运市场各类需求。其中公共班列是主导模式，使用公共班列服务的客户单次发运至少 1 个 40HQ 集装箱；定制班列主要针对单次发运量至少 41 个 40HQ 集装箱的客户，当下主要为东风、冠捷、富士康、台湾奇宏、迪卡侬提供定制班列；拼箱业务指对装不满一整箱的小票货物，根据货物性质和目的地进行分类整理，具体是把统一目的地的货物，集中到一定数量拼装成整箱进行发运。多元化的班列设置，可以充分将市场中各类货运需求囊括进来，有利于中欧班列（武汉）占领各类潜在的市场，进一步提高中欧班列（武汉）的市场占有率。

## （二）湖北中欧班列（武汉）劣势分析（PEST-W）

### 1. 国内中欧班列竞争日趋激烈，中欧班列（武汉）存在被整合风险

一是中欧班列（武汉）开行规模过小，与国内其他区域存在巨大差距。2021 年，中欧班列（武汉）仅开行 411 列，而中欧班列（成渝）开行近 4800 列，占全国比重超 30%，位列全国第一。此外，2021 年，中欧班列（长安号）开行突破 3800 列，中欧班列（齐鲁号）开行超 1800 列，江苏中欧班列开行也超 1800 列，中欧班列（郑州）开行 1508 列，中欧班列（义

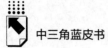

乌）开行 1277 列，中欧班列（长沙）开行 1021 列，中欧班列（武汉）已处末流，形势危急。

二是中欧班列（武汉）开行数量后续增长乏力，占全国比重持续下滑，逐步被边缘化。中欧班列（武汉）前身为"汉新欧"，其作为紧随"渝新欧"之后我国开行的第 2 列中欧班列，虽起步早，但后劲不足。在 2018 年开行数量达到 423 列后，受到疫情等影响数量出现明显下降，至今未恢复到 2018 年的水平。与此同时，中欧班列（武汉）开行数量占全国比重从开行之初（2015 年）的 20.12%，下滑到 2021 年的 2.74%，呈现断崖式的下降，逐步被边缘化，地位岌岌可危（见图 3）。

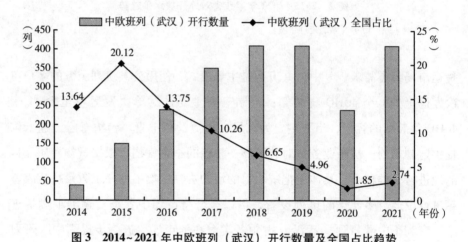

图 3　2014~2021 年中欧班列（武汉）开行数量及全国占比趋势

资料来源：中国一带一路网，https：//www.yidaiyilu.gov.cn/numlistpc.htm。

三是国内中欧班列竞争白热化，已呈"万马奔腾"景象，中欧班列（武汉）不进必退。截至目前，常态化开行的中欧班列有 13 列，中欧班列国内始发城市有 84 个，几乎全国各重点城市均有始发站点，各班列国际铁路线多数重合，对中欧班列（武汉）造成冲击。而根据《中欧班列中转集结组织办法》，郑州铁路集装箱中心站重点承接豫晋冀鲁皖鄂桂湘粤赣十省货物，湖北已被囊括在内。货源稳定的"渝新欧"逐渐将触角伸向全国，目前已经实现了从国内其他地区集结货物，到重庆转关后将货物出口欧洲，连湖北省内不少出口贸易企业都选择"渝新欧"运输。当前，整合中欧班列呼声较高，这给中欧班列（武汉）生存发展敲响警钟。

全国常态化开行中欧班列一览见表2。

**表2 全国常态化开行中欧班列一览**

| 开通年份 | 主要路线 | 主要货物类型 | 运输时间及里程 |
|---|---|---|---|
| 2011 | 重庆—杜伊斯堡（德国） | 笔记本电脑、机械、汽配、服装等 | 16 天 11179 公里 |
| 2012 | 武汉—梅林克帕尔杜比采（捷克） | 电子产品、光缆等 | 23 天 10863 公里 |
| 2013 | 成都—罗兹（波兰） | 电子产品、汽配、红酒等 | 11 天 9826 公里 |
| 2013 | 郑州—汉堡（德国） | 轻纺、机械、电子产品等 | 15 天 10245 公里 |
| 2013 | 苏州—华沙（波兰） | 电子产品、机械、服装、小商品等 | 18 天 11800 公里 |
| 2014 | 营口港—莫斯科（俄罗斯） | 电子产品、机械配件等 | 14 天 10500 公里 |
| 2014 | 长沙—杜伊斯堡（德国） | 电子产品、机械、汽配等 | 16~18 天 6476 公里 |
| 2014 | 义乌—马德里（西班牙） | 工艺品、饮品、玩具等 | 21 天 13000 公里 |
| 2015 | 胶州—哈萨克斯坦 | 轻纺、机械、电子产品等 | 8 天 7900 公里 |
| 2015 | 厦门—罗兹（波兰） | 汽配、机械、电子产品等 | 15 天 12733 公里 |
| 2015 | 昆明—波兰 | 咖啡、农产品等 | 12 天 10198 公里 |
| 2016 | 大连—莫斯科（俄罗斯） | 机械设备、轻纺、汽配等 | 12 天 8600 公里 |
| 2020 | 义乌—河内（越南） | 义乌河内工艺品、饮品、玩具等 | 3~4 天 2168 公里 |

资料来源：中国一带一路网，https：//www.yidaiyilu.gov.cn/numlistpc.htm。

## 2. 湖北进出口贸易规模及结构不足以支撑中欧班列（武汉）对欧洲货物运输的长远发展

一是湖北省开放型经济规模不大，分到中欧班列（武汉）承担运输任务的进出口货物极为有限。长期以来，开放型经济是湖北高质量发展的突出短板。2021 年，我国进出口总额 10 强省中前 3 名分别是广东（82680.3 亿元）、江苏（52130.6 亿元）、浙江（41429.1 亿元）。湖北进出口总额为5374.4 亿元，未能跻身 10 强，甚至比湖南（第 10 名）还低 614.1 亿元。与此同时，2021 年，全国排前 20 名的海关特殊监管区域进出口总额达千亿元规模，湖北无一上榜，而四川、重庆 3 家综保区上榜，这是中欧班列（成渝）的"底气"。与此同时，2021 年，湖北省对外贸易顺差 1644.2 亿元，湖北对班列沿线诸多国家普遍是出口多进口少，这导致中欧班列（武汉）回程货源相对不足，空箱返运率较高，影响班列运行效率。

二是当下湖北进出口贸易路线"东向"明显，"西向"对欧铁路货运运输需求乏力。2021 年，湖北省进出口总额排名靠前的国家和地区依次是美国、日本、中国香港、中国台湾、韩国、巴西等（见图 4），主要依赖海运向东运输。面向欧洲向西进出口贸易中，排首位的德国进出口总额仅排到第 9 位，对欧货物贸易需求乏力。

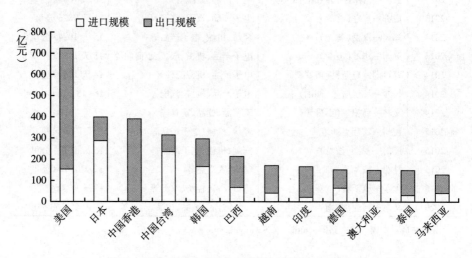

**图 4　2021 年湖北进出口主要国家和地区及其规模**

资料来源：《湖北统计年鉴 2022》。

## （三）湖北中欧班列（武汉）机会分析（PEST-O）

### 1. 湖北积极参与共建"一带一路"使命使然

"一带一路"倡议是新时代中国应对百年未有之大变局的有效手段，是我国面对复杂外部环境绝地反击的撒手锏，世界形势越是变化莫测，我们越是要大力推动。众所周知，"一带一路"包含两条线路，其一便是陆上丝绸之路，这条线路基本上与当前中欧班列运行线路布局一致，是中欧之间进行货物贸易的一个重要通道走廊，所以说"一带一路"倡议推动效果好坏，中欧班列是一个有效的衡量指标，可以通过中欧班列运行情况"窥一斑而知全豹"。湖北作为中部大省，是中国国家物流枢纽、内陆水陆空交通枢纽，京广高铁、沪汉蓉高铁、沿江高铁动脉等全国重要铁路线路在此交会，湖北也是长江中游航运中心，是华中地区唯一可直航全球五大洲的城市。推进"一带一路"倡议，打通陆上丝绸之路，湖北肩负着重要使命，在这种形势下，中欧班列（武汉）必然会获得更多的发展机会，未来前景可期。

2. 湖北打造国内国际双循环的战略链接形势必然

当今，"反全球化"的态势愈演愈烈，全世界各种贸易保护主义竟堂而皇之成为主要贸易大国的惯用手段，这给世界贸易发展带来了致命冲击，我们既要坚持对外开放基本国策不动摇，也要提前谋划此阶段对冲全球外贸收缩的对策良方。在此基础上，我国提出"构建国内国际双循环相互促进的新发展格局"，湖北也相应提出打造国内国际双循环的战略链接，"双循环"的战略链接点在哪里，如何推动湖北"双循环"战略链接的打造就显得尤为重要。中欧班列（武汉）在国际海运贸易之外开辟了一条连通中欧的陆上贸易通道，这条陆上贸易通道承担着湖北向欧洲出口货物、从欧洲进口货物的使命，是湖北国内国际双循环战略十分重要的链接之一。湖北要打造国内国际双循环的战略链接，必然要加快推动中欧班列（武汉）做大做强，并依托中欧班列（武汉）以及境内的港口、空港等重要枢纽通道，推动湖北开放型经济快速发展。

3. 湖北建设高水平对外开放"新沿海"行动使然

湖北经济发展的突出短板就是对外开放程度不够，开放型经济规模过小。湖北地处内陆腹地，与沿海城市或边境城市相比，在地理区位上不临海、不沿边，对外开放条件先天不足。在传统的对外贸易中，湖北基本上依赖省内港口将货物运输至沿海港口再转运至全球各地，或者通过机场航空将价值高的货物运送至全球，这两种对外贸易方式均存在时间、运价等方面的劣势，且这两条货物贸易通道短期内扩容难度较大。补足湖北省外向型经济短板的首要任务就是迅速开辟对外开放贸易的新通道，利用中欧班列（武汉），大力推进铁路跨境跨洲运输，在湖北省江海联运、航空运输之外开辟

对外开放"第三战场"就显得极为重要。作为湖北建设对外开放"新沿海"的新通道，中欧班列（武汉）可以发挥极为重要的作用，陆、水、空三驾马车齐发力，将推动湖北对外开放"新沿海"能级跃升。

### （四）湖北中欧班列（武汉）威胁分析（PEST-T）

当下，中欧之间已建成了西、中、东三大铁路运输通道，中欧班列（武汉）运行线路有西行南线、西行北线、东行南线，上述各类线路均需途经俄罗斯以及白俄罗斯境内铁路。当前，俄乌冲突持续升级，危及中欧班列线路稳定运行。

#### 1. 过境俄罗斯的中欧班列面临停运风险

根据 2022 年 3 月 22 日《证券时报》，俄罗斯和欧洲多个国家互相制裁，许多中欧贸易经营商为了规避风险，不敢从俄罗斯过境，也不再预定中欧班列的货柜。根据《星岛日报》（欧洲版），2022 年 3 月 27 日，俄欧之间唯一还在运营的铁路，往来芬兰与俄罗斯的"快板号"（Allegro）高铁列车也正式宣布暂停营运。下一步，中欧班列是否能够在俄罗斯境内正常通关运行存在极大变数。

#### 2. 依托中欧班列运输的对俄贸易面临交易风险

俄乌冲突爆发之后，欧美对俄罗斯的系列金融制裁，导致俄罗斯金融结算受到影响，部分客户货款收付遇阻。中欧班列部分国际货运代理公司担心被欧美对俄制裁所波及，暂停通过中欧班列发运货物。此外，欧美除对俄罗斯实施极限制裁外，还试图采取各类手段阻止第三方与俄罗斯开展贸易，这势必影响中俄之间的货物贸易，致使依托中欧班列运输的对俄贸易越加艰难。

## 四　湖北中欧班列（武汉）的策略应对

危机应对应把握"扬长避短"和"轻重缓急"两大原则。"扬长避短"即应发挥其在政治、经济、社会、技术各领域的"长处"（优势或机遇）且确保其在政治、经济、社会、技术各领域做到"避短"（劣势或威胁）；"轻重缓急"则是要求处理问题要按照近、中、远期时间顺序和事态轻重紧急程度归类，有条不紊依次推进。通过上述湖北中欧班列（武汉）的 SWOT-PEST 分析，结合湖北省自身政治、经济、社会、技术的优势、劣势、机遇、威胁，按照"扬长避短"和"轻重缓急"原则，湖北中欧班列（武汉）可精准匹配组合出 4 种应对策略，分别是危机防御策略 PEST-WT、进攻性策略 PEST-ST、恢复型策略 PEST-WO、增长型策略 PEST-SO 4 种（见表 3）。

**表 3　中欧班列（武汉）策略应对路径**

| 类型 | 危机防御策略 | 进攻性策略 | 恢复型策略 | 增长型策略 |
| --- | --- | --- | --- | --- |
| 路径 | PEST-WT | PEST-ST | PEST-WO | PEST-SO |

PEST-WT 策略属于危机防御策略。采取这一策略，意味着湖北中欧班列（武汉）处于极为不利的地位和面临外部环境威胁，在这种情况下中欧班列（武汉）首先要做的就是及时化险为夷，确保在危急关头可以正常运行。PEST-ST 策略属于进攻性策略。俄乌冲突必然有终止的一天，湖北中欧班列（武汉）在外部环境威胁下，不能坐以待毙，应主动出击，提前谋篇布局，保障湖北中欧班列（武汉）的长远稳定发展。PEST-WO 策略属于恢复型策略。湖北中欧班列（武汉）虽存在劣势和威胁，但也处于"双循环""新沿海"战略机遇期。为此，作为创设较早的中欧班列元老之一，湖北中欧班列（武汉）应直面自身不足，抓住机遇，推动湖北中欧班列（武汉）在全国班列中再创辉煌。PEST-SO 策略属于增长型策略。湖北具有中欧班列（武汉）高质量发展的政治、经济、社会、技术环境，中欧班列（武汉）应积极嵌入湖北发展战略，善谋善为，推动中欧班列（武汉）开行规模和质量持续扩大和提升。

## （一）PEST-WT 策略：处危思变，系统谋划中欧班列（武汉）运行危机应对方案

一是推进中欧班列（武汉）欧洲货物运输节点城市"海外仓"建设，

对冲俄乌冲突等极端情况下的货运延误，为货物运输预留缓冲期。如今，"海外仓"已经成为跨境电商全球采购、全球销售以及第三方物流企业提升服务质量、获取市场竞争优势的重要抓手。亚马逊（Amazon）、eBay和速卖通（AliExpress）、京东、天猫、顺丰等跨境电商平台和物流企业无不加紧布局"海外仓"。中欧班列（武汉）可以借鉴跨境电商平台和物流企业海外仓模式，由武汉汉欧国际物流有限公司牵头，在欧洲货物运输节点城市建设中欧班列（武汉）专属的"海外仓"，在货物运输淡季，加大班列运量，运用最低的成本将货物转运至海外仓，待中欧班列货物运输高峰期或遭遇俄乌冲突此类极端情况，通过"海外仓"的库存散发货物，为中欧班列（武汉）运输预留缓冲期，抵消时间延误对中欧班列（武汉）品牌声誉的影响。

二是依托"中欧班列（武汉）+海运"模式，打通多条紧急情况下的班列应急机动线路。铁路洲际跨境运输受与过境主权国家关系、地缘冲突、铁路基建水平等因素影响。为此，在俄乌局势僵持的特殊情况下，建议综合运用铁路运输（时间快）和海运（成本低）优势，依托"中欧班列（武汉）+海运"，开辟多条避开矛盾冲突区的新线路，通过中欧班列（武汉）将货物运输至某个海港，再通过货船将货物转运至目的地，打通多条紧急情况下的中欧班列应急机动线路。如开辟武汉至广西钦州的铁海联运线路，先通过铁路将货物转运至钦州，再由钦州港出海，通过海运将货物运至欧洲；如开辟从新疆出境，途经巴基斯坦，依托中巴经济走廊，从巴基斯坦瓜德尔港周转出海的铁海联运线路；如开辟从云南出境，经缅甸，从缅甸港口出海的铁海联运线路。

（二）PEST-ST策略：主动出击，超前布局中欧班列（武汉）铁路货运新线路

一是在现有中欧班列西、中、东三条线路之外，开辟绕开俄罗斯通往欧洲的陆上铁路新通道。中欧班列现有的西、中、东三条线路均过境俄罗斯，俄乌冲突以及俄罗斯与西方的相互制裁使中欧班列"硬伤"——显露出来。再加上俄罗斯境内的宽轨与我国境内的标准轨差异、独联体国家铁路设施老化等问题，开辟通往欧洲的新线路，通过中欧班列线路的多样化规避长期风

险就迫在眉睫。建议着眼长远，另辟蹊径，通过中欧班列线路的多样化规避长期风险。如开辟从新疆出境，经吉尔吉斯斯坦、乌兹别克斯坦、土库曼斯坦、伊朗、土耳其进入欧洲的中亚线路；如开辟从新疆出境，经巴基斯坦、伊朗、土耳其进入欧洲的新线路；如开辟从云南出境，经缅甸、孟加拉国、印度、巴基斯坦、伊朗、土耳其进入欧洲的南亚线路。

二是承东启西，推动中欧班列（武汉）线路向东延伸，提高湖北对外开放的广度。依托已生效的《区域全面经济伙伴关系协定》（RCEP），将中欧班列（武汉）线路嵌入现有武汉至日本关西集装箱江海直达航线、武汉至东盟四国航线等一批江海直达、江海联运品牌航线，开辟"欧洲—武汉—日本""欧洲—武汉—韩国""欧洲—武汉—钦州—东南亚"亚欧铁海联运国际中转线路。通过中欧班列（武汉）向东、南两个方向延伸，将武汉打造成日、韩、东南亚外贸货物陆上往返欧洲的桥头堡，借力中欧班列（武汉）提升湖北外贸广度。

### （三）PEST-WO 策略：广聚货源，全力推进中欧班列（武汉）品牌唱响全球

一是创新模式，通过跨境电商等外贸平台，为中欧班列（武汉）集聚更多更广的货运订单。跨境电商发展滋生出国际货运的强烈需求，为中欧班列的货源提供了充分保障。武汉、襄阳是全国跨境电商综合试验区之一。为此，建议加大对武汉、襄阳跨境电商综合试验区的扶持力度和宣传力度，借助跨境电商平台，如阿里巴巴国际站、亚马逊等平台，优先为客户推荐中欧班列（武汉）的运输方式，利用"运输+视频"的互联网沟通，提高中欧班列（武汉）品牌知名度，吸引更多的货运订单。

二是抱团取暖，加强长江中游中欧班列整合，以中欧班列（长江号）为抓手，构建长江中游中欧班列联盟。2021 年，"渝新欧"和"蓉城快铁"联合，推出中欧班列（成渝），巩固了该地区在中欧班列市场的地位。当前，长江中游江西、湖南均建立了自己的中欧班列系列，长江中游地区开通中欧班列的城市不断增多。按照"1+1+1>3"的理念，建议湖北省加强与周边三省

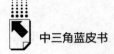

合作，借鉴中欧班列（成渝）的经验，探索与江西、湖南联合成立中欧班列华中联盟，合力打造中欧班列（长江号）品牌，建立利益共享机制，处理好财政补贴与外贸绩效归属的问题，推动华中地区中欧班列一体化发展。

三是逆向思维，以进口欧洲返程货物运输为突破口，推动中欧班列（武汉）逆向运输"异军突起"，将湖北武汉打造成中部进口货物集散中心。首先，单独设立进口口岸。在我国内陆地区增设班列进口口岸，便捷中欧班列（武汉）回程货物入境，降低运输成本，借此鼓励和引导企业首选中欧班列（武汉）作为进口中亚及欧洲货物的主要运输方式。其次，铁路进口，航空分拨。加强中欧班列（武汉）和鄂州花湖机场铁路连接，将通过中欧班列（武汉）进口的货物进行分类处理，部分小商品货物在鄂州花湖机场实现快速分拨散发，提高进口货物集散分发效率。最后，分支运行，终点聚合。在中欧班列（武汉）运行中采取分支运行，从我国出境口岸或目的地城市按照列车车节进行分支，再在各自终点聚合，以扩大中欧班列（武汉）的辐射范围，获取更多外贸资源，不断增加回程货运量，减少空返情况。

## （四）PEST-SO策略：对外开放，借力中欧班列（武汉）推动湖北打造内陆"新沿海"

一是支持本土企业高质量走出去，推动外资企业高水平引进来，提升湖北外贸竞争硬实力。充分发挥湖北自贸区开放引领作用，实施外贸主体培育行动，打造高水平内陆"新沿海"。首先，在湖北省已认定首批6家省级境外经济贸易合作区基础上，重点加强在中欧班列（武汉）沿线国家建立境外经贸合作区或产业园区、货物集散地或货物集结中心，以发挥其中转功能，提升物流辐射和服务能力，为本地企业利用中欧班列（武汉）"走出去"提供重要平台。其次，围绕湖北"51020"现代产业体系，推动具有全球影响力的汽车、芯片、集成电路等领域产业链上外资企业在湖北设立生产基地，鼓励此类外资企业利用中欧班列（武汉）连接其产业链的上、下游。通过走出去和引进来相结合，进一步提升湖北外贸硬实力。

二是优化湖北对外开放新通道，推动中欧班列（武汉）与鄂州花湖机场、武汉新港的空海无缝连接。加强中欧班列（武汉）与亚洲首座货运枢纽机场——鄂州花湖机场铁路连接，将通过中欧班列（武汉）进口的货物，在花湖机场实现快速分拨集散；加强中欧班列（武汉）与湖北港口的硬连接，推动湖北省内的中欧班列站点在长江沿线港口设立货物集散点，将中欧班列（武汉）线路嵌入现有武汉至日本关西集装箱江海直达航线、武汉至东盟四国航线等一批江海直达、江海联运品牌航线，加强湖北对外开放的交通基础设施硬件保障，将湖北打造成畅通欧亚的新支点。

# 五　研究结论及展望

当今世界正面临百年未有之大变局，作为湖北参与共建"一带一路"和打造国内国际双循环战略链接的重要抓手的中欧班列（武汉），正面临俄乌冲突波及，竞争白热化，外贸支撑乏力的现实之"危"。本报告创新运用 SWOT-PEST 模型对中欧班列（武汉）进行精准剖析，并按照"扬长避短"和"轻重缓急"的基本原则，提出了危机防御策略 PEST-WT，即处危思变，系统谋划中欧班列（武汉）运行危机应对方案；进攻性策略 PEST-ST，即主动出击，超前布局中欧班列（武汉）铁路货运新线路；恢复型策略 PEST-WO，即广聚货源，全力推进中欧班列（武汉）品牌唱响全球；增长型策略 PEST-SO，即对外开放，借力中欧班列（武汉）推动湖北打造内陆"新沿海"。研究结论对中欧班列（武汉）应对俄乌冲突危机，树立品牌形象以及长远发展具有一定的决策参考意义。当前，中欧班列（武汉）虽遇到系列危机，但湖北要善于在危机中育新机、于变局中开新局。中欧班列（武汉）是湖北唯一西向对外陆上铁路通道，湖北应把握中欧班列发展的战略机遇期，思想破冰，大胆探索，不拘束于条框，深挖中欧班列的内涵价值，创新中欧班列（武汉）的运行模式和功能载体，将中欧班列（武汉）打造成中欧、亚欧政治、文化、经济、社会、技术连通的重要交通廊道，助力湖北打造对外开放高质量发展的"新沿海"。

## 参考文献

穆焱杰、杨永春：《中国西部城市国际货运班列的线路特征、货物类型及货源组织》，《世界地理研究》2021年第4期。

张丽英、邵晨：《中欧班列铁路运单的公约困境及解决路径》，《国际贸易》2021年第3期。

陈向明：《物流型国家：物流体系的空间力量——中欧班列对欧亚大陆枢纽城市的影响》，《探索与争鸣》2021年第11期。

王斌：《城市空间战略视角下的中欧班列运行逻辑分析——基于中欧班列（武汉）的个案研究》，《西南交通大学学报》（社会科学版）2019年第1期。

徐紫嫣、夏杰长、袁航：《中欧班列建设的成效、问题与对策建议》，《国际贸易》2021年第9期。

张梦婷、钟昌标：《跨境运输的出口效应研究——基于中欧班列开通的准自然实验》，《经济地理》2021年第12期。

Alicia García-Herrero, Xu J., "China's Belt and Road Initiative: Can Europe Expect Trade Gains?" *Working Papers* 6 (2016).

池永明：《中欧班列发展的困境与出路》，《国际经济合作》2016年第12期。

周丹：《面向"一带一路"中欧班列（重庆）发展演化的国际物流与区域经济协同研究》，硕士学位论文，重庆理工大学，2020。

崔艳萍、武靖宇：《利用亚欧铁路运输通道提升中欧班列运行品质的研究》，《铁道运输与经济》2017年第5期。

王东方等：《中欧班列节点城市物流网络结构分析》，《长江流域资源与环境》2018年第1期。

许英明、邢李志、董现垒：《"一带一路"倡议下中欧班列贸易通道研究》，《国际贸易》2019年第2期。

周峰、徐庆丰：《"汉新欧"国际铁路发展物流业的SWOT分析》，《物流技术》2015年第7期。

陈蓉：《关于"汉新欧"在"中欧班列"整合中的SWOT分析研究》，《综合运输》2016年第1期。

朱亚成、季浏：《西藏体育旅游市场开发的PEST分析》，《西藏民族大学学报》（哲学社会科学版）2020年第6期。

孙世会：《基于SWOT-PEST分析的超高清视频产业发展研究》，《传媒》2020年第24期。

周宇：《基于SWOT-PEST分析的政府购买公共文化服务的策略选择》，《艺术百家》

2021 年第 2 期。

《省人民政府关于印发湖北省综合交通运输发展"十四五"规划的通知》，湖北省交通运输厅网站，2021 年 10 月 15 日，https：//jtt.hubei.gov.cn/zfxxgk/zc/qtzdgkwj/202111/t20211119_ 3871887.shtml。

《省人民政府办公厅关于印发湖北省推动多式联运高质量发展三年攻坚行动方案（2021~2023 年）的通知》，湖北省人民政府网站，2021 年 5 月 27 日，http：//www.hubei.gov.cn/zfwj/ezbf/202105/t20210527_ 3563562.shtml。

《价格上涨运期延长，中欧班列跨国贸易暂陷窘境！海空运输亦遭受影响》，凤凰网，2022 年 3 月 22 日，https：//i.ifeng.com/c/8EZg8eBtuqX。

# 附　　录
## Appendix

# B.17
# 长江中游城市群大事记
# （2021年7月至2022年6月）

张　宁

2021年7月14日，"宜荆荆恩"城市群文旅产业一体化发展第一次会议在湖北省宜昌市召开，宜昌、荆州、荆门、恩施成立文旅产业一体化发展联盟，推行城市群文旅惠民卡，让游客一卡在手、玩转四地。

2021年7月28日，《武汉城市圈同城化发展实施意见》发布，明确"九城就是一城"发展理念和"规划同编、交通同网、科技同兴、产业同链、民生同保"的发展目标，武汉城市圈进入同城化运转阶段。

2021年9月4日，武汉城市圈同城化发展办公室在武汉挂牌，标志着9个城市有了一个新"家"。武汉市发改委相关负责人介绍，武汉城市圈同城化发展办公室设有秘书处，秘书处下设综合协调、外联宣传、专题联络、城市板块等4个部。

2021年9月6日，武汉市自然资源和规划局组织召开了《武汉城市圈空间规划》战略研讨会，国务院发展研究中心余斌副主任等权威专家，就武汉城市圈空间发展战略进行了研讨。会上专家们提出武汉城市圈要紧抓"双循环"战略机遇，充分发挥在生产、流通、分配、消费方面的枢纽优势，聚力打造全国"双循环"经济示范区。

2021年9月9日，"襄十随神"市场主体登记"一体化"战略合作签约暨启动仪式在湖北省襄阳市市民服务中心举行，襄阳、十堰、随州、神农架4地的内外资企业及其分支机构、农民专业合作社、个体工商户的设立、变更、注销登记等事项，均可实现异地办理。"襄十随神"城市群协同发展迈出重要的一步。

2021年9月10日，长江中游三省协同推动高质量发展座谈会在湖北省武汉市召开，湖北、湖南、江西三省共同签署了《长江中游三省"通平修"绿色发展先行区建设框架协议》，决定在通城、平江、修水三县全域共建"通平修"绿色发展先行区。三县将以幕阜山为主体，以沿江、沿湖和主要交通轴线绿色廊道为纽带建设生态屏障，共建长江中游生态绿心。"通平修"将重点实施生态环保、基础设施、产业发展、城乡协调、公共服务5个一体化工程。到2025年，绿色发展先行区主要功能框架基本形成，示范辐射长江中游协同发展的作用初步发挥。

2021年9月10日，湖南省长沙市、岳阳市、常德市、益阳市和湖北省荆州市签订《洞庭湖生态经济区五市深化协作工作方案》，5市深化协作，留住烟波浩渺水天一色，推动更多的"美丽生态"变成"美丽财富"。根据工作方案，联席会议将围绕建立洞庭湖环境治理、生态保护、产业发展、基础设施建设重大项目协调对接平台等展开，严格加强生态保护红线管控，合作申报长江经济带湿地保护修复项目，用好荆州国家承接产业转移示范区、中国（湖南）自贸区岳阳片区招牌，建立产业招商协同机制；加快推进洞庭湖生态经济区公共服务和社会管理一体化等。

2021年9月14日，"推进长江中游三省协同发展联合办公室"正式挂牌，暂定在武汉集中办公。

2021年9月27日，湖北、湖南、江西三省再度携手，深入开展文化和旅游交流合作。长江中游三省旅游合作发展联盟成立暨旅游消费大联动启动

仪式，在国家 5A 级景区、武汉黄鹤楼隆重举行，现场三省与会嘉宾共同上台齐按灯柱，点亮岳阳楼、黄鹤楼、滕王阁"江南三大名楼"。

2021 年 9 月 29 日，"2021 年科创中国长江中游城市群科技服务业发展论坛"在湖北省武汉市东湖国际会议中心举办。来自高校院所的知名专家学者以及湖北、湖南、江西三省科技服务机构负责人围绕长江中游城市群科技服务业发展开展前沿领域研讨。

2021 年 10 月 13 日，"宜荆荆恩"城市群金融一体化协同工作推进会在湖北省宜昌市举行，宜昌市、荆州市、荆门市、恩施州政府共同签署金融协同发展框架协议，建设区域性金融中心，探索区域金融平台运营、信用体系建设一体化，推动异地互办、信用数据互认共享，面向各类市场主体，打造互惠共享的金融综合服务平台，数字金融放款量累计突破 2000 亿元。

2021 年 10 月 14 日，"宜荆荆恩"全媒联盟（晚报）成立大会在湖北省宜昌市召开。为贯彻落实湖北省委、省政府"一主引领、两翼驱动、全域协同"的区域发展战略，深入推进"宜荆荆恩"城市群文旅产业一体化发展，"宜荆荆恩"全媒联盟（晚报）由宜昌、荆州、荆门、恩施 4 地共同发起，在湖北日报传媒集团、宜昌市委宣传部指导下，由《三峡晚报》《荆州晚报》《荆门晚报》《恩施晚报》及其所属全媒平台共同成立。

2021 年 10 月 19 日，《大南昌都市圈市域（郊）铁路线网及建设规划环评公众意见征询》在南昌市发改委和抚州市人民政府官方网站发布，支撑大南昌都市圈发展。

2021 年 10 月 20 日，经国务院同意，国家发改委正式发布《湘赣边区域合作示范区建设总体方案》，明确了湘赣边区域合作"一核两区四组团"的空间布局，以及共同促进红色文化传承、跨省产业协作等六大合作领域，将湘赣边革命老区打造成为全国革命老区振兴发展的先行区、省际交界地区协同发展的样板区、绿色发展和生态文明建设的引领区。

2021 年 10 月 28 日，"对接鄂港澳、服务双循环"鄂西北片区专题推介会在湖北省襄阳市举行，襄阳、十堰、随州、神农架 4 地政府相关负责人就重点产业和投资环境向港澳企业家进行宣传推介。推介会上，襄阳、十堰、随州、神农架还共同签署了《"襄十随神"城市群外事港澳工作合作备忘录》。

2021年11月16日，湖北省宜昌、荆州、荆门、恩施4地联合签署《"宜荆荆恩"城市群商务一体化发展合作框架协议》《"宜荆荆恩"城市群市场采购贸易共享合作备忘录》，将通过资源共享、优势互补、统筹联动、共拓市场等方面的合作，共同提升"宜荆荆恩"城市群市场一体化水平，打造一流营商环境，实现商务高质量发展。

2021年12月2日，武汉城市圈同城化发展座谈会在湖北省黄冈市召开。湖北省委书记应勇强调，城市抱团成圈发展既是客观规律，也是未来趋势。要深入学习贯彻党的十九届六中全会精神，全面贯彻习近平总书记考察湖北、参加湖北代表团审议时的重要讲话精神，锚定武汉城市圈打造"全国重要增长极"目标定位，强化"九城就是一城"理念，用系统思维整体推进武汉城市圈跨越式发展，以"九城同心"推动"发展共进"，全力打造最具活力、最具竞争力、最具影响力的省域城市圈，全力打造"引领湖北、支撑中部、辐射全国、融入世界"的全国重要增长极。

2021年12月2日，湖北省十堰市、襄阳市、随州市、神农架林区召开视频会议，共同签订《"襄十随神"城市群生态环境合作协议书》，4地将在城市群大气污染联防联控、水污染防治共治共保、环境基础设施共享、生态环境信息共享、鄂北生态屏障共建、生态环境监管联动、生态环境科技交流合作、完善合作保障等8个方面建立长久高效的合作机制，协同提升"襄十随神"城市群生态环境保护水平。

2021年12月5日，为贯彻落实湖北省委、省政府"一主引领、两翼驱动、全域协同"区域发展布局要求，"宜荆荆恩"4地生态环境局共同签署了《"宜荆荆恩"城市群生态环境联保共治合作协议书》。

2021年12月10日，国家发改委网站推出6个新型城镇化试点示范等地区典型做法，武汉城市圈同城化联手筑梦位列其中。国家发改委认为武汉城市圈的典型做法是：武汉市发挥带动作用，与周边城市共同发展，加快培育现代化都市圈，以同城化为方向，推进机制同建、交通同网、科技同兴、产业同链、民生同保，打造湖北高质量发展主引擎，为长江中游城市群一体化

发展提供有力支撑。

2021 年 12 月 16 日，"红色传承，绿色发展"湘鄂赣 3 省 22 县（区、市）跨省通办线上签约仪式正式举行，这标志着湘鄂赣跨省通办合作正式拉开帷幕。宁乡市、望城区、长沙县、韶山市、湘潭县、雨湖区、平江县、醴陵市、攸县、茶陵县、炎陵县、双峰县、江永县、石鼓区、井冈山市、瑞金市、崇义县、信丰县、莲花县、铜鼓县、修水县、天门市等 22 个县（区、市）共同成立政务服务跨省通办工作推进小组，通过"拟标准、定事项、试运行、再改造、出特色"几步走，逐步实现湘鄂赣跨省通办。

2022 年 1 月 13 日，长江中游三省旅游一卡通战略签约仪式在江西省南昌市举行。江西省旅游集团、湖北文化旅游集团、湖南一二三零一文化旅游服务有限公司等 3 家旅游企业齐聚一堂，共同拓展发行渠道，联合开展长江中游三省旅游一卡通项目，开启"三省旅游，一卡畅游"之旅。

2022 年 1 月 14 日，湖南、湖北、江西三省应急管理厅主要负责人通过视频方式举行应急联动合作机制签约仪式。三省按照"资源共享、优势互补、就近救援、平等协商"的原则共同建立应急联动合作机制，通过建立联席会议制度、完善信息共享、应急响应联动、应急资源共享、开展共训共练等方面的合作与交流，切实提高三省合作协同应急处置能力，为长江中游安全发展提供坚实保障。

2022 年 1 月 17 日，从湖北省襄阳市政务服务和大数据管理局获悉，"襄十随神"政务服务跨域通办平台正式上线运行，"襄十随神"4 地市县两级 356 项政务服务事项实现网上异地通办。

2022 年 1 月 17 日，江西省政府工作报告提出，2022 年启动大南昌都市圈"强核行动"，国家对口支援赣南等原中央苏区政策延续至 2030 年，11 个设区市地区生产总值全部突破千亿元。

2022 年 1 月 18 日，湖北省荆州住房公积金中心、宜昌住房公积金中心、荆门住房公积金中心、恩施州住房公积金中心签订"宜荆荆恩"城市群住房公积金一体化发展合作协议。根据协议，"宜荆荆恩"城市群内的住房公积金中心之间互认公积金贷款及偿还公积金贷款提取政策，支持城市群范围内职工异地使用住房公积金进行住房消费，公积金贷款按购房地政策执行，偿还公积金贷款提取按缴存地政策执行。

2022年2月16日，湖南省发改委网站发布的《长株潭共建国家综合物流枢纽实施方案》提出，到2025年，布局建设具有较强辐射带动力和较高现代化运作水平、互联衔接紧密的4类国家物流枢纽，初步形成与长株潭现代化经济体系相适应的国家物流枢纽经济体系，着力建设特色鲜明的国家物流枢纽经济示范区。

2022年2月24日，国务院批复同意《长江中游城市群发展"十四五"实施方案》，长江中游城市群要加快构建新发展格局，推动高质量发展，坚持协同联动、共建共享，彰显江西、湖北、湖南三省优势和特色，以培育发展现代化都市圈为引领，优化多中心网络化城市群结构，提升综合承载能力，在全国统一大市场中发挥空间枢纽作用，打造长江经济带发展和中部地区崛起的重要支撑、全国高质量发展的重要增长极、具有国际影响力的重要城市群。都市圈作为城市群的关键支撑，在批复实施方案的同时，中部地区也迎来了首个"国家级都市圈"——长株潭都市圈，这也是继南京、福州、成都都市圈之后，全国第4个获批的都市圈。

2022年2月24日，国家发改委网站发布《国家发展改革委关于同意长株潭都市圈发展规划的复函》（发改规划〔2022〕199号），正式批复《长株潭都市圈发展规划》。批复指出，发挥长沙辐射带动周边城镇发展的作用，深入推进长株潭同城化发展，提升对长江中游城市群的支撑能力，更好助推长江经济带和中部地区高质量发展，这也是全国第4个获批的都市圈发展规划。

2022年2月24日，湖北省文化和旅游厅在湖北省襄阳市召开"襄十随神"城市群文旅行业贯彻落实区域发展布局调研座谈会，旨在贯彻落实全省深入实施区域发展布局暨县域经济发展大会精神，推进"襄十随神"文化和旅游部门融入和服务"一主引领、两翼驱动、全域协同"区域发展布局。"襄十随神"旅游联盟在襄阳成立，这是湖北省文化和旅游系统落实区域发展布局成立的首个文旅"朋友群"。

2022年3月9日，江西省委常委、南昌市委书记李红军，市长万广明率队到宜春市参观考察，并出席大南昌都市圈红谷滩区、丰城市战略合作协议签约活动，紧紧围绕江西省委提出的优化完善"一圈引领、两轴驱动、三区协同"区域发展格局定位，积极推动大南昌都市圈高质量一体化发展，打造富有活力、创新力、竞争力的现代化都市圈。

2022年3月10日，湘鄂赣三省党报联合组织对"通平修"三位县长进行全媒体访谈。三位县长从经济合作，聊到百姓福祉，从创新思路，说到发展故事。讲实话、交实底，在交流中凝聚共识，在沟通中升华思想，"通平修"绿色发展先行区的美好蓝图正在变成现实。三县不仅在交通网络上实现互联互通，也将在就医、就学、就业等公共服务上推进共建共享，真正让三县群众在重点公共服务上享受"同城待遇"。三县共争共建常岳九、武咸、长九等高铁和铁路，构建"陆铁空"立体联动的交通格局，合力推动常岳昌、长九高铁纳入国家"十四五"中长期规划，推动修平高速建成通车、通修铜高速开工建设。

2022年3月15日，国家发改委网站公布《国家发展改革委关于印发长江中游城市群发展"十四五"实施方案的通知》。长江中游城市群作为我国面积最大、中部地区最重要的城市群，涵盖湖北、湖南、江西3省31个城市，常住人口超过1.3亿人，2020年地区生产总值占全国约9.3%。到2025年，长江中游城市群协同发展取得实质性进展，经济总量占全国比重进一步提升，支撑长江经济带发展、中部地区崛起乃至全国高质量发展的能力显著增强。

2022年3月20日，湖北省宜昌市举行2022年3月重大项目集中开工活动，当枝松高速公路等35个总投资273亿元的"宜荆荆恩"城市群基础设施互联互通项目和总投资135亿元的巴山金谷文化旅游度假区项目启动。

2022年3月22日，湖南省人民政府正式印发《长株潭都市圈发展规划》（以下简称《规划》）。《规划》是指导长株潭都市圈高质量发展的纲领。《规划》明确，长株潭都市圈范围包括长沙市全域、株洲市中心城区及醴陵市、湘潭市中心城区及韶山市和湘潭县，面积1.89万平方公里，2021

年常住人口1484万人，经济总量1.79万亿元。《规划》提出，到2025年，长株潭都市圈常住人口城镇化率达到82%左右，"一小时通勤圈"全面形成，工程机械、轨道交通装备、航空航天等领域形成世界级产业集群，城市空气质量优良天数比率保持在85%以上，成为湖南省高质量发展、高水平治理、高品质生活的标杆。

2022年3月24日，"宜荆荆恩"城市群红十字会第一次联席会议在湖北省宜昌市召开，4地红十字会协商签订了《"宜荆荆恩"城市群协同发展红十字会合作框架协议》，标志着"宜荆荆恩"城市群红十字会协同联动发展工作实现新突破。

2022年3月25日，国家发改委召开推动长江中游城市群协同发展视频会，强调准确把握长江中游城市群协同发展的总体要求，扎实推进城市群协同发展的重点任务落实落地，会同有关方面积极支持三省协同推进长江中游城市群高质量发展。

2022年3月26~27日，湖北省委常委、武汉市委书记郭元强，市委副书记、市长程用文率队前往湖北黄冈、黄石、孝感，调研武汉城市圈同城化发展，并与3市分别举行座谈会，分别签订相关合作协议。郭元强强调，要锚定打造"全国重要增长极"目标定位，强化"九城就是一城"理念，勇于担当作为，加快推进武汉城市圈同城化发展，全力建设最具活力、最具竞争力、最具影响力的省域城市圈。

2022年4月19日，湖南省委实施"强省会"战略暨长株潭都市圈建设推进会在长沙召开，提出进一步打造湖南吸引各方要素的"强磁场"、融入新发展格局的"强引擎"、参与区域竞争的"强支撑"。这是贯彻《中共中央国务院关于新时代推动中部地区高质量发展的意见》和《国家新型城镇化规划（2021~2035年）》文件精神，主动把握经济社会发展规律和区域发展规律，推动高质量发展的重大举措和具体行动。

2022年4月20日，在2022年全国知识产权宣传周主场暨湖北·武汉分会场启动仪式上，武汉城市圈9个城市知识产权局负责人共同签署知识产权保护合作协议。武汉城市圈跨区域知识产权保护协作机制正式启动。根据协议，武汉城市圈知识产权保护将在建立会商研讨、联合行政执法、执法证据调用互通、信息交换及资源共享、海外维权协作及交流、高价值专利培育、知识产权公共服务协作、知识产权人才队伍培育、知识产权文化建设协作等9个方面进行合作。

2022年4月20日，《中共湖南省委　湖南省人民政府关于实施强省会战略支持长沙市高质量发展的若干意见》出台，提出推进"文旅名城工程""共建长株潭旅游环线""打造世界旅游目的地和国家旅游休闲城市"。长株潭是湖南旅游的重要目的地，具备建设世界知名旅游目的地的基础和优势。在长株潭都市圈建设上升为国家战略的背景下，长株潭理应担负起为湖南世界知名旅游目的地建设"立标、打样"的历史使命。

2022年4月26日，初心源·湘鄂赣文旅一卡通结算发放仪式在浏阳举行，现场为湖南、湖北、江西3省9个县（区、市）文旅企业结算发放金额260余万元，帮助文旅企业复苏发展。初心源·湘鄂赣文旅一卡通于2021年4月8日首发，首批整合了浏阳市、万载县、铜鼓县、上栗县、醴陵市、平江县、莲花县、袁州区、通城县等湘鄂赣3省9个县（区、市）A级景区、酒店、餐饮店、购物点等涉旅商家共300余家。

2022年4月27日，2022年第二季度湖北省重大项目举行集中开工活动，武汉城市圈8市当天集中开工项目670个，总投资2880.14亿元。其中武钢资源集团投资100亿元在黄冈武穴市建设冶金辅料产业园、武汉锐科激光公司投资50亿元在黄石建立智慧光电产业园，体现武汉产业链的溢出效应；有些从外地招商来的项目是被武汉城市圈完整的产业链所吸引，围绕"光芯屏端网"、汽车、生物医药等万亿级产业链延链、补链、强链，是城市圈集聚效应释放的结果。

2022年4月27日，"襄十随神、美美同行"——2022"襄十随神"文旅发展汇力襄阳活动在湖北省襄阳市举行。襄阳、十堰、随州、神农架4地文化和旅游部门签订合作协议，共同推动城市群文化和旅游市场一体化发展，做大做强鄂西北文旅板块。

2022年4月28日，"宜荆荆恩"城市群公共资源交易合作发展联盟宜昌恩施工作座谈会在湖北恩施召开。座谈会重点围绕"宜荆荆恩"城市群公共资源交易一体化合作、筹备联盟交流会议等内容进行讨论交流。就《深化"宜荆荆恩"城市群公共资源交易区块链应用工作方案》《"宜荆荆恩"城市群公共资源交易金融服务平台共享工作方案》《"宜荆荆恩"城市群公共资源交易"招信码"建设实施方案》《"宜荆荆恩"城市群政府采购远程异地评标工作方案》等达成合作意向。

2022年5月4日，为贯彻落实《长江中游城市群发展"十四五"实施方案》，加快推动湖北省新型城镇化发展、建设现代化都市圈，围绕打造"轨道上的都市圈"，湖北省发改委启动湖北省都市圈市域（郊）铁路一期建设规划编制工作，为湖北省都市圈市域（郊）铁路的建设提供立项报批依据。其中，"宜荆荆恩"城市群市域（郊）铁路将重点启动建设，2035年，"宜荆荆恩"城市群规划市域（郊）铁路里程将达到280公里，以轨道交通为主的1小时通勤圈基本形成。

2022年5月12日，长沙海关、武汉海关、南昌海关通过云端线上签署了《推进长江中游地区高水平开放高质量发展，鄂、赣、湘三地海关协同工作机制框架协议》，中部地区海关首个跨省级协同工作机制协议签订。协议以"三关如一关"为目标，努力实现联合执法、共建共享、互认互助。通过推动3地协同合作，助力长江中游地区更好地发挥比较优势，实现更高水平协同发展。

2022年5月13日，湖北省人民政府办公厅印发《长江中游城市群发展"十四五"实施方案湖北省主要目标和任务分工方案》，提出推动湖北在长江中游城市群高质量发展中发挥更大作用，到2025年湖北涉及地区经济总量占长江中游城市群比重继续保持首位。

2022年5月16日，武汉、黄石、鄂州、黄冈、孝感、咸宁、仙桃、天门、潜江9个城市的住房公积金中心参加了武汉城市圈住房公积金委托扣划偿还异地贷款业务专题会议，力争住房公积金委托扣划偿还异地贷款业务在2022年内实现落地。

2022年5月17日，武汉城市圈研究会发布的《2021年武汉城市圈城市

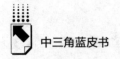

融合指数评估报告》指出，2021年武汉城市圈经济总量超过3万亿元，在全国主要省域城市圈中位居前列，武汉城市圈正从发育型城市群迈向成熟型城市群。

2022年5月18日，在"国际博物馆日"，由湖北省宜昌博物馆牵头组织，"宜荆荆恩"城市群博物馆联盟各成员单位遴选出镇馆之宝进行线上"云联展"，4地博物馆遴选的最具代表性的100件（套）"镇馆之宝"，吸引了众多网民"云上观展"。

2022年5月19日，"湘约未来 价值莲城""强省会"长株潭都市圈旅游资源推介会在湖南省湘潭市举行。湖南省文旅行业代表齐聚湘潭，为全面落实省第十二次党代会明确的"实施全域旅游战略，建设世界知名旅游目的地，打造红色旅游基地"战略部署，立足长株潭，辐射全湖南省，共谋以"强省会"战略为核心的湖湘全域旅游高质量发展的崭新篇章。

2022年5月19日，由湖北省文化和旅游厅、宜昌市人民政府共同主办的2022年"中国旅游日"湖北分会场活动在湖北省宜昌市举行。为加强区域合作联动，宜昌博物馆、荆州博物馆、荆门市博物馆、恩施土家族苗族自治州博物馆共同成立了"宜荆荆恩"城市群博物馆联盟，举行了联盟授牌仪式，4地21家成员单位，将以此为契机，更好发挥"博物馆的力量"。

2022年5月20日，长江中游三省发改委主任以视频会议的形式举行工作调度会，会议旨在全面落实《长江中游城市群"十四五"实施方案》，促进各项任务落地见效，全面总结三省协同发展工作推进情况，共同谋划下阶段重点工作。

2022年5月20日，从推进长江中游三省协同发展联合办公室主任调度会获悉，《推进长江中游三省协同发展2022年工作要点》即将印发。该工作要点提出73项重点工作，按照工作项目化、项目清单化、清单责任化要求，全力推进长江中游三省协同发展。

2022年5月20日，湖北省黄石市印发《黄石市武汉城市圈同城化发展示范区建设2022年度工作要点》，黄石将谋划116个重点项目（事项），进一步提升黄石与圈域城市同城化程度。对接《光谷科创大走廊国土空间规划（2021～2035）》《武汉城市圈空间规划》，编制《黄石市国土空间规划》，进行与圈域各市统一协调的城市形态、居住形态、商业形态的构建和功能布局。对接《武汉都市圈发展规划》，积极争取黄石科技、交通、产业、生态等方面重点项目纳入实施规划，开展大黄石都市区课题研究，推进都市区建设。联合鄂州市、黄冈市共同编制《黄鄂黄全国性综合交通枢纽城市总体规划》，加快融入湖北国际航空客货"双枢纽"集疏运通道。对接武汉市、鄂州市推进《梁子湖旅游规划》编制。

2022年5月23日，湖南省政府门户网发布的《关于深度融入"一带一路"支持怀化国际陆港建设实施方案》强调，立足怀化国际陆港，发挥通道节点和物流平台优势，为"东盟资源+长株潭先进制造业+RCEP市场"搭建东引西拓桥梁，培育形成以现代物流业为主体，以商贸服务业和加工制造业为两翼的"一体两翼"产业体系。

2022年5月26日，壬寅年世界华人炎帝故里寻根节开幕式暨拜谒炎帝神农大典在湖北省随州市举行。本次活动主题是"四海一家亲，共圆中国梦"，湖北省将通过在随州举办的国家大典增添一张代表鄂北特色的"神农经济体"新名片，促使"襄十随神"城市群加快融入国内国际双循环，为湖北"建成支点、走在前列、谱写新篇"发挥更大作用，助力湖北引领长江中游及中部地区加快崛起。

2022年5月27日，湘赣边区域合作示范区建设推进大会在江西省萍乡市召开。湘赣两省签署了《湘赣六地市医疗保障部门合作备忘录》《关于共同推进萍水—渌水航道建设战略合作框架协议》等合作协议。湘赣边区域位于湖南、江西两省交界地带，涉及湖南10个县（市）和江西14个县（区、市），总面积5.05万平方公里。2021年，湘赣边地区生产总值6676.9亿元。

2022年6月9日，"点面协同·全面赋能""宜荆荆恩"城市群公共资源交易一体化高质量发展2022年合作联盟活动在湖北省宜昌市举行。活动现场发布了"宜荆荆恩"城市群7项合作项目，包括"招信码"、金融服务共享、区块链深度应用、探索跨区域交易、政府采购文本标准化、联盟乡村振兴馆以及政府采购远程评标。

2022 年 6 月 24 日，《武汉城市圈公共交通一体化促进条例（草案）》提交市十五届人大常委会第三次会议审议。武汉城市圈公共交通协同立法是加快武汉城市圈同城化发展的重要举措。在湖北省人大常委会统筹指导下，由武汉市牵头协调推进、先行起草条例草案，经 9 市沟通协商后，作为协同立法的草案示范文本，由武汉、鄂州、黄石、孝感、黄冈、咸宁等 6 市人大常委会制定地方性法规，由仙桃、天门、潜江等 3 市人大常委会做出决定，基本同步审议、同步颁布实施。

2022 年 6 月 25 日，由中国科学技术协会和湖南省人民政府主办，中国地理学会承办，湖南师范大学、湖南财政经济学院和湖南省地理学会协办的第 24 届中国科协年会中部地区协调发展论坛在湖南省长沙市召开。本次论坛的主题是"开创中部地区崛起新局面和推动长江中游城市群协同发展"。

2022 年 6 月 25 日，"对接鄂港澳，服务双循环"港澳资源走进"宜荆荆恩"专题推介会在湖北省恩施州举行。宜昌、荆州、荆门、恩施 4 地有关部门负责人分别向 40 余位港澳企业家进行专题推介。会上，4 地签署《"宜荆荆恩"城市群外事、港澳工作一体化协议》，并举行湖北省首批"港澳青少年教育交流基地"授牌仪式。

2022 年 6 月 29 日，长江中游城市群国际友城合作论坛在湖北省武汉市召开。长江中游城市群 17 市及其 115 座国际友城联合提出倡议：共商城市议题，凝聚发展共识；共建平台机制，稳定交往基础；共享伙伴关系，汇聚国际合力。本次论坛由武汉市政府主办、武汉市外办承办。现场，"长江中游城市群国际友城互联平台"正式启用。

# Abstract

Since the implementation of the *Development Plan for Urban Agglomerations in the Middle Reaches of the Yangtze River* in 2015, the development momentum of the urban agglomerations in the middle reaches of the Yangtze River has been continuously enhanced, the comprehensive strength has been significantly improved, the economic growth rate ranks in the forefront of the country, and the proportion of regional GDP in the country has been steadily increased. In February 2022, the State Council approved the *14th Five-Year Plan for the Development of Urban Agglomerations in the Middle Reaches of the Yangtze River*, proposing that during the "14th Five-Year Plan" period, the urban agglomerations in the middle reaches of the Yangtze River should be based on the development foundation, grasp the development opportunities, solve the development problems. In the high-quality development of the country, it will undertake a greater mission and play a greater role, and create an important growth pole for the country's high-quality development.

The book consists of four parts: general report, special reports, regional reports, and appendix. According to the analysis of the general report, the coordinated development of the urban agglomerations in the middle reaches of the Yangtze River is accelerated, the industrial foundation is solid, the innovation resources are abundant, the reform and opening up is continuously deepened, the green ecological advantages are prominent, and the people's livelihood service is sharing and optimized. In addition, the general report proposes that we should clarify key tasks and implement strategic initiatives around six key development directions-building pilot demonstration areas for high-quality urbanization development in the central and western regions, building an important advanced manufacturing

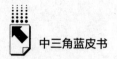

base, creating a highland of scientific and technological innovation with core competitiveness, creating pioneer areas of green development, constructing a highland of reform and opening up inland areas, and cultivating a high-quality living place. There are 4 research reports in the special reports, focusing on the coordinated promotion mechanism of urban agglomerations in the middle reaches of the Yangtze River, resilient city construction, capital market development, and the realization path of agricultural carbon sink value. There are 11 research reports in the regional reports, which respectively study the main practices and effects of accelerating the development of urban agglomerations in the middle reaches of the Yangtze River and forming a strong synergy in the three provinces of Hubei, Hunan and Jiangxi. The three provinces give full play to their respective advantages, accelerate the construction of a modern industrial system, promote the green transformation of traditional manufacturing, promote the deep integration of the innovation chain and industrial chain, build an inland open central city, develop the county area economy, explore the urbanization of metropolitan areas, and jointly build an important growth pole for high-quality development across the country.

**Keywords**: Urban Agglomerations in the Middle Reaches of the Yangtze River; High-quality Development; Growth Pole

# Contents

## I    General Report

**Abstract:** The State Council approved the *14th Five-Year Plan for the Development of Urban Agglomerations in the Middle Reaches of the Yangtze River*, proposing that the urban agglomerations in the middle reaches of the Yangtze River should be built into important supports for the development of the Yangtze River Economic Belt and the rise of the central region, an important growth pole for high-quality national development, an important urban agglomeration of international influence. With the theme of "Building an Important Growth Pole for National High-quality Development", from the perspective of "highlighting the advantages and characteristics of Hubei, Hunan and Jiangxi provinces", this report conducts an in-depth study on the current situation, key areas and path strategies of coordinated development of urban agglomerations in the middle reaches of the Yangtze River in the new development stage, comprehensively enhance the comprehensive carrying capacity of urban agglomerations, and play a greater role in achieving high-quality development across the country.

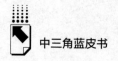
中三角蓝皮书

**Keywords**: Urban Agglomerations in the Middle Reaches of the Yangtze River; Coordinated Development; High-quality Development; Growth Pole

# II   Special Reports

**B** . 2   Discussion on the Synergistic Driving Mechanism and Strategy for the High-quality Development of Urban Agglomerations in the Middle Reaches of the Yangtze River

*Xiong Xi , Luo Xuting, Wang Yixuan, Liu Xinting, Pan Yanting*

*and Peng Qian / 035*

**Abstract**: As an important support for the rise of the central region, the urban agglomerations in the middle reaches of the Yangtze River occupies an important strategic position in the national regional development pattern. Based on the new development concept, this report analyzes the dynamic mechanism and basic conditions of the high-quality development of the urban agglomerations in the middle reaches of the Yangtze River from five aspects: innovation, coordination, greenness, openness, and sharing, and attempts to provide theoretical and practical ideas for promoting its high-quality development. From the perspective of the new development concept, it is proposed to create a scientific and technological innovation atmosphere to stimulate innovation vitality, improve the regional coordination mechanism to promote regional development, improve the green development mechanism to tap development potential, improve the level of open development to release the pull of openness, and promote the development of sharing economy to promote common prosperity a series of new paths to promote the high-quality development of urban agglomerations in the middle reaches of the Yangtze River.

**Keywords**: Urban Agglomerations in the Middle Reaches of the Yangtze River; High-quality Development; Coordinated Development; New Development Concept

**B**.3　Study on Urban Resilience Measurement and Temporal and

Spatial Evolution Characteristics of Urban Agglomerations

in the Middle Reaches of the Yangtze River

*Liu Tao, Xia Yuwendan and Yao Fengtian* / 061

**Abstract**: The proposal of resilient city provides a new idea to improve the comprehensive function of the city from the perspective of robustness and adaptability. At present, the construction of resilient cities in China is still in its initial stage. Based on combing and summarizing the connotation and characteristics of urban resilience, this report constructs an urban resilience evaluation index system from the five dimensions of economic resilience, ecological resilience, social resilience, engineering resilience and management resilience, and measures and analyzes the urban resilience level of urban agglomerations in the middle reaches of the Yangtze River in 2013−2020 years, at the same time, ArcGIS tools are used to show its temporal and spatial evolution characteristics and distribution, and finally put forward relevant suggestions, hoping to provide some reference for the construction of resilient cities of urban agglomerations in the middle reaches of the Yangtze River.

**Keywords**: Urban Agglomerations in the Middle Reaches of the Yangtze River; Urban Resilience; Resilience City

**B**.4　Capital Market Research and Regional Comparison of Urban

Agglomerations in the Middle Reaches of the Yangtze River

—*Based on the Analysis of Listed Companies in Three Provinces*

*in the Middle Reaches of Yangtze River*

*Peng Zhimin, Hong Ye* / 080

**Abstract**: As the main participants of regional economy, listed companies play a very important role in supporting the high-quality development. During the

"13th Five-Year Plan" period, the capital market in central China has developed vigorously, making positive contributions to regional economic growth. This report analyzes the development level of capital market of urban agglomerations in the middle reaches of the Yangtze River, and makes relevant suggestions, by comparing the total distribution, industry structure and financial performance of listed companies of the three provinces. It shows the steady growth of listed companies number, the wide distribution of industry and good performance in finance, indicating the improving regional influence. However, it also shows the small size of listed companies, the insufficient and unbalanced development among industries, the financial performance that needs to be improved and the vacancy in the high-tech development and other advanced fields. The urban agglomerations in the middle reaches of the Yangtze river should continue to enlarge and strengthen the existing listed enterprises, strengthen the cultivation of reserve enterprises, and vigorously develop high-tech enterprises, so as to provide a strong guarantee for building an important growth pole of high-quality development in the country.

**Keywords:** Urban Agglomerations in the Middle Reaches of the Yangtze River; Capital Market; Listed Companies; Finance Performance

## B.5 Research on the Value Realization Path of Agricultural Carbon Sink in the Middle Reaches of the Yangtze River

*Ding Fei* / 110

**Abstract:** Agricultural emission reduction and carbon sequestration is an important initiative and potential to achieve the goals of carbon peaking and carbon neutrality. The middle reaches of the Yangtze River is an important granary in China and an important ecological barrier on the golden waterway of the Yangtze River. Exploring the value realization path of agricultural carbon sink can help motivate farmers to adopt sustainable production methods and promote the synergistic promotion of the carbon reduction and sequestration and income.

Meanwhile, it also helps to set a typical example nationwide and provide experience reference for other regions. At present, some experiences have been formed at home and abroad in exploring the path of realizing the value of agricultural carbon sink, which provide useful references for the middle reaches of the Yangtze River. In future, the middle reaches of the Yangtze River can carry forward the exploration of agricultural carbon sink value realization path around five major paths: ecological compensation of agricultural carbon sink, voluntary emission reduction volume trading, social capital participation, ecological space index trading and agricultural carbon sink finance. The current value realization of agricultural carbon sink still faces problems and challenges such as difficulties in accounting, unclear cost and benefit, and low willingness of social participation. Future research should be further strengthened in terms of methodology development, system construction, cross-provincial cooperation and business model innovation.

**Keywords:** Agricultural Carbon Sink; Ecological Product; Value Realization Path; Middle Reaches of the Yangtze River; Carbon Reduction and Sequestration

# Ⅲ    Regional Reports

**B**.6   Research on the Countermeasures of Accelerating the Recovery and High-quality Development of Hunan Cultural Tourism Economy in the Normalization Period of Epidemic Prevention and Control

*Hunan Academy of Social Sciences (Hunan Provincial Government Development Research Center) Research Group* / 125

**Abstract:** The 12th Provincial Party Congress put forward the goal of "implementing the global tourism strategy and building a world-famous tourism destination". In the face of the impact of COVID-19, although the development of cultural tourism industry in Hunan province is generally sluggish, with the

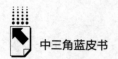
continuous emergence of new tourism formats, Hunan province has gradually demonstrated the characteristics of strong cultural tourism industry strength and stable chassis, with strong resilience and great potential. Under the new opportunities and challenges, the cultural tourism industry of Hunan province shows many new characteristics and shows a good trend of healthy development. Meanwhile, facing the diversified and personalized demands of tourists, there are many new development bottlenecks in the cultural tourism industry of Hunan province. Facing the new requirements of cultural tourism industry development, Hunan province should set up a benchmark, seek innovation, create a new atmosphere, create a good development environment, and promote the sustainable and good development of cultural tourism industry.

**Keywords**: Normalization Period of Epidemic Prevention and Control; Cultural Tourism Industry; High-quality Development

## B.7 Research on Green and Low-carbon Transformation of Jiangxi Traditional Manufacturing Industry Under the Background of "Double Carbon"

*Jiangxi Academy of Social Sciences Research Group* / 136

**Abstract**: The traditional manufacturing industry is the pillar industry of Jiangxi's economic development, under the background of achieving the provincial carbon peak and carbon neutralization goals as schedule, Jiangxi's traditional manufacturing industry continues to accelerate the green transformation, push the improvement of green manufacturing subjects and technology, promote the continuous optinization of energy structure, advance the continuous improvement of green manufacturing service system, accelerate the significant improvement of energy utilization efficiency and the comprehensive utilization efficiency of resources. Meanwhile, the heavy industrial structure of Jiangxi's traditional manufacturing industry still exists, and the proportion of high energy consuming industries is relatively high; the green design ability of key industrial products is weak, and the proportion of independent brands is obviously low; the total energy consumption is high, and the energy consumption structure based on coal has not changed; the extensive economic growth mode still exists, and the resource utilization efficiency still lags behind that of developed regions. We propose to speed up the green transformation path of structural carbon reduction, energy carbon reduction, technology carbon reduction, intelligent carbon emission and management carbon saving in Jiangxi's traditional manufacturing industry.

**Keywords:** Manufacturing Industry; Carbon Peak and Carbon Neutralization; Industrial Upgrading; High-quality Development; Green Development

## **B**.8 The System Innovation of the Market System of Environmental Governance and Ecological Protection of Jiangxi Province

*Cao Libin* / 149

**Abstract:** Jiangxi is one of the national ecological civilization pilot zones, carrying on the ecological civilization system innovation is one of its important experimental objectives. The market system of environmental governance and ecological protection is an important part of the system of ecological civilization. In exploration, Jiangxi has established a relatively complete market system of environmental governance and ecological protection. The first is to cultivate corresponding market players as the basic participants of the market; the second is to improve corresponding market-oriented mechanism as a stage for market players ; the third is to improve the green financial service system as a booster and lubricant for market operation. In the establishment of the national ecological civilization pilot zones, Jiangxi's exploration has formed a series of experiences that can be used for reference and promotion.

**Keywords:** Environmental Governance; Ecological Protection; Market System; Ecological Civilization

**B**.9　Practice of Deeply Integrated Development of Innovation

　　Chain and Industry Chain in Hubei

*Zhang Jing*, *Liao Jiayun and Gu Teng* / 166

**Abstract**：The integrated development of the innovation chain and the industry chain is not only the basis for creating a new pattern of development, but also the requisite for coordinating China's development and security. Xi Jinping, General Secretary of the CPC Central Committe, has highlighted repeatedly that "We should make major strides promoting the high-quality economic development with building up the innovation chain over the industry chain, and setting up the industry chain over the innovation chain", proclaiming the intrinsic requirement of combining the scientific and technological innovation with the industrial development closely, consistently, cooperatively, and synergistically. The innovation chain should be built up over the industry chain, and the industry chain should be set up over the innovation chain. This report puts forward some countermeasures and suggestions, such as speeding up the construction of independent and controllable industry chain system, promoting the integration and innovation of large, medium, and small enterprises, building an open collaborative innovation network and improving the operability of policies in Hubei.

**Keywords**：Innovation Chain and Industry Chain；Integrated Development；Hubei

**B**.10　Research on the Development Model and Construction

　　Strategy of Green Villages and Towns in Hubei Province

　　—*Take the Three Gorges Reservoir Area as an Example*

*Ye Qingqing* / 181

**Abstract**：This report summarizes and composes the current situation and development mode of green villages and towns in three counties and one district in the Three Gorges Reservoir Area of Hubei, compiles typical cases of green villages and towns construction in the study area, analyzes the successful experience of green villages and towns development mode, briefly analyzes the key problems in green villages and towns construction in the reservoir area, and then proposes countermeasures for green villages and towns construction in Hubei Province.

**Keywords**: Green Villages and Towns; Three Gorges Reservoir Area; Hubei Province

**B**.11  New Ideas for the High-quality Development of the County
Economy in Hubei Under the "Dual Circulation" Pattern

*Cao Lingjiao* / 199

**Abstract**: For the development of the whole region, the gap is in the county, the potential is in the county, and the key is in the county. In the situation of promoting "dual circulation" and common prosperity, Hubei should always seize the advantages of science and education, the industrial base advantage of Wuhan as a national central city, and the strategic opportunity of national rural revitalization. Focus on building a regional development layout of "one main lead, two wings drive, the whole area synergy", we should take into account local conditions, classify and guide, strengthen financial support, vigorously develop the private economy, consolidate special advantages, promote digital empowerment and promote high-quality development of the county economy.

**Keywords**: "Dual Circulation" Pattern; County Economy; Hubei Province

**B**.12　Investigation Report on High-quality Development of
Changsha Construction Machinery Industry

*Hunan Academy of Social Sciences（Hunan Provincial Government
Development Research Center）Research Group / 211*

**Abstract**：In the context of accelerating the construction of a new modern
industrial system, Changsha construction machinery industry has become the
largest, strongest and most advanced engineering machinery R&D and
manufacturing base, and has formed five unique industrial development highlights
and six major experiences. Although Changsha engineering enterprises have
continued to improve their competitiveness and market share with remarkable
achievements, due to the sudden change in the international situation, they are
still facing various problems：Anti-globalization *Return Wave* intrusion, industry
homogenization and vicious competition, shortcomings in innovative talents and
key technologies, poor incentive and assessment mechanisms, insufficient digital
upgrades. Therefore, in the critical period of the development of the Changsha
construction machinery industry, we must take the supply-side structural reform as
the main line and vigorously implement the strategy of *Three Heights and Four New
Duties* to promote the high-quality development of Changsha construction
machinery industry.

**Keywords**：Construction Machinery Industry；High-quality Development；
Changsha

**B**.13　Research on the Development Situation and Countermeasures
of Small and Medium-sized Enterprises in Nanchang

*Wei Botong / 223*

**Abstract**：Small and medium-sized enterprises are the important foundation
for promoting innovation and development, realizing industrial transformation and

upgrading, and promoting the continuous growth of economic aggregate. Nanchang's small and medium-sized enterprises have strong development resilience, prominent social security role, full innovation and development momentum, and significant role in promoting industrialization. However, they are facing the challenges of serious factor environment constraints, incomplete implementation of preferential policies for enterprises, weak scientific and technological innovation ability, and imperfect entrepreneurial development environment. Further improving the service quality and efficiency of government departments, making efforts to improve the environment to reduce the cost of enterprises, gradually solving the bottleneck of difficult and expensive financing for enterprises, creating a better development environment for enterprise innovation and creating a good development envirionment for public entrepreneurship are the keys to promote the sustainable development of small and medium-sized enterprises in Nanchang.

**Keywords**: Small and Medium-sized Enterprises; Innovative and Development; Nanchang

**B**. 14 Research on Building Wuhan into an Inland Open Central City and an International Metropolis

*Qin Zunwen, Lu Hongwei and Nie Xiaqing* / 237

**Abstract**: Wuhan will be built in an inland open central city and an international metropolis is a major strategy of implementing the new development concept and the further implementation of Xi Jinping Thought on Socialism with Chinese Characteristics for a New Era, is a major role in the construction of Hubei province to build a new development pattern in the national pioneer area, is a major measure to become a national central city and a core city of the Yangtze River Economic Belt. Wuhan has a good foundation to build an inland open central city and an international metropolis, with steadily increasing economic externality, accelerating the construction of external channels and increasingly close international

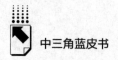

exchanges. Wuhan should make full use of its good foundation, strive to build the international innovation hub, the international comprehensive transportation hub, the international carbon trading and financial center, the famous highland of manufacturing power at home and abroad' accelerate the building of a high-end manufacturing capital with international influence, the international communication center, a highland of talents with international competitiveness, and a higher level of international urban environment to become an inland open central city and an international metropolis.

**Keywords:** Inland Open Central City; International Metropolis; National Center City; Core City of Yangtze River Economic Belt

### B. 15　The Countermeasures to Promote the Integration of Wuhan and Ezhou

*Hubei Academy of Social Sciences Research Group / 250*

**Abstract:** Since February 2021, the National Development and Reform Commission has successively approved the planning of Nanjing, Fuzhou, Chengdu, Changzhutan and Xi'an metropolitan areas, and many places are trying to explore the mode of urban integration. Wuhan and Ezhou have a good foundation for integration in the fields of transportation, science and innovation, ecology and people's livelihood. However, there are still problems such as insufficient circulation of factors of production, prominent weaknesses in cooperation in key areas, and different policies in different cities. The suggestions are as follows. First, the joint construction of transportation network, logistics network and information network. Second, we need to integrate industrial chains, innovation chains and talent chains. Third, promote the co-governance of water ecology, water environment and water resources. Fourth, we will accelerate the co-insurance and sharing of education, medical care, elderly care and government services. Fifth, we will improve policy communication, unified market mechanism and interest coordination mechanism between the two cities.

**Keywords**: Metropolitan Areas; Wuhan; Ezhou

**B**.16 SWOT-PEST Analysis and Strategy Response of
China-Europe Freight-train (Wuhan)

*Huang Qi, Pan Fangjie* / 264

**Abstract**: The China-Europe Freight-train is a key move for Hubei to complement its weakness in opening up. It is a new engine and "lifeline" for Hubei to promote the development of the "the Belt and Road" initiative. It is very important for Hubei's "dual circulation" and "new coastal" strategy. At present, the conflict between Russia and Ukraine has caused the China-Europe Freight-train (Wuhan) to fall into crisis. The insufficient supply of goods makes the China-Europe Freight-train (Wuhan) face the risk of integration. The scale and structure of Hubei's opening to the outside world are also unable to support the long-term development of the China-Europe Freight-train (Wuhan). Therefore, this report innovatively uses the SWOT-PEST model to accurately analyze the China-Europe Freight-train (Wuhan), and follows the principles of "developing strengths and avoiding weaknesses" and "priorities", and puts forward four coping strategies for the China-Europe Freight-train (Wuhan) under the background of the conflict between Russia and Ukraine for the first time, namely crisis defense strategy PEST-WT, offensive strategy PEST-ST, recovery strategy PEST-WO and growth strategy PEST-SO. The research conclusions have some reference significance for the crisis response, brand building and long-term development of the China-Europe Freight-train (Wuhan) under the Russia-Ukraine Conflict.

**Keywords**: "The Belt and Road"; China-Europe Freight-train (Wuhan); SWOT-PEST

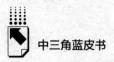

# Ⅳ　Appendix

社会科学文献出版社

# 皮书

## 智库成果出版与传播平台

### ❖ 皮书定义 ❖

皮书是对中国与世界发展状况和热点问题进行年度监测，以专业的角度、专家的视野和实证研究方法，针对某一领域或区域现状与发展态势展开分析和预测，具备前沿性、原创性、实证性、连续性、时效性等特点的公开出版物，由一系列权威研究报告组成。

### ❖ 皮书作者 ❖

皮书系列报告作者以国内外一流研究机构、知名高校等重点智库的研究人员为主，多为相关领域一流专家学者，他们的观点代表了当下学界对中国与世界的现实和未来最高水平的解读与分析。截至2021年底，皮书研创机构逾千家，报告作者累计超过10万人。

### ❖ 皮书荣誉 ❖

皮书作为中国社会科学院基础理论研究与应用对策研究融合发展的代表性成果，不仅是哲学社会科学工作者服务中国特色社会主义现代化建设的重要成果，更是助力中国特色新型智库建设、构建中国特色哲学社会科学"三大体系"的重要平台。皮书系列先后被列入"十二五""十三五""十四五"时期国家重点出版物出版专项规划项目；2013~2022年，重点皮书列入中国社会科学院国家哲学社会科学创新工程项目。

# 皮书网

（网址：www.pishu.cn）

发布皮书研创资讯，传播皮书精彩内容
引领皮书出版潮流，打造皮书服务平台

## 栏目设置

◆ **关于皮书**

何谓皮书、皮书分类、皮书大事记、
皮书荣誉、皮书出版第一人、皮书编辑部

◆ **最新资讯**

通知公告、新闻动态、媒体聚焦、
网站专题、视频直播、下载专区

◆ **皮书研创**

皮书规范、皮书选题、皮书出版、
皮书研究、研创团队

◆ **皮书评奖评价**

指标体系、皮书评价、皮书评奖

◆ **皮书研究院理事会**

理事会章程、理事单位、个人理事、高级
研究员、理事会秘书处、入会指南

## 所获荣誉

◆ 2008 年、2011 年、2014 年，皮书网均
在全国新闻出版业网站荣誉评选中获得
"最具商业价值网站"称号；

◆ 2012 年，获得"出版业网站百强"称号。

## 网库合一

2014年，皮书网与皮书数据库端口合
一，实现资源共享，搭建智库成果融合创
新平台。

皮书网

"皮书说"
微信公众号

皮书微博

**权威报告·连续出版·独家资源**

# 皮书数据库
## ANNUAL REPORT(YEARBOOK)
## DATABASE

## 分析解读当下中国发展变迁的高端智库平台

### 所获荣誉

- 2020年，入选全国新闻出版深度融合发展创新案例
- 2019年，入选国家新闻出版署数字出版精品遴选推荐计划
- 2016年，入选"十三五"国家重点电子出版物出版规划骨干工程
- 2013年，荣获"中国出版政府奖·网络出版物奖"提名奖
- 连续多年荣获中国数字出版博览会"数字出版·优秀品牌"奖

皮书数据库

"社科数托邦"
微信公众号

### 成为会员

　　登录网址www.pishu.com.cn访问皮书数据库网站或下载皮书数据库APP，通过手机号码验证或邮箱验证即可成为皮书数据库会员。

### 会员福利

- 已注册用户购书后可免费获赠100元皮书数据库充值卡。刮开充值卡涂层获取充值密码，登录并进入"会员中心"—"在线充值"—"充值卡充值"，充值成功即可购买和查看数据库内容。
- 会员福利最终解释权归社会科学文献出版社所有。

数据库服务热线：400-008-6695
数据库服务QQ：2475522410
数据库服务邮箱：database@ssap.cn
图书销售热线：010-59367070/7028
图书服务QQ：1265056568
图书服务邮箱：duzhe@ssap.cn

▲ 社会科学文献出版社 皮书系列
SOCIAL SCIENCES ACADEMIC PRESS (CHINA)

卡号： 655752497254
密码：

# S 基本子库
## SUB DATABASE

## 中国社会发展数据库（下设 12 个专题子库）

紧扣人口、政治、外交、法律、教育、医疗卫生、资源环境等 12 个社会发展领域的前沿和热点，全面整合专业著作、智库报告、学术资讯、调研数据等类型资源，帮助用户追踪中国社会发展动态、研究社会发展战略与政策、了解社会热点问题、分析社会发展趋势。

## 中国经济发展数据库（下设 12 专题子库）

内容涵盖宏观经济、产业经济、工业经济、农业经济、财政金融、房地产经济、城市经济、商业贸易等 12 个重点经济领域，为把握经济运行态势、洞察经济发展规律、研判经济发展趋势、进行经济调控决策提供参考和依据。

## 中国行业发展数据库（下设 17 个专题子库）

以中国国民经济行业分类为依据，覆盖金融业、旅游业、交通运输业、能源矿产业、制造业等 100 多个行业，跟踪分析国民经济相关行业市场运行状况和政策导向，汇集行业发展前沿资讯，为投资、从业及各种经济决策提供理论支撑和实践指导。

## 中国区域发展数据库（下设 4 个专题子库）

对中国特定区域内的经济、社会、文化等领域现状与发展情况进行深度分析和预测，涉及省级行政区、城市群、城市、农村等不同维度，研究层级至县及县以下行政区，为学者研究地方经济社会宏观态势、经验模式、发展案例提供支撑，为地方政府决策提供参考。

## 中国文化传媒数据库（下设 18 个专题子库）

内容覆盖文化产业、新闻传播、电影娱乐、文学艺术、群众文化、图书情报等 18 个重点研究领域，聚焦文化传媒领域发展前沿、热点话题、行业实践，服务用户的教学科研、文化投资、企业规划等需要。

## 世界经济与国际关系数据库（下设 6 个专题子库）

整合世界经济、国际政治、世界文化与科技、全球性问题、国际组织与国际法、区域研究 6 大领域研究成果，对世界经济形势、国际形势进行连续性深度分析，对年度热点问题进行专题解读，为研判全球发展趋势提供事实和数据支持。

# 法律声明

“皮书系列”（含蓝皮书、绿皮书、黄皮书）之品牌由社会科学文献出版社最早使用并持续至今，现已被中国图书行业所熟知。“皮书系列”的相关商标已在国家商标管理部门商标局注册，包括但不限于LOGO（▨）、皮书、Pishu、经济蓝皮书、社会蓝皮书等。“皮书系列”图书的注册商标专用权及封面设计、版式设计的著作权均为社会科学文献出版社所有。未经社会科学文献出版社书面授权许可，任何使用与“皮书系列”图书注册商标、封面设计、版式设计相同或者近似的文字、图形或其组合的行为均系侵权行为。

经作者授权，本书的专有出版权及信息网络传播权等为社会科学文献出版社享有。未经社会科学文献出版社书面授权许可，任何就本书内容的复制、发行或以数字形式进行网络传播的行为均系侵权行为。

社会科学文献出版社将通过法律途径追究上述侵权行为的法律责任，维护自身合法权益。

欢迎社会各界人士对侵犯社会科学文献出版社上述权利的侵权行为进行举报。电话：010-59367121，电子邮箱：fawubu@ssap.cn。

社会科学文献出版社